管理的善

MANAGEMENT AS A MORAL PRACTICE

德鲁克
管理伦理思想研究

PETER F.DRUCKER'S THEORY
IN MANAGMENT ETHICS

张昊 著

上海人民出版社

序 一

在目前的管理学研究和教学中,伦理道德和价值观是不受重视的。纵观现有的工商管理研究项目与核心课程,几乎全都专注于企业利润最大化导向的所谓科学管理方法而与伦理无关,即便有少数一些研究项目与课程,因涉及人际关系与企业目的而非常有限地论及管理伦理,也仍然蕴含着企业利润最大化的最终目的;由此培养出来的工商管理人才,也大都是学界所谓精致的利己主义者。

潜藏在这种商科研究与教育背后的理论基础,是当今流传甚广的主流经济学思想:现实中的经济活动参与者都是追求自我利益最大化的理性人,指望他们讲伦理道德是不现实的。其更为精致的表达是:在经济活动中,尽管由于信息不对称总会发生机会主义行为,但克服机会主义行为所需要的是法律所规范的市场机制或公平竞争,而不是伦理道德;唯有利润才是衡量企业为顾客创造价值的唯一标准,在产权得到充分保护的条件下,利润反映了企业家应对不确定性、创新和获取他人信任的能力,而如果产权得不到充分保护,则我们就根本没有衡量价值创造的标准。

这样的商科研究与教育并不符合管理的本质。大致说来,所谓管理,简要地说就是行使某些职能,以便有效地获得、分配和

1

利用组织内外的各种资源来实现一些具体目标和任务；因此管理从来都是对组织或人的管理。由于组织的本质是分工协作，管理的核心便必然是协调。协调必然包含三个基本要素：（1）协作的任务，即组织的具体目标和任务；（2）协作的方式，主要有组织的权威和信息交流系统；（3）协作的意愿，依赖于组织成员之间的利益平衡。在这三个要素中，前两个要素归根结底要围绕后一个要素展开，在这个意义上，组织成员之间的利益平衡便成为有效管理的最根本要素：一个企业如果做不到组织内外的利益平衡，就必然会陷于各种利益冲突，导致协作意愿的丧失而失败。

进而言之，管理追求的是组织和社会的效率而不是个体和企业的利益，因此必然要围绕所有参与者的共赢而非企业家和管理者的私利展开，其最核心的要素也就必然是利益平衡。换言之，管理无论表现为何种职能，其核心要素始终是表现为利益平衡的伦理和价值观，而不是科学方法，更不是反映了某些利益相关者利益的利润最大化原则。

近现代管理思想的发展充分表明，管理虽然体现为各种职能和方法，但其核心却始终是协调和利益平衡。在古典管理理论阶段，这种利益平衡伦理观念表现为劳资双方的经济利益共赢，在人际关系—行为科学理论阶段，劳资双方的利益共赢观念从经济利益发展为保护员工的其他利益，而到了当代西方管理理论阶段，这种共赢观念又发展为企业内外所有利益相关者的利益共赢。

在近现代管理思想的开创者泰罗那里，人们往往认为，泰罗管理思想的核心是他开创的工业工程理论。这种看法虽然在很大程度上是有道理的，却会使人误以为泰罗的贡献只在于科学的工时研究，而忽略他的管理思想中含有的极其重要的伦理思想，即利益平衡才是科学管理的核心。只要充分了解泰罗的科学管理理论，便可知道，其管理思想绝非限于工时研究，而是以工时研究为突破点，将生产管理、人事管理、组织理论和财务管理融为了一体；而贯穿于这些科学管理的要素、将它们融为一体的核心，则是利益平衡问题。具体一些说，虽然其科学管理思想的目的是提高劳动生产率，然而要提高劳动生产率，企业运作就必须以"各尽所能，按贡献分配"的方式照顾劳资双方的利益，达到"高产出，高工资，高利润"的结果，一方面要设法克服"劳资之间的利益冲突"，来实施科学管理和提高效率，另一方面又要设法解决"管理不善"，来克服"劳资之间的利益冲突"。简而言之，要确保科学管理能够得以实施，达到提高劳动生产率的目的，其前提是劳资双方的合作，以双赢为最终目的。正因为如此，泰罗才强调指出，科学管理的实质不是种种方法，而是劳资双方的心理革命！即如何让劳资双方都明白，唯有合作共赢，才能通过科学管理确保双方的利益。

20 世纪 20 年代之后，管理学家们认识到，人不仅仅是注重经济物质利益最大化计算的"经济人"和"理性人"，而且也是有爱与尊重等社会情感需要的"社会人"和"非理性人"，其行为不仅受到物质利益的驱使，还要受到人际关系的影响。因此，从管理的核心要素即利益平衡与员工激励的角度去看，就需要研究人在群体中的行为模式，包括基于人的需要的行为驱动力、群体对个人行为的影响以及由此造成的群体行为模式，以便采取更加适当的管理措施。于是管理思想从马斯洛的人的需求五层次论人格学说出发，以心理学、社会学和社会心理学等行为科学为基础，兴起了管理思想中的人际关系运动，逐步发展出员工激励方面的所谓"组织人道主义"，强调员工的精神健康，从强调人的社会性需要过渡到强调通过作业设计以及工作进行自我实现。从管理激励上说，马斯洛的理论说明了：（1）为了有效激励，应集中注意目前起作用的需求；（2）职工的需求会随着一般经济情况的变化而变化；（3）越来越多的人特别是管理阶层的人对自我实现的需求和期望增长了。在此基础上，赫茨伯格的"激励—保健因素理论"认为，传统所说的激励因素只是保健因素而非激励因素，真正的激励因素是员工的自我发展。而麦克雷戈的"X—Y理论"则认为，"传统的组织原则"是不恰当的，因为它们是基于人的行为的错误的"X理论"之上的，管理当局的任务应当按照"Y理论"，发挥员工的潜能，使他们在为实现组织目标贡献自己的力量时能够达到自己的目标。可以看出，管理思想中的人际关系运动虽然研究的是行为科学及其在激励方面的应用，但其成功和影响却在于它对工人或员工的精神健康和自我实现的强调，在于它蕴含着超越经济利益、改进劳资双方利益平衡的伦理观念。

从20世纪50～60年代开始，随着企业管理实践的发展，管理思想进入了强调整体和系统的当代阶段，其中含有的管理核心要素即协作意愿的利益平衡观念也变得更为全面系统，从劳资双方的共赢发展为企业内外各利益相关者的多方共赢。当代的管理学大师德鲁克的管理思想最为典型地说明了这一倾向。德鲁克的管理思想虽然博大精深，其内在逻辑却可简要地归结为三个依次递进的层面：企业的特定目的或使命—管理的任务—贯彻企业使命和任务的管理职能。德鲁克认为，企业的特定使命是经济业绩，不过企业的经济业绩绝不是传统所谓的"利润最大化"，而是高效率地为社会提供各种产品和服务。由此决定了管理的三项任务及其职能.（1）完成企业使命或经济业绩的首要任务是创造市场和顾客，因此管理的职能首先是"市场营销"和"创新"；

（2）完成企业使命的第二项任务主要是"使工作富有成效和使员工取得成就"，即如何用人，使之转化为生产力，这就决定了其次的管理职能是"工作管理"和"员工管理"；（3）完成企业使命的第三项任务是处理企业运作对社会产生的影响，于是导出了"承担社会责任"这一管理职能：企业必须对自己造成的不良后果承担责任，但在帮助解决社会问题时不能影响自己本身的使命和任务，因此要考虑自己的能力和职权限度。德鲁克的管理思想综合了以往各种管理思想的精髓并加以发展，对管理思想史具有特殊重要性。他不仅通过对企业的使命、任务和职能的论述，将管理的核心即协调的三个因素融为一体，使管理科学达到了一个新的高度，而且把管理中蕴含的利益平衡的伦理观念也发展到了一个新的高度：其管理理论不仅反映了对员工利益的保护，而且反映了对社会整体尤其是顾客利益的保护。

由此可见，管理虽然往往表现为各种各样的职能、方法、政策和措施，但它们本身都不是目的而仅仅是手段，都要围绕着管理目的展开，而管理的目的，归根结底是效率和公平，脱离了效率和公平，管理就只不过是一些盲目的技巧，甚至会变成各种损人的手段。管理伦理不仅内在于企业管理之中，而且是企业管理的本质所在。

本书的作者张昊博士是做企业管理工作的，他勤奋好学，自强不息，为了提升自己的管理水准，不仅利用业余时间获得了MBA 的学位，而且攻读博士学位，花了大量的业余时间和精力，写出了本书。本书通过对彼得·德鲁克管理伦理思想的批判性考察，探究了其管理伦理思想形成的基础、梳理了其发展轨迹、总结了其内涵和原则，指明了其对管理理论和实践的意义和价值；尤其是，本书不仅论及了德鲁克的企业管理思想，还探讨了德鲁克的社会管理和个人管理思想，对管理的伦理本质作出了全面深入的有益探索，深化了对德鲁克管理思想的研究。笔者相信，本书一定能够激起读者的兴趣，对读者有所启示和帮助，共同为管理理论的进步添砖加瓦。

徐大建

2024 年 12 月 16 日

序　二

在瞬息万变的数字化商业时代，管理伦理作为连接理论与实践、效率与价值的桥梁，其重要性愈发凸显。管理学家彼得·德鲁克虽未有专门探讨管理伦理的论著，但其深邃的管理理念中却蕴含着丰富的伦理思想。张昊博士的《德鲁克管理伦理思想研究》一书，正是对这一宝贵思想资源的深度挖掘与系统性阐述，它不仅弥补了当下对德鲁克管理伦理思想研究的不足，更为当代管理实践提供了深刻的伦理启示。

该书的写作具有颇多学术创建和特色。第一，深刻把握了德鲁克管理伦理思想的理论根基。德鲁克之所以被称为管理学界"大师中的大师"，在于他对管理理念的深刻认知。要从德鲁克40多部著作和众多文献中梳理出其管理伦理思想着实不易，需要深厚的理论功底和学术积淀。该书很好地剖析了德鲁克的学术背景和时代经历对其管理伦理思想的奠基，并运用哲学的思辨语言表达德鲁克深刻的管理理念和伦理思想。通过对德鲁克著作的细致解读，捕捉到了这些哲学根基，为全书的研究奠定了坚实的基础。

第二，搭建了德鲁克管理伦理思想的体系构建。本书的另一大创新之处在于系统地构建了德鲁克的管理伦理思想体系，将这

1

一思想划分为社会管理伦理、组织管理伦理和个人管理伦理三个层面。这种划分不仅揭示了德鲁克管理思想的全面性，也体现了其对管理活动多维度、多层次的深刻理解。

第三，抓住了德鲁克的管理伦理核心：经济效率与社会效益的和谐统一。德鲁克的效率伦理思想不仅关注经济效率的提升，更强调效率的人本主义内涵。作者认为，德鲁克从价值论、本体论和认识论三个维度对绩效进行了全面阐释，确立了组织生存和发展的价值目标，揭示了组织实践和创新的本质内涵，并阐释了组织绩效从"异化"到"人化"的转变过程。这一思想不仅为组织绩效管理提供了理论指导，也为实现经济效率与社会效益的和谐统一提供了可行路径。

从《德鲁克管理伦理思想研究》一书中，我们看到了其学术价值与实践意义的双重彰显。这部著作的学术价值在于它首次对德鲁克的管理伦理思想进行了全面而深入的阐述，为管理学界提供了一部难得的参考文献。同时，其实践意义也不容忽视。书中提出的许多管理伦理原则与理念，对于当代企业管理而言具有一定的参考意义和实践价值。在新的形势下，德鲁克的管理思想仍然是我国管理界重要的理论来源和思想资源之一。我国的管理学的发展也要更多地从管理伦理的角度思考问题，将管理伦理运用到现实的管理中去。作者张昊博士作为企业重要岗位的管理者，立志于深耕管理伦理研究，善于吸收国内外最新的理论与创新成果，长期以来致力于管理伦理实践探索，并在实践中加以创造性运用转化。

该书的出版对管理伦理的当代发展具有不容忽视的意义。在如今工具理性占主导地位的现实情况下，如何处理好管理的伦理问题，管理者可以从德鲁克的管理伦理思想中发现新路径。因此，我衷心推荐《德鲁克管理伦理思想研究》一书给所有对管理学感兴趣的人士，特别是企业管理者和相关领域的学者阅读。相信通过阅读这本书，大家一定能够从中获得深刻的启示和宝贵的经验，为未来的管理实践注入更多的伦理智慧与人文关怀。

郝云

上海财经大学教授

2025 年 2 月

序　言

——工具理性和价值理性的平衡

管理无处不在。在历史发展的长河中，只要涉及各种有意识的行为主体或是资源的协调配置，都需要管理。

自从泰勒出版了管理学奠基之作《科学管理原理》，管理就从主观的行为反应模式逐渐迈向内涵丰富的科学体系，从凭感觉意念向着以逻辑数据为基础发展。管理学的百花园中鲜花绽放，争奇斗艳，新理论、新思想层出不穷。

然而，在一百多年的管理学发展史中，有一个根本性的问题贯穿始终，那就是在管理学这样一种应用型的社会科学当中，如何做到工具理性和价值理性的平衡？

工具理性（Instrumental rationality）是著名的德国社会学家马克斯·韦伯提出的概念，与价值理性（Value rationality）相对，又叫作"效率理性""功用理性""技术理性""科学理性"，指的是通过实践途径确认工具或者手段的有用性，为达到事物的最大功效以及实现人的某种功利目的而服务。工具理性是通过精确计算功利的方法最有效达到目的的理性，是一种以工具崇拜和技术主义为生存目标的价值观。价值理性则是对一种行为坚持固有价值的纯粹信仰，不论其功利性的成就如何。康德告诉我们，

"人是目的，不是手段"。在管理行为中，是利用人来达到组织的某种目的，在其过程中忽视人的主观意志和发展需要，以最大限度地提高效率，还是把人的发展和生命价值看得至高无上，利用管理活动来为员工、消费者、社会公众创造价值，从而推动商业文明和社会进步。这是两种不同的管理哲学。

管理活动存在三种内嵌的基本性质：科学性，引导人高效地做事；艺术性，引导人愉快地做事；伦理性，引导人正确地做事。其中后面两种即艺术性和伦理性都涉及价值伦理。只有秉持以人为本的价值观，承认人是目的，才会在管理活动中考虑艺术性和伦理性。

从工具理性和价值理性推衍开去，管理活动在实施中会面临三个根本性问题：

（1）经济性和伦理性。管理活动毫无疑问要追求效率和效益，这也是工具理性的追求。正常情况下，低效率、低效益的企业同样是缺失企业伦理的，因为浪费了宝贵的社会资源。但是企业并非"唯利是图"。2019 年 8 月 19 日，181 家美国顶级公司首席执行官在华盛顿召开的"商业圆桌会议"上，联合签署了《公司宗旨宣言书》。该宣言摒弃了"企业唯一目的是为股东创造价值"这一曾经被认为是天经地义的观念，重新定义公司运营的宗旨，明确宣称：股东利益不再是一个公司最重要目标，公司的首要任务是创造一个更美好的社会。

（2）公平与效率。厉以宁先生在《经济学的伦理问题》一书中，将公平问题最终归结到"机会的公平"上。在从中央到地方都高度关注营商环境的当下，机会公平也是营商环境中的一个核心问题。工具理性无疑更关注效率，甚至认为为了效率可以牺牲一切。而价值理性则是坚守初心，从根本价值出发，强调人的权利，强调机会均等是一种神圣不可侵犯的天赋权利。

（3）竞争与合作。企业竞争客观存在，但是要避免"内卷式竞争"，不然将影响总体经济发展和社会进步。从价值理性角度来看，商业竞争双方只要价值观相同，就有可能成为"友商"，双方从事的是经济、科学技术的和平较量，而且要遵守商业规则，最终也有可能达到"双赢"的结果。

管理大师德鲁克告诉我们，企业是社会的器官，企业的存在是为了解决特定的社会问题。2007年，我应邀赴港在香港廉政公署主办的一场活动中发表演讲，其中谈到一个观点，衡量企业行为有三条杠杆：第一条是法律杠杆，这是行为底线，企业一切活动都不能违反法律。但做到这一点还不够，因为法律不可能管到各个方面，而且法律会有一定的滞后性。所以在法律之上有第二条伦理道德的杠杆。法律功能是惩恶，伦理则引导向善。企业管理行为要在坚守价值理性的基础上向善而行。而在此之上还有信念杠杆，即企业家和企业的信仰和追求，体现为企业文化中体现的企业使命。

我在拙著《管理伦理学》（机械工业出版社2017年出版）中曾经写道："今天我们已经开始认识到，不仅是企业，每一个组织都有伦理道德指向，都有社会责任的问题。企业在从事经济活动的同时，必须把握好经济性和伦理性的平衡，充分考虑每一项活动可能产生的伦理影响和后果，只有这样，才称得上是一个负责任的企业。"如今备受重视的企业社会责任（CSR）与环境、社会和公司治理（ESG），两种概念的提出和相应措施的实施，就充分证明了这一点。

张昊博士长期从事管理伦理方面的学习和研究，结合丰富的管理实践经验，他对管理伦理问题有很多深刻见解。国内研究德鲁克的著述可谓汗牛充栋，但张昊博士独辟蹊径，选择从管理伦理角度打开德鲁克管理思想宝库，从社会、组织、个人三层次条分缕析地解读和论述德鲁克管理思想中的伦理精粹。尤其难能可贵的是，本书结合中国优秀管理伦理精华，辩证分析西方管理伦理思想，中西兼容，古今相通，力求做到费孝通先生所说的，"各美其美，美人之美，美美与共，天下大同"。

很高兴看到张昊博士的大作即将问世，遵嘱写上几句自己的感想。

是为序。

苏　勇

复旦大学管理学院教授　博导

中国企业管理研究会副会长

2025 年 3 月 5 日

目 录

引 言

管理，既关乎政治、经济、文化、社会发展，也关乎物质财富创造和精神财富生成，更关乎人类自身建构新的文明图景。然而，无论是理论建构，还是实践应用，管理往往被视作"价值无涉"的科学，或被认为是实现"利润最大化"的工具和手段。如今，这种倾向已经愈演愈烈，尤其是某些西方管理学理论推崇的工业价值理性及其管理思想体系，已经被置于"至高无上"的位置。"价值无涉"的管理扭曲了人的内在认知和先验理性，管理中的价值理性和工具理性被异化为互相割裂的关系，导致管理中人与人、人与组织、人与社会的相互对立、冲突和矛盾。

本书通过对彼得·德鲁克管理伦理思想的研究和批判性考察，探究其管理伦理思想形成的基础、梳理其发展轨迹、总结其内涵原则，指明其对管理理论和管理实践的意义、价值，借此探索管理伦理基本问题的答案，扭转因管理价值缺失而造成的管理"失范"。

德鲁克被视为现代管理学的奠基人，诸多原创概念的提出者，基础规则的创建者，创新实践的推动者。德鲁克与"西方主流管理学者"相较显得"格格不入"，这不仅在于其注重实践的经验主义范式，而且在于他对学术脱离现实的批判，其思想始终引领管理前沿，跨越国界和不同文化，在多种政治和经济体制下，通过实践在全球范围验证其科学性、有效性、前瞻性。德鲁克在 60 年间撰写专著近 40 本，译成了 30 多种语言，被视为管理学经典。实业界对德鲁克推崇有加，称其为"大师中的大师"，杰克·韦尔奇、比尔·盖茨、张瑞敏等都坦言深受其管理思想指引。其因在管理领域的杰出贡献，2002 年被授予美国公民所能获得的最高荣誉"总统自由勋章"。德鲁克管理思想能够历久弥新，并在理论和实践中取得卓越成果，主要得益于其独特的管理伦理思想，正如德鲁克始终将自己比作《浮士德》中的守塔人林叩斯，将"为关照而产生，为守望而受命"作为管理价值守望者的座右铭。

德鲁克自幼在奥地利学术传统的熏陶下成长，经历两次世界大战的动荡洗礼，目睹了西方工业化进程中的社会危机，这些独特经历为德鲁克的管理伦理思想奠定了现实基础。西方传统伦理思想的奠基、存在主义思想的哲学浸润、保守主义和自由主义的交融、现代管理思想的滋养，这些共同为德鲁克管理伦理思想奠定了理论根基。

德鲁克管理伦理思想内涵丰富、特点鲜明，构成涵盖社会管理伦理、组织管理伦理和个人管理伦理三位一体、多元平衡、有机发展的思想体系。

德鲁克的管理伦理思想体系建构起步于其社会管理伦理思想。20 世纪初，传统欧洲价值观代表的理性秩序和社会精神分崩离析，工业社会逐步显现其自身特性，需要挣脱重商主义社会的桎梏，新的社会形态需要新的社会愿景。德鲁克提出了"建立自由的功能社会"，这既是德鲁克社会管理伦理思想的宗旨，也是德鲁克将管理作为独立学科进行研究的"初心"和逻辑起点。

德鲁克的社会管理伦理中，自由奠定核心的价值根基、公平维护重要的价值平衡、效率构建必然的价值路径。德鲁克的自由伦理观聚焦于自由选择的意义和最终目的，是基于自由的伦理和为了自由的伦理，是自由的无限性和伦理的限制性的统一。德鲁克认为自由是善的前提，是"至善"；自由不是权利，而是责任；自由不是制度安排，而是伦理原则；自由更不是多数统治，西方民主不能带来"普遍的自由"。德鲁克的公平伦理观综合了契约论观点和罗尔斯的正义理论，在社会进步上强调以机会均等为基础的公平竞争，而在结果公平上则主张对于弱势群体进行优先分配实现利益平衡，并在管理维度上兼顾公平和效率的平衡。德鲁克的效率伦理思想纠正了效率本身是"价值无涉"的偏见，具有鲜明的人本主义色彩，辩证地吸收功利主义中追求"最大多数人的最大幸福"的效率思想，摒弃其中极端的个人利己主义，融合了罗尔斯正义论的内涵，其实质是目的"善"在管理中的外显，实现了目的"善"和手段"善"的统一。德鲁克的社会管理伦理思想在工业社会和知识社会都得到充分的实践，取得举世瞩目的成果。

德鲁克的组织管理伦理思想是其社会管理伦理思想的延续和发展。作为最早在管理学领域引入"组织"概念的先驱，德鲁克敏锐地意识到"组织"已经成为社会的重要"器官"，不但履行各种社会职能，而且通过还原人的本质、整合个体力量，促进社会繁荣发展。组织的存在具有其独特的三重性：首先，组织既是社会的一部分，又构成社会的整体；其次，组织既有其存在的社会目的和价值，又是实现这种社会目的和价值的手段；最后，组织既是特殊的个体，又是普遍性的实体。20世纪40年代，德鲁克受邀在通用汽车进行管理咨询，由此开启了组织管理研究，并发展出组织管理伦理思想。德鲁克组织管理伦理的内涵主要包括人本、责任和绩效。德鲁克人本伦理观建立在人本主义历史观对"人"的本质从"灵性人""智性人""政治人""经济人""工业人"到"知识人"的不断追问之上；通过对经典人本理论的超越，理性和非理性融合，实现了管理中人性和科学性的统一；人本主义价值观用其实践性在管理世界中安顿人性，同时用人性和理性指引管理。责任伦理是组织管理中根本的价值守望，责任伦理包含的经济责任、社会责任以及"不明知其有害而为之"的责任底线，体现了组织管理中"绝对的善"。绩效伦理思想确立了价值论视角下组织生存和发展的价值目标，本体论意义上组织实践和创新的本质内涵，并从认识论的角度阐释了组织绩效从"异化"到"人化"的转变。德鲁克人本、责任和绩效伦理思想不仅在营利性组织的营销管理、组织设计、目标管理、创新管理中起到至关重要的作用，而且在非营利组织的管理中起到积极的指引作用。

德鲁克的个人管理伦理思想是建立在德鲁克对于人性的洞察和分析之上的价值判断。德鲁克从更宽阔的视野和更多维的角度对人性进行了反思和批判，在传统西方哲学和管理学的人性假设基础之上实现了超越，使其管理伦理的人性基础超越了传统的"自利"和"利他"，以及"善""恶"两极分立的简单划分，从纯粹的概念思辨提升到人的本质思辨，实现了从人性实体观到人性实践观的转变。德鲁克的个人管理伦理包括效能、自律两方面。德鲁克的效能观在伦理意义上更强调"目的善"优于"手段善"的价值诉求，效能是人的自我完善和自我实现，效能是人性和效率的完美统一，破解了组织的效率和个人的效率互不相容的悖论，将矛盾进行了化解。德鲁克个人管理伦理中的自律，是责任之上的自律,用以实现人的不断完善,不仅包含康德强调的意志自由中的理性自律,而且涵盖了自主、自觉和自控的内涵,具有现实理性实践中的实质内容,是对康德纯粹概念意义上的"自律"的超越。在德鲁克的个人管理伦理自律观中,自主是管理意志和管理主体的统一,自觉是自我应然对自我实然的超越,自控是自律对他律的超越。德鲁克的个人管理的实践体现为追求卓有成效并使之成为习惯,以及自律基础上的目标管理和自我控制。

德鲁克的社会管理伦理构建了伦理体系的"骨架",组织管理伦理支撑起社会管理伦理并成为伦理体系的"器官",个人管理伦理作为伦理体系的"血肉",三者相辅相成构成德鲁克管理伦理体系。德鲁克管理伦理思想在社会、组织、个人三个维度上相互融通,拓宽了管理伦理的适用范围。德鲁克辩证地融合了管理中的科学性与人性,通过其管理伦理思想使管理成为真正的"博雅技艺"(liberal art)。德鲁克不断将其管理伦理思想在管理实践中吐故纳新,完善后复归于实践,积极开创理论和实践良性互动的管理伦理新范式。尽管如此,德鲁克管理伦理思想还是存在以下不足的:经验主义方法论造成理论体系松散,人性假设缺乏合理论证,无法超越资本主义历史局限性。

德鲁克管理伦理思想给我们带来以下启示:首先,多元平衡有助于重构管理伦理体系,内涵挖掘价值深度,层次拓宽价值广度,结构平衡价值维度。其次,用有机系统思想滋养管理伦理体系内涵的生成,用"活序"发展观尝试建构"开放系统",主动"远离平衡区",用"非线性跃迁"推动理论演进和实践迭代,使管理伦理发展呈现出"生命"的样式。

本书旨在传承中国传统管理伦理精华,辩证分析西方管理伦理思想，坚决摒弃其局限性和不足，借鉴和吸收其中的先进理念和优秀内涵，实现"中西互补、传承精华、守正创新"，共同探寻人类管理伦理的发展新路径，绘制人类管理伦理的共同价值图景。

第一章　德鲁克管理伦理思想的溯源

第一节　德鲁克管理思想的价值中枢

一、德鲁克其人其书

彼得·斐迪南·德鲁克（Peter Ferdinand Drucker，1909—2005）教授在社会学、哲学、经济学、管理学等多个领域取得了巨大成就，特别是在管理学领域，无论是提出的建设性理论框架，还是被视为经典的原创性概念，均对管理实践产生深远影响，因此他被学界和实业界公认为现代管理学的奠基人。2002年6月20日，由于他在管理领域作出的杰出贡献，美国总统沃克·布什为其颁发了美国公民所能获得的最高荣誉"总统自由勋章"。德鲁克以不同寻常的视角，浓厚的人文主义精神，将理论付诸实践的信念，在这个将管理学过度理论化、工具化的时代，树立起一座耀眼的灯塔。他的研究横跨管理的各个领域，如社会管理、组织管理、个人管理、市场营销、创新和企业家精神等，让社会、各种组织机构及个人通过管理获益，并取得良好的社会效应。

管理学的理论和范式层出不穷，让人眼花缭乱，大师们因为新的思想闪耀登场，又在光环退却后黯然离场。而唯有德鲁克被几代管理学者奉为"大师中的大师"，其管理思想历久弥新。2003 年 11 月 20 日，美国管理协会为表彰德鲁克对管理实践领域的贡献，授予德鲁克"领导愿景奖"。美国管理学会主席爱德华·赖利（Edward Reilly）在颁奖时这样评价："几乎每一个管理或商业的实践里面，无不因彼得·德鲁克敏锐的洞察力、无尽的求知心、幽默睿智和活力而不断得到丰富、提高和扩展。他的工作领域令人惊讶，他的思想冲击力难以估量，他的影响是巨大而普遍的……如果我们说管理是 20 世纪最伟大的发明，那彼得·德鲁克就是无可争议的最伟大的发明家。"美国管理学家丹尼尔·雷恩（Daniel Wren）在《管理思想史》一书中对德鲁克给予高度评价："德鲁克的工作是'以管理实践为根基，他不但能够和学者们，而且能够和高层管理者们沟通和交流他们的观点'。也许德鲁克的工作有助于我们摆脱学术界的僵化，使之与管理的联系更为密切；否则知识将只能是数据，而理论与实践的差距犹存。"[1]英国的著名管理学家查尔斯·汉迪（Charles Handy）在《管理大师指南》一书中指出，凡是现在流行的管理概念，德鲁克大多早就讨论过了，如果要列出一些管理思想家的名字，也就是我们所谓的管理大师，德鲁克必定高居榜首。吉姆·柯林斯（Jim Collins）因其著作《基业长青》而声名鹊起，作为美国斯坦福大学企业管理研究所教授以及著名的管理咨询顾问，他坦率地表达了对德鲁克的青睐，认为德鲁克管理思想是有着巨大优势的完整作品集，其中的一切几乎都是正确的。

---

[1]［美］丹尼尔·雷恩、［美］阿瑟·贝德安：《管理思想史》，孙建敏等译，中国人民大学出版社 2014 年版，第 487—488 页。

德鲁克对美国管理以及世界管理作出的贡献，得到了社会各界的高度认可。美国前众议院议长、共和党领袖尤特·金里奇在追悼德鲁克时，指出在商业管理和公共策略方面，德鲁克是最重要的开拓者，并认为德鲁克的价值是不可估量的，他的地位是无可替代的。2002年6月20日，美国总统沃克·布什为德鲁克颁发了"总统自由勋章"，颁奖词是"彼德·德鲁克是世界管理理论的开拓者，并率先提出了私有化、目标管理和分权化的概念"。

德鲁克的与众不同还在于他不仅得到了学界的普遍认可，而且影响了一大批世界知名的企业家，其观念得到大多数管理者的高度认同。他的管理理论的实践意义和所取得的成果，让那些只停留在学理层面的管理学学者望尘莫及。德鲁克在企业家中拥有无可替代的地位，通用电气前首席执行官杰克·韦尔奇认为，他能成功带领通用电气达成骄人的业绩，功劳便来自德鲁克的管理理念。如果要推荐一位货真价实的管理哲学家，则非彼得·德鲁克莫属。韦尔奇甚至认为全世界都应该感谢这个人。而微软总裁比尔·盖茨毫不掩饰地表示，在所有的管理学书籍中，德鲁克的著作对他影响最深。而英特尔主席安迪·格鲁夫认为德鲁克是他心中的英雄，其著作和思想充满力量并指引方向，在那些狂热追求时髦思想的管理学术贩子中独树一帜。德鲁克管理思想的深远影响跨越时空，在中国得到企业家的尊重和赞赏。海尔集团董事局主席张瑞敏就是德鲁克的忠实追随者和践行者。"我也成了德鲁克迷，到处搜集他的著作。读他的书是一种享受，因为常常使人有茅塞顿开之感。尤其是面对变幻莫测的市场和全球化竞争的困惑时，总能从书中得到新的启示。"他在管理海尔的过程中，无论是在海尔的初创期、学习丰田的发展期，还是互联时代的挑战期，都受益于德鲁克管理思想。

回顾德鲁克的研究和写作生涯，其提出了诸多广为人知、具有划时代意义的管理学概念，对现代管理理论的建构和发展产生了深远的影响。例如，目标管理、创造顾客、顾客导向、第二职业生涯、非营利组织、分权化、授权、利润中心、绩效管理、知识社会、私有化、创新和企业家精神等，都能在德鲁克的著作中找到它们的根源，以至于德鲁克的长期论敌汤姆·彼得斯（Tom Peters）说："在管理学的所有概念中，有80%是由德鲁克创造的。"德鲁克具有极强的前瞻性，创造并使用那些最新的管理概念，确立那些对于未来管理意义深远的原则，很少有人能像他一样将现实、规则、概念、实践融会贯通。

然而德鲁克对种种荣誉和称号不以为意，正如其本人所说："我把自己视为一个'社会生态学家'，就像自然生态学家研究生物环境一样，我研究社会人文环境。"[1]当有人称他不是一个学院派的时候，德鲁克强调他已经从事50年的教育工作，并长期从事管理咨询，积极参与管理实践。尽管有人评价他的作品毫无"学究气"，他却认为这是对学院派的诋毁。德鲁克说："晦涩难懂是在最近二三十年才变成一种学术界美德的。"[2]尽管他称自己为一个社会生态学家和作家，但这丝毫不会影响他在管理学领域取得的卓越成就。他作为经验主义管理学派重要代表人物，为管理理论的研究范式和概念体系的创新作出了不可磨灭的贡献，他推动管理学成为一门专业的学科，被誉为"现代管理学之父"。

德鲁克的整个研究从20世纪30年代一直延续到21世纪初，

---

[1]［美］彼得·德鲁克：《生态愿景》，慈玉鹏、赵仲一译，机械工业出版社2020年版，第423页。

[2]［美］彼得·德鲁克：《管理前沿》，闫佳译，机械工业出版社2018年版，第11页。

研究对象从社会形态上跨越了工业社会发展的三个主要阶段：前工业时期、工业社会时期以及后工业社会时期，从技术变革上经历了工业革命的电力革命、信息革命时代。德鲁克始终保持敏锐的洞察力和宽阔的视野，在不同的时期把握时代脉搏，结合技术和管理的发展创新性地提出了具有前瞻性的管理思想。德鲁克一生著作等身，先后出版专著近 40 部，被译成 30 多种语言，被全世界管理者和管理学者视为经典。德鲁克的主要著作分为以下三类：政治经济学和社会学，管理学，小说自传及其他。他对政治经济学、管理学、社会学产生了很大影响。在 20 世纪 70 年代到 20 世纪 90 年代之间，德鲁克为《华尔街日报》专栏供稿，同时担任《大西洋月刊》，《经济学人》《哈佛商业评论》刊物的特约撰稿人，曾先后 6 次获得管理学论文中的最高荣誉"麦肯锡奖"，这些论文先后发表在《哈佛商业评论》上。下面结合德鲁克的著作和不同管理研究阶段，梳理其管理伦理思想发展脉络。

德鲁克管理思想的萌芽阶段（社会管理伦理思想形成时期），是从 20 世纪 30 年代到 40 年代中期。这一阶段德鲁克的研究重点聚焦在前工业社会到工业社会早期转型期间的政治经济与社会秩序问题，从政治经济学视角逐步转向社会学视角和管理学视角，并提出了建立"自由的功能社会"这一理念。通过研究服务于社会秩序和社会功能的组织的作用，他将研究推进到管理领域。其代表性的作品也在政治经济学的《经济人的末日》基础上增加了体现其组织思想的《公司的概念》。这一阶段的研究，使德鲁克的管理思想立足于社会正常功能的实现以及组织这个有机部分如何能够发挥其社会功能。这也是德鲁克社会管理伦理思想的奠基和形成阶段，并由此开始了其横跨社会、组织、个人的管理伦理体系的建构。

德鲁克管理思想的形成发展阶段（组织管理伦理思想形成和个人管理伦理萌芽时期），包括 20 世纪 50 年代至 20 世纪 70 年代。这一阶段德鲁克所处的美国从二战中崛起，并以世界领导者的姿态率先进入第三次工业革命，大型组织在社会中扮演着无可替代的角色，管理学也得到普遍的重视和前所未有的应用、发展。德鲁克这一阶段已经意识到组织社会的到来，组织作为社会的重要器官，其管理的成败将决定"自由的功能社会"的建立和可持续运转。因此，德鲁克将研究集中在组织管理理论和实践上，并以《管理的实践》《成果管理》《管理：使命、责任、实务》等著作，奠定了其管理巨匠的地位。其间，德鲁克还开始关注个人管理及其对组织管理的影响，并将其思想呈现于《卓有成效的管理者》一书之中。在这一阶段，德鲁克组织管理伦理思想得以形成，个人管理伦理思想得以孕育、萌芽。

德鲁克管理思想的成熟扩展阶段（社会、组织和个人管理伦理成熟期），包括从 20 世纪 70 年代到 21 世纪初德鲁克去世。这一阶段跨越第三次工业革命。科技发展和信息革命彻底改变了工业社会的发展形态，美国社会进入后工业时代。后现代思想全面影响了美国社会的各个领域包括管理的范式和思想根基。这一阶段德鲁克将其研究从组织管理理论扩展到各个领域，包括非营利组织与创新和企业家精神等，并敏锐觉察到知识经济和知识社会的到来，率先基于这一现实提出了对后资本主义社会和知识社会进行管理的独到见解。同时，德鲁克将研究的空间逐步扩大到亚洲和发展中国家，针对中国和日本的管理也提出具有建设性的建议。这一阶段德鲁克的管理伦理思想已经成熟，并将社会、组织、个人管理伦理思想发展为一个有机的整体。

二、德鲁克管理思想的贡献

德鲁克的管理思想扩展了管理理论应用的领域和边界，发现了各个时期社会变迁和变革中管理的基本问题，指出了管理新方向，提供了工业化社会、组织社会、知识社会的不同管理原则。他将管理职能拓展到社会、组织和个人各个层面，从营利性组织延伸到非营利性组织等机构，从西方发达国家扩展到全球。他在管理理论建构中，提出了众多管理基础概念和原则，改变了管理学传统的基本假设。他在方法论上用经验主义的方法论改变了管理研究的范式，并且坚持用管理实践破解现实中的管理难题。德鲁克始终在管理的各个维度持续创新，提出各种新的概念，对管理学的核心内容不断提出新的解读，对管理系统的构建不断提出新的可能，并将这种创新随时应用于管理实践。德鲁克的贡献是丰富且多维的，但以下三个方面最具有代表性并且意义深远，集中反映了德鲁克管理伦理思想对其管理思想的作用。

（一）阐释管理的实践本质

德鲁克对于管理学最重要的贡献之一，是深刻揭示了管理的实践本质。这使得德鲁克不同于纯粹学院派的管理学家将管理悬置在精致的象牙塔中，止步于追求理论和概念的极致和完美。德鲁克管理思想使管理成为一门鲜活的学科，充满了人文精神，并使管理实践展现出蓬勃生机。德鲁克对管理的实践本质的探究，极大地扩展了管理学关注的范围。管理植根于管理现实的土壤，不再是缺乏实践验证的纯粹教条，而是理论与实践相辅相成，最终形成概念体系、理论框架和现实实践辩证统一的系统。由此，管理促进了理论和实践的相互作用，成为破解人类发展难题的钥匙，成为联结社会、组织和个人的纽带。

7

　　有人评价德鲁克与同时代的管理学者相较显得"格格不入"，主要原因在于德鲁克始终坚持认为，管理并不是抽象世界中的概念体系，其作用不能局限于进行学术思辨。在现实的管理实践中不存在一个普遍且稳定的抽象管理空间，所有的管理要素和管理情境也不可能按照理想化的程序和规则进行运作。管理理论的产生不是脱离实际的逻辑推导，而是可以被实践验证的知识体系，因而管理理论必须来源于管理实践，能够返回到实践中对现实进行指导和预测，并以能否取得应有的成果作为评判标准。管理理论要能应用在纷繁复杂、瞬息万变的真实世界中，为提高社会的总福利和人们的福祉作出应有的贡献。德鲁克的管理理论与现实世界既是一种递归的关系，又是一种自反的关系。

　　德鲁克管理思想的根源和萌发都来自实践。1942 年，德鲁克受通用汽车总裁小阿尔弗莱德·斯隆的邀请，进入当时全球最大的企业——通用汽车进行调研并提供顾问服务。通过为期近两年的实地研究，德鲁克于 1946 年将其研究成果编写成《公司的概念》一书，这也成为其管理学研究中重要的里程碑。在该书中，管理理论和现实的组织运营紧密结合，阐述了管理如何驱动大型组织运转，如何运用管理提升企业核心竞争力，现实中的管理如何应对挑战并解决实际的问题，并将社会管理、组织管理、管理者的自我管理三者有机结合而形成的强大的社会前进动力展现于世人面前。作为德鲁克最重要的管理学研究成果之一，关于组织设计中的分权化（Decentralization）正是来自大量的访谈和实践后创造性的总结。德鲁克将通用汽车（GM）、希尔斯公司（Sears）、通用电器（GE）、国际商用机械公司（IBM）等企业作为管理学的研究和实践对象，于 1954 年编写了又一本重要著作《管理的实践》，意味着管理学成为现代意义上的独立学科，该书的内容涵盖了管理工作的各个方面和领域。作为百科全书式的作品《管理：使命、责任与实践》是德鲁克的又一部集大成之作。德鲁克通过大量的管理实践，不但丰富了其组织管理理论，而且创造性地提出了各种管理的最新概念，探索到了全新的管理领域。这些概念和基本的管理原则，至今仍然具有鲜活的生命力和对实践的指导意义。管理学家吉姆·柯林斯坦言，他接触的优秀的企业管理者，不论是来自惠普，还是通用电气和摩托罗拉，他们都认为德鲁克的管理思想对自身产生了巨大的影响。

德鲁克的管理思想在管理实践中得到验证和发展。大量的企业家在德鲁克管理思想的指导下，取得了骄人的经营业绩，这一定程度上解释了为何德鲁克的管理思想得到全球管理者的普遍认可。德鲁克的管理思想也成为其他管理学家的精神土壤和研究起点。查尔斯·汉迪在其著作中就评论道，后来流行的管理概念，德鲁克大多早就讨论过了。管理学家哈罗德·孔茨（Harold Koontz）在《管理思想史》一书中，将德鲁克列为经验主义管理学派的创始人及重要代表。德鲁克管理学思想无不反映在其管理实践中。德鲁克坚持认为，管理不是哲学或理论，管理是行动。正如马克思所说："哲学家们只是用不同的方式解释世界，而问题在于改变世界。"[1] 管理就是实践，管理就是实践行动，这是德鲁克管理思想中重要的观念。因此，他将自己的管理思想称作"行动启动器"（Action starter）。德鲁克认为，管理并不是纯粹的哲学或枯燥的理论，管理本身就是鲜活的、具体的行动，而所有的管理思想都是这些具体行动的成果或者成果的外显。

---

[1]《马克思恩格斯选集》第 1 卷，人民出版社 1972 年版，第 19 页。

（二）划定管理的责任底线

德鲁克在回答"我最重要的贡献是什么？"这个问题时，给出了以下的评价："我着眼于人和权利、价值观、结构和规范去研究管理学，而在所有这些之上，我聚焦于'责任'，那意味着我是把管理学当作一门真正的'博雅技艺'来看待的。"[1]责任是德鲁克管理思想中贯穿始终的重要命题。德鲁克的管理思想始终将"建立自由的功能社会"作为终极目标，其中人的自由和尊严，以及在组织中的功能和地位，都源于承担相应的责任。德鲁克所讲的责任不仅渗透在管理的目的之中，而且影响着管理的手段和方式，还深植于每一个管理者的内心和行为之中。

在德鲁克的视域下，责任是管理中重要的价值中枢。德鲁克的所有价值目标都是围绕着"建立自由的功能社会"而展开。在德鲁克看来自由的基础是责任，承担相应的责任是实现自由的根本路径，权利的根基也来自责任。管理则是功能社会的重要职能和重要器官。从这个维度解读，德鲁克的"建立自由的功能社会"实际是建立于"负责任的管理"基础之上。德鲁克提出的管理使命也是对人类终极价值的守望。

德鲁克认为绩效责任是管理的责任底线。组织和企业存在的意义，在于其是一种由劳动者结成的协作型组织，也是节约成本的必然产物，其宗旨是实现基本的绩效责任，使组织得以持续生存和运转，进而完成社会赋予的使命。组织通过特殊的契约关系，在法律允许的框架中和市场允许的机制下，通过管理使自身得以运行和发展。企业承担的特定的社会职能，就是企业存在的

[1]［美］彼得·德鲁克：《管理前沿》，闾佳晖，机械工业出版社 2019 年版，序言第 9 页。

意义和目的，也就是组织和企业的责任。德鲁克说："企业必须履行经济责任，以促进社会发展，并遵循社会的政治信念和伦理观念。但是，如果套用逻辑学家的说法，这些都属于会限制、修正、鼓励或阻碍企业经济活动的附带条件。"[1]在这个意义上，德鲁克认为管理的绩效责任是组织存在的目的和意义，这既是管理责任的底线所在，又是管理责任的逻辑起点。正如德鲁克所说："如果未能创造经济成果，就是管理的失败。如果管理层未能以客户愿意支付的价格提供顾客需要的产品和服务，就是管理的失败。如果管理层未能令交付于它的经济资源提高或至少保持其创造财富的能力，也是管理的失败。"[2]对于企业来讲，如果没有经济绩效，那么企业就无法生存，更不可能得到发展。因此，企业的首要责任是维持本身的正常运作和完成社会赋予的特殊使命。从这个意义上讲，企业的首要责任就是它的绩效责任。"创造经营绩效是企业的首要责任。事实上，一个不赚钱或收支不能平衡的企业，可以说是一个不负责任的组织，因为它在浪费社会资源，经营绩效是一切的基础，没有它，企业不可能履行其他任何责任，不可能成为员工心目中的好雇主、不可能成为所在城市的好市民，也不可能成为社区居民眼中的好邻居。"[3]

　　履行社会责任是管理的义务的底线。社会责任的两个重要的领域，都需要组织承担起必要的责任：首先，是组织自身运作

---

　　[1]　[美]彼得·德鲁克:《管理的实践》，齐若兰译，机械工业出版社2018年版，第7页。

　　[2]　[美]彼得·德鲁克:《管理的实践》，齐若兰译，机械工业出版社2018年版，第8页。

　　[3]　[美]彼得·德鲁克:《德鲁克论管理》，何缨、康至军译，机械工业出版社2019年版，第147—148页。

所造成的社会影响;其次,是社会对组织的期望。组织对社会产生的影响就像一个硬币的两面,有积极的正向影响,同时也必然存在一些消极的负面影响。由于企业处于社会之中,其带来的正面或负面的影响所引发的连锁反应以及长尾效应都可能使之放大,超出企业自身的控制范围。对于前者,德鲁克认为组织最重要的社会责任是完成企业的使命和核心任务。"它们的第一社会责任是做好本身的工作;它们对其产生的影响,无论是对人和社区产生的影响,还是对社会整体产生的影响,都负有责任;无论它们的工作是照顾病人、生产产品,还是促进学习深造,如果它们超越做好本身工作必要的影响,那么它们的行为就是不负责任的。"[1]对于后者,德鲁克同样提出了他的见解:"第1条'社会责任'的法则就是尽量限制对人的影响,其他方面的影响也是如此。各种对社会与社区的影响都是干扰,只有按狭义定义和严格解释的情况下才使人可以忍受……第2条法则也许更重要,就是预见潜在影响的责任,一个组织应该看得远,并深入思考哪些影响会成为社会问题。然后,组织应该有这个责任来防止不良的副作用。"[2]德鲁克认为,履行社会责任意味着将组织的使命和社会的期望进行有机结合,并将其视为一种崇高的商业道德。这是德鲁克对社会责任最有建设性的观点。"最理想的情况是,一个组织能把满足社会需求和愿望(包括自身影响产生的需求和愿望),转化为实现绩效的机会……这尤其意味着,将盈利业务转

---

[1] [美]彼得·德鲁克:《管理新现实》,吴振阳等译,机械工业出版社2019年版,第80页。

[2] [美]彼得·德鲁克:《不连续的时代》,吴家喜译,机械工业出版社2020年版,第200页。

变为满足社会需求的业务是一种商业道德要求。"[1]将组织的社会责任，通过分析和预测最终转化为组织或企业创造绩效的契机，这种系统性的思维方式和有机视角为破解管理中的两难困境开辟了新的进路。

（三）彰显管理的人本内涵

德鲁克管理思想的另一重大贡献，是其深厚的人文内涵。德鲁克出生于奥地利的世家，传统欧洲大陆的人本主义精神在其身上留下了深刻烙印。这种人本主义精神从德鲁克幼年时期便已萌芽，德鲁克自传《旁观者》中对人的关注，可以视其为内心独白。在参加凯恩斯的经济学研讨会时，德鲁克已经意识到他注定与经济学无缘，"突然领悟到一个事实，那就是满屋子的人，包括凯恩斯本人及聪明有才华的经济系学生，只对商品的行为有兴趣，而我却更关心人的行为"。[2]也正是出于对人的境遇、人的生存和发展的关切，德鲁克违背了家族对他成为律师或公务员的期望，毅然走上了与人相关的管理研究之路。从《经济人的末日》到《工业人的未来》，他将对管理的理解和人性的解读融为一体。德鲁克管理思想的核心是人，管理就是人，这不仅蕴含了管理的终极意义和价值守望，同时也指明了管理世界的进路和边界。德鲁克从建立自由的功能社会开始，用管理安顿人性和理性，并用人性和理性指引管理的发展方向。

在德鲁克的管理思想中，管理的终极目的和价值守望都是为了人。德鲁克的人本主义精神体现为将管理视为人的自我反思、自

---

[1]　[美]彼得·德鲁克：《不连续的时代》，吴家喜译，机械工业出版社2020年版，第202—203页。

[2]　[美]杰克·贝蒂：《大师的轨迹：探索德鲁克的世界》，李田树译，机械工业出版社2006年版，第16页。

我完善和自我实现的过程。德鲁克对管理所预设的人性假设，有着深刻的洞见，"对于人的本质的信念决定了社会的目的，而对于人的成就的信念决定了实现所追寻社会目的的范围。不同的对于人的本质和成就的基本信念将导致一个不同的社会和不同的社会与团体之间的功能关系"。[1] 在德鲁克的视域，组织作为社会的器官，履行社会赋予的各种职能。人在组织中被赋予功能和地位，获得人应有的尊严和自由。自由的人联合起来所组成的功能社会就是德鲁克心目中理想的社会状态。德鲁克认为管理的终极目标是用管理来推动社会总福利的提升，进而增加人的福祉。在这个意义上讲，管理是人类实现自我的善的手段，而人才是管理唯一的终极目的。

德鲁克管理思想中作为核心的管理手段和管理要素，都是围绕着人展开的。在德鲁克的管理思想中除了"管理下级"，还出现了让人耳目一新的"向上管理"，不但有自我管理，还有对管理者的管理。德鲁克对不同类型的管理对象，应用各不相同的管理理念和管理方式，发展出独特的管理理论。正是以人本主义精神为基石，德鲁克建立并发展了具有代表性的目标管理。目标管理的灵魂在于人以自律代替他律。目标管理的本质是一种激励人的主观能动性、参与式的管理设计和管理理念。"目标管理和自我控制被称为管理'哲学'倒是合理的，因为目标管理与自我控制是基于有关管理工作的概念，以及针对管理者的特殊需要和面临的障碍所做的分析，与有关人类行为和动机的概念相关。"[2]

---

[1] [美]彼得·德鲁克:《功能社会》，曾琳译，机械工业出版社2012年版，序言第17页。

[2] [美]彼得·德鲁克:《管理的实践》，齐若兰译，机械工业出版社2018年版，第138页。

如果将目标管理和自我控制，简单地理解为纯粹的目标管理，则意味着目标管理是一种自上而下的机械的、工具化的强制管理，是建立在对人性的曲解基础之上的简单、低级、粗暴的管理工具。德鲁克在其管理思想中充分意识到，人的自觉意识是影响管理效果的关键要素。人的自觉意识也体现出不同的发展维度，一种凸显为对象性的向外扩张倾向，另一种表现为主体性的向内自我反思。自觉意识的外化，表现为将管理主体的意志对象化，充分体现了主体的能动性和目的性。目标管理中的目标之所以能够对人产生驱动，用激励替代强制性管理，因为这一理论建立在以下假设之上：人的主体性对自我意识产生的目的和行为趋势有强化和激励作用。主体通过自我意识而树立的目标能最大限度激发人的主观能动性。德鲁克强调这种通过自我意识主动设定目标的管理模式，在于克服管理主体和管理客体之间的二元对立，使管理主体和管理客体通过目标变成合一的整体。管理主体和管理客体都成为实现管理目标过程中的驱动力核心，在对目标的追求和实现过程中，消解管理主客体之间的对立，让被剥夺的人的主体性得以复归。

德鲁克人本思想是他的管理理论最重要的贡献之一，也是其管理思想的重要前提。首先，德鲁克的人文主义精神让所有的管理内容、管理形式、管理目的在人性的基础上得到辩证统一，使各种管理理念和内容具有一致性。其次，立足于人本主义精神赋予管理新的意义：一切为了人。

三、管理伦理思想——德鲁克管理思想的价值中枢

德鲁克的管理思想博大精深，但其根源在于深刻的管理伦理思想。德鲁克始终将人作为管理的最终的价值关切。"从我的第

一本到最后一本著作，有个一以贯之的主题：自由、尊严、个人在现代社会中的地位、作为实现人类成就之手段的组织的角色和功能、人的成长与满意、个人对社会和社区的需求。"[1]这是德鲁克的管理思想中伦理精神的直接表达。德鲁克始终将自己称为社会生态学家，并将其终身追求的视为已经"不流行"的道德科学："社会生态学并不奉行'价值中立'。如果非要说社会生态学是一种科学，那么它就是'道德科学'——这是一个古老的词汇，已经有两百多年不再流行了。自然生态学家相信，且必须相信自然造物的神圣性。社会生态学家则相信，且必须相信人类精神造物的神圣性。"[2]在此，德鲁克清晰地表达了对"道德科学"的坚守和对管理"价值中立"的批判，这种价值追求贯穿在他毕生的研究之中。"社会生态学科的基本原则不是对权利的信奉，相反，它信奉责任、建立在能力和同情基础上的权威。"[3]无论是在管理思想的萌芽期，还是在管理思想的发展成熟期，德鲁克的管理伦理思想都起到了重要的驱动作用，并成为德鲁克管理思想的价值中枢。

（一）管理伦理作为德鲁克管理思想的逻辑起点

德鲁克的管理思想起源于他对社会自由、公平和效率的价值追求。出于对极权的反抗和构建新的社会管理秩序的渴望，德鲁克的管理伦理思想开始萌芽。"建立自由的功能社会"是德鲁克社会管理伦理的宗旨和贯穿始终的价值目标，也是德鲁克管理研究的起点。"我撰写了第一本主要书籍《经济人的末日》。该书分

[1]［美］彼得·德鲁克：《生态愿景》，慈玉鹏、赵仲一译，机械工业出版社2020年版，第432页。
[2][3]［美］彼得·德鲁克：《生态愿景》，慈玉鹏、赵仲一译，机械工业出版社2020年版，第440页。

析了丧失所有延续性和信仰的社会如何陷入崩溃，描绘了一个陷入无尽恐惧和绝望的社会。1942 年出版的《工业人的未来》延续了这一主题，在这本书中，我试图为工业社会构建一种社会理论和社会结构，在保持延续和保守的同时，不损害社会变革和创新。"[1]德鲁克还表达了以下观点：当时正值第二次世界大战，在原有的社会结构中由基督教带来的等级制度正在被抛弃，西方民众对于未来充满了绝望和恐惧，所谓的"民主的价值"日益被抛弃，极权主义法西斯走上了历史的舞台。德鲁克认为新的工业现实已经显现，随着"经济人"的末日而来的是"工业人"的崛起，新的社会形态需要新的社会功能目标和愿景。为了保持在传统和创新之间的平衡，德鲁克提出了建立自由的功能社会。"这进一步引导我分析工业社会的机构，逐步认识到工业社会通过该类机构赋予人们地位与功能，整合个人的努力以实现共同目标。"[2]建立自由的功能社会也成为德鲁克将管理作为一个独立的学科进行研究的初心。

　　自由，构成德鲁克管理思想的价值驱动。德鲁克认为，自由为人类赢得道德可能性提供了终极理由，这是德鲁克管理伦理的价值根基。德鲁克的自由伦理观，是基于自由的伦理和为了自由的伦理，是自由的无限性和伦理的限制性的统一。德鲁克将对于理想社会的希望和构建通过自由的功能社会进行了阐释。这个基于工业社会逐步取代重商主义社会转型时代背景下创设的概念，既有对当时社会现实的实然性表达，又反映了对

---

　　[1][2]〔美〕彼得·德鲁克：《生态愿景》，慈玉鹏、赵仲一译，机械工业出版社 2020 年版，第 428 页。

于未来工业社会美好前景的应然性期望。德鲁克的社会管理思想的核心，是希望在功能性社会中实现真正的自由。德鲁克从另一个角度表达了其管理思想的基本信念：自由人才是构建功能社会的真正主体，以自由为前提才可能出现功能正常的社会。正如德鲁克终生坚守的信奉自由、法律和正义，强调职责和工作，认识到人的独特性和不可靠性。德鲁克的自由概念恰如穆勒所论及的自由。首先，他为管理视域下的社会自由和个人自由划清了界限，同时对自由在管理中的伦理价值提出了具体理性实践方式和路径。德鲁克所讨论的自由更倾向于积极的自由。德鲁克深刻反思了西方的管理实践并提出对西方价值观的批判，即西方所谓的民主信念并不是真正的普遍价值或最有效的社会解决方法，他甚至将西方的民主描述为西方社会中最薄弱的一环。

公平，赋予德鲁克管理思想的价值平衡。德鲁克致力于通过管理实现自由与公平、繁荣与和谐、理想与现实之间的最佳平衡。正如德鲁克在第一本著作《经济人的末日》中所说："我只预提一个观点：法西斯的胡言乱语，就是代替秩序与信条的组织；虽然它无法成功，也不会长久……就表示终会有一种新秩序，再次建立在欧洲传统的根本价值，也就是'自由和平等'的基础上。"[1]在德鲁克的管理思想中，公平是贯穿始终的伦理原则。这源自德鲁克深厚的奥地利学术传统，以及家庭环境和路德派的宗教背景。在其社会管理伦理思想中，无论是早期对纳粹极权主义的反抗、对工业社会的社会管理的建构，还是对未来知识

---

[1]［美］彼得·德鲁克：《经济人的末日》，洪世明、赵志恒译，上海译文出版社2015年版，第11页。

社会的憧憬和期望,他始终将人的价值、人的境遇、人的尊严作为关注的核心,将自己视为传统的人文价值和道德良知的守护者,致力于通过管理实现自由与公平、繁荣与和谐、理想与现实之间的最佳平衡。德鲁克的公平伦理观念,更为直接地受到了罗尔斯《正义论》的影响。德鲁克的正义伦理观念不仅融合了契约论的思想要素,而且融合了自然状态理论和罗尔斯的公平正义理论,并在某种程度上实现了超越。德鲁克在社会进步上强调以机会均等为基础的公平竞争,而在结果公平上则主张对于弱势群体进行公平的利益分配。对于公平和效率之间的内在联系和关系,德鲁克不仅强调公平兼顾效率,而且强调不能以效率为由牺牲公平,从而最终达成公平和效率的平衡。

效率,实现德鲁克管理思想的价值路径。在德鲁克的视域下,效率既体现了对于资源的合理配置,又体现了这种配置手段的合理性,或者说效率既关乎管理目的,又关乎管理手段。有限的资源通过管理产生效率,最终实现较高的产出和社会福利,这本身就是一种管理目的"善"的直观表达。德鲁克的效率思想,不同于实用主义视角下的片面追求效用的工具理性,吸纳了功利主义中追求"最大多数人的最大幸福"的效率思想,认同其合理利己主义思想,摒弃其极端个人利己主义,实现了对"理性经济人"假设下的工具理性的超越。正如德鲁克在对自由的功能社会的解读中所说:"我们确实反对那些极端主义者,他们将一切功能和效率问题抛诸一边,除了基本信念和基本观念外,他们也拒绝思考任何事情。"[1]"他们不会明白每一项福利都是从社会

---

[1]　[美]彼得·德鲁克:《工业人的未来》,余向华等译,机械工业出版社2019年版,第27页。

的生产中征收而来的，而要提高整个社会的福利，就必须要提高生产率及工作效率。"[1]但是德鲁克社会管理伦理思想中的效率融合了自由、平等、正义、权利等其他价值观的因素。正如德鲁克所说："如果像今天许许多多的效率谋划者那样，认为发挥功能是社会生活中唯一重要的事情，这完全是对纯粹效率的局限性和重要性的一种误解，如果我们不能搞清楚效率是为了何种目的，效率的达成又要付出何种代价，那么功能的效率本身就毫无意义。"[2]德鲁克效率伦理思想的提出，具有鲜明的人文主义内涵和哲学意蕴。他批判地吸收了功利主义中的合理因素，扬弃了功利主义效率最大化的观点，融合了罗尔斯正义论中的价值内涵，让他的社会管理伦理中的效率观，成为追求目的善和手段善的统一，兼顾了效率和公平，追求社会效率与个人效率的一致。

（二）管理伦理思想驱动德鲁克管理思想的发展成熟

德鲁克管理伦理在其管理思想的发展成熟期也起到了重要的驱动作用。德鲁克管理思想的发展成熟是其从社会管理向组织管理过渡，并有机融合两者的过程和结果。这一过程中，德鲁克逐渐意识到要实现其社会管理的目标，就必须对构成社会的重要器官即组织进行深入的管理研究。"显然，在第二次世界大战初期，我们已经或正在进入组织社会，主要的社会任务都由管理型机构执行，在其内部完成。首先引起我注意的是工商企业——原因很简单，工商企业完成了美国战时的各项任务，支

---

[1] ［美］彼得·德鲁克：《新社会》，石晓军、覃筱等译，机械工业出版社2019年版，第382页。

[2] ［美］彼得·德鲁克：《工业人的未来》，余向华等译，机械工业出版社2019年版，第27页。

持美国赢得了战争胜利。"[1]德鲁克的管理思想及其作出的重要贡献，很大一部分体现为对组织管理的真知灼见。德鲁克的组织研究领域从企业开始，后扩展到政府机构和非营利性组织。"在20世纪40年代，我刚开始研究组织时，包括我自己在内的每个人只看到了两类组织：以政府为代表的旧组织和以工商企业为代表的新组织。在40年代晚期，我自己曾经参与非营利组织（如医院）的活动。我才慢慢意识到（必须承认我理解的速度确实非常慢），非营利组织非常重要，尤其在美国更是如此。"[2]特别是在对非营利性组织的研究中，德鲁克的管理思想逐步成熟。"只有身为非营利组织的志愿者时，我们才再次成为实实在在的公民，再次对社会秩序、社会价值观、社会行为和社会愿景产生影响。因此非营利组织正在不断创造公民身份和社区共同体。"[3]

德鲁克管理伦理思想促进了其管理思想的演进和发展，使其管理思想走向成熟。这主要体现为德鲁克社会管理思想与其组织管理思想的有机融合。德鲁克的组织管理思想始终坚持"社会优先"，"社会价值"优先于其他价值。建立自由的功能社会既包含了社会运转高效率，又包含了社会平等和谐而创造出更大的自由。在组织社会中，这一系列目标转变为如何实现社会中各个组织的高效率运作，以及组织和组织之间协同发展，最终达成组织和整体社会效率的提升；同时也包含如何实现人的自我完善和自我实现，即在组织的内部运用管理促进组织中个

---

[1]［美］彼得·德鲁克：《生态愿景》，慈玉鹏、赵仲一译，机械工业出版社2020年版，第429页。

[2][3]［美］彼得·德鲁克：《生态愿景》，慈玉鹏、赵仲一译，机械工业出版社2020年版，第430页。

体即人的发展和自由，使构成组织的人的价值外显于组织，而最终作用于整个社会。在功能社会中人、组织、社会三者之间形成良性的互动。个人通过组织来实现自身的价值，并协助组织履行组织所肩负的社会职能；组织履行其社会职能并构成有机的社会器官；社会赋予个人身份和地位。德鲁克将企业和社会的关系解读成："公司是永恒的，而股东是暂时的。甚至可以毫不夸张地说，就社会和政治角度而言，公司是先验存在的，而股东只是它的衍生物，只存在于法律的假定中。比如，破产法就采取了这一立场，它将公司的延续置于股东的权利之上。……由此可以推断，公司的本质是社会性的组织，也就是说是人本组织，这好像是同义反复。"[1] 德鲁克的组织管理思想是其社会管理思想的延续和发展，是管理的普遍性和社会性在组织中的具体体现。

正是在德鲁克管理伦理思想的推动下，德鲁克管理思想从社会管理过渡到组织管理并衍生出一系列重要的新理念。人本、责任和效率的管理理念直接促进了德鲁克关于组织管理的一系列管理思想内容的成熟和发展。

人本，是德鲁克的视域下组织管理思想的伦理前提，使德鲁克管理思想充满了人文精神，回归管理的价值本源。首先，体现为对其他伦理思想的统筹性，其用人本伦理将分散状态的伦理要素整合起来，使各种管理伦理具有一致性；其次，人本伦理思想提供的清晰指向性，使所有伦理思想都能按照其价值目标向以人为本的方向汇聚，按照一定的目标体现组织管理的价值功能和运

---

[1]［美］彼得·德鲁克：《公司的概念》，慕凤丽译，机械工业出版社2019年版，第17页。

行趋势。综观德鲁克所有的著作,"人"才是他管理思想的主线和逻辑展开的起点。德鲁克自传《旁观者》强调的对人的关注,可以视为其内心独白。在技术管理中,人也是德鲁克关注的重点:"但即使我曾担任技术史学会的主席,我也从未将注意力局限于技术本身。因为我发现社会研究从不考虑技术因素,所以我才变得对技术感兴趣。技术学家把技术视为做事的工具。历史学家、经济学家、哲学家(仅有的例外是马克思和熊彼特)将技术视为他们的研究领域之外的干扰因素,破坏其研究成果的完美性。我把技术视为社会中的人类活动。实际上,我的观点同华莱士(与达尔文同时代的进化论理论家)接近,他有一句名言:'因为人类能制造工具,所以在所有生物中只有人类能够实现有目的的、非有机性的进化。'"[1]德鲁克的人本伦理维度也体现了人作为管理主体的伦理精神,这在德鲁克组织管理思想中起到主导性的作用。

责任,是德鲁克的视域下组织管理思想的价值基础。德鲁克的所有价值目标都是围绕着建立"自由的功能社会"而展开的,在德鲁克看来自由的基础是责任。承担相应的责任是实现自由的根本路径,权利的根基也来自责任;管理则是正常功能社会的重要职能和重要器官,从这个维度解读,德鲁克的建立"自由的功能社会"实际是建立于"负责任的管理"基础之上。1999年1月18日,接近90岁高龄的德鲁克,在回答"我最重要的贡献是什么"这个问题时,他写下了这句话:"我着眼于人和权力、价值观、结构和规范来研究管理学,而在所有这些之上,我聚焦于

---

[1] [美]彼得·德鲁克:《生态愿景》,慈玉鹏、赵仲一译,机械工业出版社2020年版,第429页。

'责任'，那意味着我是把管理学当做一门真正的'博雅技艺'来看待的。"[1]德鲁克将责任伦理浸润在对人、组织、社会的管理研究之中。德鲁克关于人的道德法则和实践理性在管理实践中的应用，则蕴含了康德关于责任的相关理念。德鲁克管理伦理继承了西方责任伦理思想。从古希腊到近代的伦理思想都对德鲁克的责任伦理思想产生了重要的影响。正如西塞罗所言："虽然哲学提供许多既重要又有用的、经过哲学家们充分而又仔细地讨论过的问题，关于道德责任这个问题传下来的那些教诲似乎具有最广泛的实际用途。因为任何一种生活，无论是公共的还是私人的，事业的还是家庭的，所作所为只关系到个人的还是牵涉他人的，都不可能没有其道德责任；因为生活中一切有德之事均由履行这种责任而出，而一切无行之事皆因忽视这种责任所致。"[2]

绩效，是德鲁克视域下组织管理思想的价值核心。"'管理热潮已经结束，管理绩效的时代已经到来！'这样的预测是正确的，它将成为未来管理发展的口号。"[3]在德鲁克的视域下，组织是构建功能社会的重要职能器官。"管理不是知识而是绩效。更进一步说，管理不是一种常规知识的运用，也不是领导力的应用，更不是财务操纵。管理的实践既基于知识，又基于责任。"[4]管理本身就是作为人的一种创造绩效的实践活动，其中反映出人类

---

[1]［美］彼得·德鲁克：《管理新现实》，吴振阳等译，机械工业出版社2019年版，序言第9页。

[2]［古罗马］西塞罗：《论老年，论友谊，论责任》，徐奕春译，商务印书馆1998年版，第91页。

[3]［美］彼得·德鲁克：《管理：使命、责任、实践（使命篇）》，陈驯译，机械工业出版社2019年版，第12页。

[4]［美］彼得·德鲁克：《管理：使命、责任、实践（使命篇）》，陈驯译，机械工业出版社2019年版，第20页。

社会生存发展的普遍性，同时又具有不同社会、组织、个人的实践特殊性。德鲁克从组织履行其特定社会职能的角度，认为管理所发挥的功能和作用，以不同的绩效形式显现于组织的外部。从某种意义上讲，德鲁克的组织管理伦理思想中的绩效观，正是其社会管理伦理思想在效率维度的延伸。德鲁克的组织管理伦理思想中的绩效观，从不同的角度对绩效进行了内涵的阐释和管理实践的应用：从价值论的视角出发，阐释了绩效等于组织生存和发展的价值目标；从本体论的意义上，展示了实践和创新是绩效的本质内涵；从认识论的角度，阐释了绩效观从"异化"到"人化"的转变。这充分体现了德鲁克组织管理伦理思想中管理的价值目标，不是只包含了物质性的经营成果所外显的"绩"，同时包括了鲜明的人文内涵和哲学意义的"效"。德鲁克组织管理伦理中的绩效观，实现了管理的自然属性和社会属性的有机融合和统一。

第二节　德鲁克管理伦理思想的现实基础溯源

某种伦理思想是特定时代的精神写照。德鲁克的管理伦理思想同样离不开独特人生经历的浸润、政治环境变迁的磨砺、历史前进的车轮的牵引、社会经济巨变的激发。德鲁克特殊的家庭成长环境、所经历的前所未有的历史动荡时期和工业化进程是其管理伦理思想形成的现实基础。

一、奥地利学术传统熏陶下的成长经历

19 世纪初，奥地利不仅是欧洲音乐和文化中心，同时还是

欧洲各种新观念、新思潮的孵化地，维也纳成为各界杰出人物的汇聚之地，各种思潮碰撞交融，百花齐放。出生在上流社会家庭的德鲁克自幼受到各界"大家"的熏陶，其中包括弗洛伊德、熊彼特、凯恩斯等，让他涵养了传统欧洲的学术精神和人文气质，同时形成了开阔的视野和广博的见识。德鲁克由此形成"旁观者"般的独立和思辨的思考模式，为其管理伦理思想的形成奠定了基础。

（一）维也纳家学渊源的"旁观者"

彼得·德鲁克（Peter F. Drucker），祖籍荷兰，于 1909 年 11 月 11 日出生在被称为"欧洲的心脏"的维也纳。维也纳这座伟大的城市，继承了欧洲的光荣传统，包容着各种创造性的冲动，孕育出众多思想家，路德维希·维特根斯坦、卡尔·波普尔、路德维希·冯·米塞斯、弗里德里克·哈耶克和欧根·博姆·巴维克用他们自己的智慧为这座城市增添荣光。他们对真理的追求和思考折射出浓厚的由艺术气息和人文精神构成的维也纳特质。这也成为哲学维也纳学派和经济学奥地利学派的精神特质。

德鲁克出生在家庭背景良好的世家，德鲁克家族的成员很多都是公务员、教授、律师和医生。德鲁克的祖先长期从事与印刷相关的职业，"Drucker"在荷兰语中指的就是印刷者。德鲁克的父亲阿道夫（Adolph），曾经担任奥地利维也纳大学的经济学教授，并以首席经济师和律师的身份在政府机构担任要职，同时他被认为拥有一个鲜为人知的身份，即"奥地利共济会的领袖"[1]。其父亲交友广阔，在政府和知识文艺界结识一大批社会精英和

---

[1]［美］彼得·德鲁克：《旁观者：管理大师德鲁克回忆录》，廖月娟译，机械工业出版社 2019 年版，第 128 页。

政要，使德鲁克从小就有机会接触到奥地利，甚至欧洲各界的学术权威和知名艺术家。其母亲卡萝琳（Caroline）也是出身名门，在那个女性被排斥在高等教育之外的年代，成为首批参加高等教育预科学习并参加大学学习的女性，曾经作为唯一的女性出现在弗洛伊德的课堂上，最终成为奥地利医学界的知名人士。德鲁克的祖母，曾是德国女钢琴家克拉拉·舒曼的学生，尽管当时女性几乎不能公开演出，她还是在维也纳歌剧院的公益演出中担任钢琴演奏，用自己的言传身教将投身公益、关心他人、注重社区等观念传递给童年德鲁克。

爱尔莎小姐是德鲁克幼年几位重要的老师之一。正如德鲁克所说："爱尔莎小姐是标准的苏格拉底学派，而苏菲小姐则是禅宗大师。"[1]爱尔莎小姐教会了德鲁克如何评估自己的优势和劣势，其优势是在工作纪律与组织能力，确定目标并组织自己的思考方面。德鲁克的自我管理思想、"用人所长"管理思想以及目标管理思想可能都启蒙于此。德鲁克认为在他二十一二岁能够取得博士学位，完全得益于她的教诲。苏菲小姐则教会了德鲁克如何去"尊重专业"。同时，爱尔莎小姐和苏菲小姐还让德鲁克了解到高质量的教导与学习的活力和乐趣，这些可并行不悖。奥地利钢琴家施纳贝尔也曾给少年德鲁克一个启示："至少我自己不是从错误中才能有所体认，我必须从成功的范例中学习。"[2]

德鲁克的家学渊源，使他有机会参加奥地利陆军副元帅之女

---

[1]［美］彼得·德鲁克：《旁观者：管理大师德鲁克回忆录》，廖月娟译，机械工业出版社2019年版，第73页。

[2]［美］彼得·德鲁克：《旁观者：管理大师德鲁克回忆录》，廖月娟译，机械工业出版社2019年版，第80页。

安妮特[1]举办的沙龙。在沙龙中德鲁克能够与一大批知名人物和社会精英进行面对面交流，例如拉德·马切尔、托马斯·曼、毛奇伯爵、多乐斯·汤姆森等，这极大地开阔了少年德鲁克的视野，有助于其把握那个时代的脉搏、形成多元包容的思想，更为重要的是激发了德鲁克探索未知世界的热情，使之养成了批判性的思维方式。

（二）德国半工半读的"叛逆青年"

德鲁克 14 岁时，就作出了离开维也纳和奥地利的决定。主要原因是德鲁克意识到他应该成为大人中的"小大人"，他开始主动承担责任，希望能够经济独立以减轻父亲的经济负担。这也是当时欧洲的一种时尚，即家庭中优秀的孩子会尽早脱离学校加入社会。他选择了最容易的途径即到德国、英国的银行或者商行进行实习。其间，德鲁克并未放弃学术追求，他立志要半工半读获取博士学位。可见，德鲁克后来重视实践的管理思想在此阶段已经萌芽。

德鲁克的父亲希望德鲁克能够在维也纳大学学习，德鲁克却不满足于在学术界的"够格"，而追求成为一流的学者和"杰出"的研究人员。在特劳恩·特劳涅克伯爵的帮助下，德鲁克得以在当时他人难以进入的国家图书馆开始他的第一次学术能力自测。16 岁的他决心用自己的写作来解决"刑法的理论基础"这一法哲学难题。其间，他系统研究了从亚里士多德、阿奎那、休谟、边沁到庞德等思想家不同的法哲学观点。尽管这一"雄心壮志"并

---

[1] 安妮特与德鲁克的母亲一样在施瓦兹瓦尔德学校毕业后进入大学学习，成为奥地利历史上首位经济学的女学者，也是经济学家米瑟斯的同学，而且是包括米瑟斯在内所有同学公认的在理论及数学分析中都更胜一筹的明星人物。

未如愿，德鲁克还是收获了他的第一份学术研究成果，将解释刑罚的理论基础这一问题的核心归纳为如何解释犯罪。这次研究经历促使他下定进行学术研究的决心。

德鲁克于 1927 年离开维也纳来到德国汉堡，在一家进出口贸易公司担任实习生，一年后在华尔街的一家证券公司的欧洲分支商业银行担任证券分析员。1929 年由于纽约股市崩盘，德鲁克转而进入报业，担任《法兰克福总指南》（当地发行量最大的报纸）财经撰稿人，后又升任资深编辑，负责国外新闻和财经新闻，同时负责发表社论和妇女版的替补工作。其间，德鲁克积累了大量的写作技巧，更重要的是他对国际事务和时事的敏感度有了全面的提升，这些对他在汉堡和法兰克福的大学学习也起到了积极的促进作用。1931 年，德鲁克获得国际法和公法的博士学位，并留校任教，这也成为德鲁克学术生涯的起点。

尽管科隆最大的报社有意邀请德鲁克负责国外的报道，包括政治经济文化等内容，同时科隆大学也准备为其提供正式的教职，并且能成为德国公民，德鲁克出于对纳粹以及希特勒的反感，最终还是选择了离开德国。在这期间德鲁克受到蒙特·格拉斯的邀请前往伦敦，协助游说谢弗拒绝在纳粹统治下的《柏林日报》担任总编辑一职，避免为纳粹的罪行进行欺瞒和美化，但最终未能如愿。在这一过程中，谢弗期望通过加入邪恶组织，再靠一己之力去避免恶的泛滥，最终还是导致了阿伦特所说的"平庸的恶性"。这也激发了德鲁克对于社会、组织和人的伦理关系的思考。

（三）英国投资银行中不合时宜的"天才"

1933 年，德鲁克离开奥地利前往英国，在父亲的帮助下，在弗里德伯格公司担任经济分析员，负责撰写经济分析报告，同时担任几位合伙人的执行秘书。弗里德伯格公司是一家投资银行,在工作期间德鲁克有机会和众多出色的合伙人(银行家)共事。这些银行家在当时世俗眼光看来,是那样的不合时宜,犹如远古的"史前动物",然而这却给德鲁克的管理思想和伦理思想产生很大的影响。例如帕尔布先生,始终坚持在获取合理利润的同时,必须对投资企业有所贡献,而不能仅靠投机的技巧取得财务的成功。亨利把一家优秀的百货公司的价值评判锁定在该公司是否以"客户顾客为中心"上,而不是仅为了获取丰厚利润。在这期间,德鲁克也观察到整个社会已经将经济学异化成一种纯粹理性工具,"真实"的含义已经被"符号"所替代,整个社会的认知体系出现严重偏差,符号本应该体现的物体,却被异化成非真实的虚拟物。

德鲁克在工作实践中深切体会到,当时的管理人员已经无法脱离"未经实验的定量分析就进入一个纯粹概念推导"的误区,他们将假设作为推论的起点,然后沿着抽象概念的推导链条,将人们从实践引导到概念世界。正如先贤在古希腊得出的:逻辑实验和经验是密不可分、互为补充的,真理是逻辑和经验的合一,未被经验验证的逻辑很有可能是无意义的正确或者荒谬;而不能逻辑化的经验只是碎片化的经验。古典经济学家始终将经济行为和人的伦理道德相联系,而后凯恩斯学派的经济学家则认为经济学建立在理性和数学逻辑的基础上,研究的是纯粹的商品和交易行为。一些学派甚至认为,经济学的运行基础只关乎货币、信用、统计数据等纯粹理性工具。至此,经济学已经和伦理学分道扬镳。这些经历对德鲁克在后来将管理视为实践、将社会视为实现人的价值的桥梁产生了很大的影响,也为德鲁克管理伦理思想中的人本主义埋下了种子。

二、两次世界大战期间动荡的历史环境

（一）伴随着一战成长的童年

德鲁克的童年，首先经历了那场历时四年空前惨烈的第一次世界大战。德鲁克亲身经历了这场让整个世界格局发生巨大变化的战争，它给欧洲人民带来了深重的灾难，成为近代和现代之间的分割线。正是第一次世界大战开启了 20 世纪的大门，使世界历史进入一个新阶段。奥匈帝国由于这场战争被彻底瓦解，奥地利的维也纳作为欧洲中心的风光不再，这也成为德鲁克离开奥地利的主要原因之一。世界列强的力量划分发生剧烈的变化，欧洲总体力量断崖式下滑，而美国很早就在工业生产总值上远超欧洲成为世界领先，但仍未成为真正的西方领袖。一战期间美国成为最大的债权和资本输出者，且远离战争中心，避免了重大的损失，世界上的资金向其迁移，逐步取代欧洲成为世界的金融中心，这使美国在当时有机会以领导者的身份来规划新的国际秩序。

"我小时候印象最深的一回，就是第一次世界大战的爆发，我父亲和我姑父汉斯和马萨里克的谈话：'这不仅是奥地利的末日，也是文明的末日。'这是我有生以来第一次能记得清清楚楚的事，再后来记得的就是报纸上无休无止的讣告，我就是在这样的世界里长大的。我知道那是人们最后一个重视价值观的时代，从那以后世界再没变过。"这场惨烈的战争摧毁了欧洲文明，更重要的是那个普遍珍视传统价值观和伦理道德的时代似乎也渐行渐远。德鲁克目睹了由美国胡佛总统发起的拯救欧洲运动如何有效地减缓灾难，帮助欧洲在灾后进行重建，感受到"组织"在这样剧烈动荡的社会中所发挥的积极作用，即不仅使瘫痪的社

会系统重新运转，而且修复和优化了原有的社会职能，这为他未来将组织视为社会的有机部分并行使社会职能打下了深刻的烙印。这促使德鲁克将人、组织、社会三者之间的相互关系纳入研究领域，开启了其近 60 年的研究历程。

（二）被二战改写的人生轨迹

二战对整个欧洲乃至世界都产生了深远的影响，受影响的当然也包括生活在奥地利、求学在德国的德鲁克及其家庭。二战中反法西斯联盟取得胜利后，欧洲几乎失去原来的国际中心地位，也宣告了欧洲中心时代的终结。随着战后一批新兴国家的崛起以及殖民地国家民族解放运动的兴起，寻求建立一个平等、多元、繁荣、公平的新世界成为人类追求的美好理想。建立一个自由且功能正常的社会，正是德鲁克管理伦理思想的价值目标。从这一价值目标出发，德鲁克萌发了社会管理伦理思想，并将其拓展到组织管理伦理和个人管理伦理领域。管理始终作为实现这一价值目标的手段将社会、组织和个人联系起来，而其管理伦理思想也正是实现这一价值目标的根本动力。二战及战后的社会巨变，深深影响了德鲁克的管理伦理思想，为其伦理观念的形成奠定了社会基础。

德鲁克的人生旅程也由于二战而改变了轨迹。德鲁克在二战前夕推测纳粹德国将对犹太人采取暴行，极权主义即将对德国以及整个世界产生深远影响。德鲁克对纳粹掌权和极权主义所产生的原因以及影响进行了深入的思考，据此写出了第一部著作《经济人的末日》，即一部关于二战期间极权主义起源的重要作品。1933 年纳粹势力正在兴起时他开始写作此书，并于 1939 年在美国出版。尽管该著作长期处于边缘化的状态，主要原因是德鲁克的观点与战后关于纳粹形成的两种主流观点相悖。传统的观点认为，纳粹的产生可以归咎于德国的历史原因和民族性的特性，或者将纳粹视为资本主义垂死前的挣扎，也有学者认为纳粹主义的兴起与德国的哲学体系存在着必然联系，例如费希特、谢林和黑格尔的哲学体系。而德鲁克则另辟蹊径，将极权主义的产生作为一种社会现象，从社会生态学的角度进行了解读。他从社会现象和社会张力切入，而非从一种原理的角度入手。德鲁克从经济和政治出发转而进入社会学进行研究，最终产生了社会管理伦理思想。

正如恩格斯所说："没有哪一次巨大的历史灾难不是以历史的进步为补偿的。"[1]二战以前所未有的方式推动了科学技术的发展。参战国为了追求能够战胜对方，投入了极大的财力和人力在武器的研制和制造上。这激发了科研人员的创造力，科技以前所未有的方式迅猛发展，在战争期间实现了跨越，人类进入第三次科技革命。正是伴随着二战的战火和硝烟，科技以前所未有的方式和速度改变了人类世界。在这期间，航空、航天、电子技术、基础材料、精密制造等都取得了举世瞩目的成就，各学科之间的交叉影响和协同发展更是让基础科学的研究成果推动科技飞速发展，最终实现了人类发展史上的伟大跃迁。这些为后来社会的发展提供了物质基础和技术准备，对德鲁克管理思想的形成产生了重要的影响。德鲁克一直将技术和管理视作研究中不可或缺的一环。正如他坚持认为的，技术不仅设计工具，而且关乎人类的工作方式。他认为不可将工作、材料等技术维度的部分割裂来讨论并视之为"人类的延展"。在德鲁克视域下，技术正是人的

---

[1]　[德]恩格斯：《致尼古拉·弗兰策维奇·丹尼尔逊的信》，《马克思恩格斯全集》第 39 卷，人民出版社 1974 年版，第 149 页。

自由意志的外在体现，或者说技术不只是无生命自然的物理部分。人类的技术文明应该是以人性的基本假设为前提的人类文明的组成部分，因而技术文明中自然而然地蕴含了关于人性的基本的价值观，反映出人类的价值追求，折射出人类对于自然和人类世界关系的价值判断。

管理理论和管理实践也在二战中得到关注和发展。同盟国的胜利离不开战争时期对管理研究的普遍重视以及广泛应用，管理在战争时期对于战略物资的生产以及在战后的重建中都起到了不可或缺的作用。正是因为战后各国都迫切地需要发展经济，各种大型企业和社会组织扮演了重要角色。经济的复苏带动了企业等各种组织蓬勃发展，组织迫切需要掌握提升效率的方法，处理企业运营中的各种实际约束，解决经营问题，因此职业管理人顺理成章地出现在各种组织之中。

管理实践在经济复苏的过程中起到了决定性的作用。管理使组织利益相关方的协作更加顺畅，获得更好成效。对管理理论研究的实际意义，人们达成广泛共识并得到学界的响应。这些促使德鲁克的管理研究与时俱进，开拓了管理学的这个领域，并有机会使管理成为独立学科。战后美国颁布《退伍军人权利法》，大量的退伍士兵得以进入高等院校学习各种知识，全面改变了整个美国的社会结构和社会认知，使管理的实践和理论的传播成为可能，最终也引发了德鲁克对于知识社会的研究，特别是关于知识管理者的自我管理这一命题，引发了德鲁克关于个人管理的伦理思考。

三、西方工业化进程所引发的社会危机

西方工业化进程中的道德危机催生了德鲁克管理伦理思想。

工业革命以及随之引发的西方工业化进程对社会的政治、经济均产生了深远影响。工业化能够将生产资源和生产要素有效组织起来，于是对于人的控制显得顺理成章，它的负面效应像一个巨大的黑洞吞噬着不同的声音。这种逐步僵化和单一的社会趋势走上了不可逆转的道路。这种社会发展的趋势和随之改变的管理方式，奠定了德鲁克管理伦理思想的现实基础。西方社会的工业化使大型组织兴起，生产关系发生改变，现代管理有了存在的必要性，还使管理这项社会职能逐步被社会各界认知和接受，并形成相应的理论。从某种意义上讲，社会工业化也引发了后期的世界大战，战争演变成一种"工业战争"。社会转型期间的保守和创新之间的平衡，是德鲁克管理伦理思想的又一重要来源。工业化意味着国民经济的主体由传统的农业部门转变为工业化的现代工业部门。英国是西方工业革命的发源地，也是最先完成传统工业化的西方国家。英国的工业革命于18世纪60年代出现在棉纺织业。伴随着"珍妮机"等工业机械的应用，棉纺织行业摆脱了对传统生产形式的依赖，取而代之的是现代大规模纺织工业，由此机械制造业蓬勃兴起，英国成为具有完整和独立的工业体系的国家。19世纪40年代，随着交通运输业的变革，英国的工业化进程有了飞速发展。19世纪70年代，英国建立了当时在世界具有领先地位的公路、铁路和航运体系，由此改变了自身的国民经济总体结构。19世纪30年代，随着铁路的修建，德国开始工业革命的进程。德国的工业化在普法战争之后掀起高潮。而在20世纪初，德国基本完成其工业化，工业化进程也为其发起两次世界大战奠定军事基础。19世纪初的英美战争通常被认为是美国工业革命的开端，美国的工业革命基本与英国的路径一致，一般认为以铁路修建和棉纺织业大发展为工业化的两个重要阶段，到 19 世纪 60 年代美国的工业革命基本完成，从事制造业的工人总数超过百万。随着南北战争的开始，美国进入新一轮的工业化高潮。19 世纪 60 年代开始的第二次技术革命，工业生产由机械化迭代到电气化。20 世纪初，大量运用新技术的新型企业已经在美国的经济领域占据重要地位。19 世纪下半叶到 20 世纪 20 年代，是美国工业化的黄金年代。普遍认为到 1920 年，其工业从业人口超过农业，城市人口占总人口的比例超过一半，美国实现工业化。这为现代管理思想启蒙以及德鲁克管理伦理思想的产生奠定了基础。

德鲁克敏锐地洞察到这种社会变革下，随着新的生产关系和管理形态的确立，人的自由和尊严正被管理"无情的剥夺"。正如马克思所提及"但随着大工业底继续发展，创造现实的财富已经不再依靠劳动时间和应有的劳动数量了，而是依靠在劳动时间内所运用的动原（Agentien）底力量……现在财富底基础是偷盗他人的劳动剩余时间"。[1]工业化成为工业社会的强大驱动力，它不仅是一种技术手段，更是一种强力将劳动力从人的本性中剥离出来的手段，使劳动成为一种脱离人的、独立的存在。

德鲁克同时也意识到原有的人性假设基础发生了彻底的改变。工业文明逐步扩散，这是 20 世纪初社会发展中的重要事实。这意味着"人性"在工业设备中，特别是在机械化和集体生产的过程中是非必要的存在。工业社会与生俱来的调节机制，某种程度上扼杀了人的自由，尽管这种机制有利于生产力的提高以及调节资源的不平衡。工业社会是这样一种社会，在这个社会中个性

---

[1] [德]马克思：《政治经济学批判大纲》第 3 分册，人民出版社 1963 年版，第 356—357 页。

以及个性化实质上已经被现代技术格式化、模式化、一致化。人类的生物性反应已经异化成机械式的条件反射。人类自身的灵活性变成没有差别的模式化。本应多元化的个性事实上已经走入一个趋同的、无差异的牢笼。生产工艺和生产秩序将人类抛入一个需要放弃自由而又能创造出超越自由的成果的领域。尽管权利和自由在西方工业文明开始的初期具有十分重要的作用，但是其正在逐步丧失存在的基础。资本主义工业社会进程导致精神和文化上的范式的单一化，天然地排除了多元化的趋势，在物质和精神上形成双重极权的趋势。西方工业文明中的自由，已经不是传统意义上的自由，它不再代表经济自由、政治自由、思想自由。

德鲁克发现西方工业化的理性方式正在造成非理性的结果，并在这个系统中不断循环和放大，其中问题的关键在于"定量化"和"标准化"的思维方式以及日益自动化的系统。西方工业化整体带来的自动化效应催生出这样一个系统：产出各种物质产品的同时，这种生产机制和社会运行模式，裹挟了人类的精神文明和精神文化的"生产过程"。这个系统具有某种约束力和指向性，天然地对不容于这个系统或者与系统前进趋势不同的思想进行封闭和压抑。这个社会系统中产生的各种思维和意识形态又反身强化了这种趋势，它们基于自身依存的这种单一趋势的逻辑不断放大，使这样的工业文明在物质方面走向极权的同时，将社会的各个方面和人的观念、需求等实行了强制的统一。资本主义的工业文明表面上促进了人类新的精神文明，而事实上却将原本多元的思想带入了单调的、毫无生机的思想沙漠。

德鲁克很早就意识到工业社会在 19 世纪与 20 世纪在结构上存在着巨大的反差，其中就包含了充满矛盾的内在问题和价值观的碰撞，同时还带来了社会前进的巨大张力。而德鲁克力求在经济、政治和社会之间保持平衡，一直寻求解决这些矛盾的新路径。对西方工业社会引发的变革和危机，德鲁克进行深入的观察和研究，并形成自己独到的见解。他提出了一般性的社会理论，也正是在这势不可挡的西方社会工业化的洪流中，德鲁克意识到"组织"是工业社会中未被关注而又影响深远的核心要素。在《公司的概念》一书中，德鲁克阐释了组织如何作为社会的重要器官来实现社会的特定职能，如何使一个工业社会成为一个自由的社会，认为这是"现实主义者"和"理想主义者"都必须深入思考的问题。德鲁克正是在新旧社会交替的历史节点上，构想出未来理想社会的全新蓝图。德鲁克意识到西方社会过度的工业化给管理带来的伦理危机正是这一切的根源：现代工业化创造了新的管理图景的同时也带来了危机，即对"人性的否定"和去"人格化"。

第三节　德鲁克管理伦理思想的理论根基探寻

德鲁克管理伦理思想并非无源之水、无本之木，不仅有其现实基础，而且得益于先贤和哲人的思想熏陶，其受到的影响包括西方伦理思想、存在主义思想、保守主义和自由主义，以及现代管理思想。

一、西方传统伦理思想的影响

（一）古希腊伦理思想的影响

德鲁克的管理伦理思想同其他西方伦理学家类似，受到占希腊伦理学的熏染。古希腊的思想家经常出现在德鲁克著作中，包括苏格拉底、柏拉图、亚里士多德、修昔底德、色诺芬、巴门尼德、希波克拉底。古希腊城邦化时期的哲学家，把早期哲学家最为关注的"世界本源是什么"转移到"什么样的生活才是有价值的"，并围绕着"什么是善的生活"继续探索人生的价值目标，这为德鲁克追求管理的"善"埋下了思想的种子。

苏格拉底开启了对人类自身的伦理性思考，"把伦理学加进了哲学，建立了伦理学"。[1]这在"美德即知识"这个命题上得到集中体现。苏格拉底的推导如下：因为美德是善的，所以美德有益；因为美德有益，所以它被理性指引；因为美德被理性指引，所以美德是一种智慧；因为美德是智慧，所以美德即知识。苏格拉底的伦理学认为，美德来自理性，理性产生真知，美德和知识是一种善，也都是对于善的追求。德鲁克认同苏格拉底的思想，"柏拉图的代言人，智慧的苏格拉底，认为知识的唯一功能是自我教育，即一个人在知识、道德和精神境界上的成长"。[2]在此基础上，德鲁克建立了知识工作者管理和自我管理的伦理思想。同时，他将苏格拉底的伦理思想投射到社会管理伦理上，认为"知识曾经一直都是个人的美德，但是几乎一夜之间，知识变成了公共的美德"。[3]由此，德鲁克开启了知识社会中的管理伦理实践。

[1] 罗国杰、宋希仁编：《西方伦理思想史》，中国人民大学出版社1985年版，第104页。

[2] ［美］彼得·德鲁克：《功能社会》，曾琳译，机械工业出版社2009年版，第126页。

[3] ［美］彼得·德鲁克：《功能社会》，曾琳译，机械工业出版社2009年版，第125页。

"认识你自己"是苏格拉底另一个对德鲁克影响深远的伦理命题，这出自德尔菲神庙上的铭文，也有人将其翻译为"自知"。柏拉图的《普罗泰戈拉篇》，在讲述泰勒斯、梭伦、奇伦等七贤后介绍了这个铭文的由来。而苏格拉底不仅将"认识你自己"引入伦理学，更重要的是进一步将"认识你自己"哲学化。苏格拉底将"认识你自己"即"自知"与智慧、理性、知识进行了关联，赋予其伦理意义、知识论意义和哲学意义。这也表明苏格拉底通过建立实践理性的"自我"摆脱了朴素唯物主义的"自然"。这个命题隐含的"自制"以及这种伦理实践精神对德鲁克产生了重要影响，这也为德鲁克的自我管理伦理思想奠定了基础。德鲁克认同苏格拉底的基本观点，认为人在自身的道德判断上是无知的。正如苏格拉底认为自己唯一知道的是自己的无知，求知和求真的前提都是对既往感性和经验的扬弃，认识到人类认识能力的有限性，如此才能避免由于无知而产生的恶。

色诺芬的人本主义管理伦理思想对德鲁克的管理伦理思想产生重要影响。德鲁克认为："在古希腊或古以色列关于领导力的论述中，作者已经充分说明了有关领导力的一切。如今每年都冒出许多关于企业领导才能的书籍、论文和演讲，其中并无新的创见，不外乎古代先知的话语及埃斯库罗斯（Aeschylus，前525—前456，古希腊剧作家）的作品中早已谈过的话题。"[1]德鲁克对色诺芬的著作《居鲁士的教育》给予了高度评价："第一部系统讨论领导力的著作是色诺芬（Xenophon，前431—前350，希腊史学家）的《居鲁士的教育》（*Kyropaidaia*），这本书迄今仍

---

[1] ［美］彼得·德鲁克：《管理的实践》，齐若兰译，机械工业出版社2018年版，第161页。

然是有关领导力最好的一部杰作。"[1]色诺芬的《居鲁士的教育》
与《经济论》中蕴含着鲜明的以主体为原点的管理伦理观念，即
以人为核心的管理伦理思想。首先，色诺芬管理伦理思想关注人
的基本需求。色诺芬提出财富是指能够满足人的需求，使人获益
的物品。色诺芬让管理紧紧围绕着人这一主体而展开，并承袭了
苏格拉底的引导方式，逐步阐释自己的管理伦理。色诺芬认为，
不能脱离作为主体的人讨论管理和财富，即管理和财富的价值，
只相对于人的主体性而存在。他以人为主体出发，将人的能动性
纳入对管理的考察视野，揭示了管理和财富的根本意义，有利于
人这一主体的存在和发展。同时，色诺芬对管理中取得成果的手
段提出了公平的要求，他曾指出，人要凭借自己的努力，以正当
的方式获得财富，并且将财富运用到正当美好的事情上，才能赢
得快乐。色诺芬被认为是最早的经济管理思想研究者，还被认为
是西方古代家庭经济管理思想的源头，除此之外他还鼓励用自己
多余的财富来接济困苦者以及为公共服务。在这个意义上，色诺
芬不仅提倡追求管理的"目的善"，而且进一步追求管理的"手
段善"。

柏拉图沿着苏格拉底的脚步，继续将理性伦理学向前推进，
围绕着苏格拉底提出的伦理问题，不断追寻和探索，重新构建了
一个更为宏大的"理念"的伦理学体系。德鲁克最早的社会管
理伦理思想的核心部分深受柏拉图伦理思想的影响，并由此形
成"自由的功能社会"这一管理伦理宗旨。"个人的社会地位和
功能等同于群体和个体成员之间的关系，它象征着个体与群体的

---

[1]［美］彼得·德鲁克：《管理的实践》，齐若兰译，机械工业出版社2018年版，
第161—162页。

结合，也象征着群体与个体的结合；它从社会的意义表达了个体的目的，也从个体的角度表达了社会的目的。……对于个体而言，如果他没有社会地位和功能，那么社会就不存在。只有当社会的目的、目标、观点和理想对于个体的目的而言是合理的，这时，社会才有意义。在个体生活和群体生活之间一定要有一个确定的功能关系。这种关系可能体现在目的的同一性上，在这种目的之下，个体除了社会生活别无个体自己的生活，个体除了社会目标别无自己的目标。这基本上是那些希腊大政治哲学家们，尤其是柏拉图所持的观点。"[1]柏拉图认为伦理学是知识中的最高级、最抽象的一种"理念"。柏拉图提出智慧、勇敢、节制和正义这四种美德，也是对苏格拉底知识即美德进一步的系统化。在晚期作品《斐利布斯篇》中，柏拉图讨论了善是快乐的情绪还是快乐的思想，并认为快乐的思想应在首位。他在《理想国》中曾用"洞穴比喻"来说明真与善的关系，指出结论即便求真也有赖于求善。善良的生活，和谐的生活，也就是理性的生活。柏拉图的思想激发了德鲁克关于个人与社会之间关系的思考，也影响了德鲁克的自由观。柏拉图在《理想国》中体现出的管理伦理涵盖了国家、社会到个人，使德鲁克管理伦理从社会管理跨越到组织和个人管理，从这可以看到其管理伦理思想的源流。

德鲁克管理伦理思想中的责任维度，在强调权利的同时，明确了伦理视域中的管理的责任底线，那就是"不要明知其害而为之"。德鲁克借用了2500年前希波克拉底的誓言，表明了组织管理伦理中承担重要角色的管理者的责任底线。这是德鲁克的不

---

[1]　[美]彼得·德鲁克：《功能社会》，曾琳译，机械工业出版社2009年版，序言第15页。

伤害原则在组织管理伦理思想中的具体应用。这也使德鲁克的管理伦理思想从社会、组织、个人之间的权利边际划分开始，重新明确了社会、组织、个人之间的相互责任，并界定三者之间的责任限度。

苏格拉底首先让古希腊哲学从对宇宙本源的思辨转向对于人生价值的追问，开启了伦理学的大门；而柏拉图在继承苏格拉底理性主义的传统基础上，将寻求人生价值问题的答案划入超验理念范畴，从而对于善的理想模式进行建构；古希腊的伦理思想给德鲁克的伦理思想提供了养分，使德鲁克的管理伦理思想始终闪耀着人本主义和现实主义精神的光芒。

（二）基督教伦理思想的影响

德鲁克深受传统基督教传统的熏陶。因此，德鲁克的管理伦理思想同其他西方管理学家和伦理学家一样，受到传统基督教的影响。奥古斯丁等思想家的基督教哲学印记在德鲁克著作中反复出现。

基督教伦理中的平等思想，对德鲁克管理伦理思想也产生了一定的影响。"由于基督教的影响，自由和平等成为欧洲的两个基本概念；它们本身就是欧洲的象征。两千年来，欧洲的所有秩序和信仰都是从基督教的秩序中发展出来的，并且都把自由和平等作为它们的目标，把自由和平等的最终获得作为它们的正当理由。"[1]基督教通过原罪说将人性置于同等地位，正如恩格斯所说："基督教只承认一切人的一种平等，即原罪的平等。"[2]

---

[1]［美］彼得·德鲁克:《社会的管理》，徐大建译，上海财经大学出版社2006年版，第19页。

[2]《马克思恩格斯全集》第二卷，人民出版社1972年版，第143页。

德鲁克将平等的观念拓展到宗教事务之外的社会、组织管理伦理之中。

德鲁克管理伦理思想中有一个重要的假设，即人是不完美的，这来自基督教的原罪说。基督教哲学深深影响了德鲁克的自由观。德鲁克认为管理的可能性基于自由，自由的可能性是建立在人的不完美基础之上。在德鲁克关于自由的论证中，可以看出其自由观基于基督教中人的原罪理念和人的不完美性。"自由的唯一基础是基督教关于人类天性的概念：人都是不完美的……只有当我们看到人类不完美和非永恒是其本质其不可改变的时候，自由在哲学意义上才是自然和必需的。"[1]德鲁克指出真正的关于自由与人性中不完美的解读来自山边的步道以及教堂，特别是来自奥古斯丁。"自由之树所绽放的第一朵花是圣奥古斯丁。"[2]德鲁克认为在基督教未被认同的时代，自由的概念是不可理解和难以想象的。在思想高度发达的古希腊，苏格拉底、柏拉图、亚里士多德均未揭示自由的本质，其原因或许是这一时代的先哲并未对个人与社会之间的关系以及个人理所应当拥有的权力进行深入的思考。德鲁克认为，自由的概念源自基督教关于人类天性的另一种解读，而奥古斯丁的自由观点启发了德鲁克。德鲁克通过基督教的基本观点得出：自由是人的本来的身份，同时这种自由是自由的存在，人和人之间的基本原则是"每个人都是自由的"。

德鲁克在此基础上，进一步完善了他的伦理思想。正如德鲁

---

[1] [美]彼得·德鲁克：《工业人的未来》，余向华等译，机械工业出版社2019年版，第104页。

[2] [美]彼得·德鲁克：《工业人的未来》，余向华等译，机械工业出版社2019年版，第107页。

克所提及的"从我的第一本到最后一本著作，有个一以贯之的主题：自由、尊严、个人在现代社会中的地位、作为实现人类成就之手段的组织的角色和功能、个人的成长与满意、个人对社会和社区的需求"。[1]德鲁克相信自由的意志使管理成为可能。也是德鲁克提出"管理就是人"的本义。在这个语境下，人是自身存在的根本目的。

二、存在主义哲学思想的浸润

存在主义思想贯穿德鲁克管理伦理思想的形成和发展过程，这使德鲁克的管理思想体现出深刻的哲学思考和人文关怀，从而超越了同时代的其他管理学家。德鲁克 13 岁的时候，神学老师普佛利格勒神父在课堂上问了每一个男生同样的问题："你希望被人记住的是什么？"尽管当时的他们没能给出答案，但德鲁克认为这个问题改变了他的一生。随后，德鲁克在阅读了存在主义的代表性人物索伦·克尔凯郭尔的著作《恐怖与战栗》之后，他的人生观发生了改变。

德鲁克在其论文《不合时宜的克尔凯郭尔》(*The Unfashionable Karaoke World*)中，对卢梭、尼采、巴尔扎克以及部分浪漫主义者的各种存在主义思潮进行了反思和批判。德鲁克指出，卢梭认为社会的客观生存需求决定了一切，换言之，个人并没有自主性，个人是由社会决定的，个人在无关紧要的事情上拥有有限度的自由，个人拥有的权利只有在得到社会的认同和许可后才能够成立；当满足社会需求时，个人才拥有自由意志。简而

---

[1]〔美〕彼得·德鲁克:《生态愿景》，慈玉鹏、赵仲一译，机械工业出版社2020年版，第 432 页。

言之，卢梭的观点是只有社会的存在并没有个人的存在，只有公民的存在。同样，黑格尔将思想展开的历史维度、历史逻辑作为社会存在的叙述方式，将个人的存在抽离为思想的存在，即思想存在于社会中，也只能通过社会才能实现。卢梭与黑格尔虽然彼此的哲学观点截然不同，但针对个人存在，两者竟得出了如此接近的结论，即脱离社会的存在或不以社会的存在为前提，个人也并不存在。德鲁克对克尔凯郭尔提出的简单而有力的答案给予了高度的赞赏："只有在同时作为精神性个体和社会公民之间的张力中，个人的存在才是可能的。"[1]这种张力存在于个人的社会有限性以及精神永恒性之间。作为社会的成员或者说作为社会的公民，个人的存在只是该物种的一个成员，或者生殖链中的一环。因此，在整个物种或生殖链中个人的存在，不会影响到整个生命的起点和终点。因此在这种意义上讲，个人的存在是不可能的。而在那永恒的精神空间，个人是独一无二的个体。在这个精神领域，个人就是存在的全部，既是起点，又是终点。这表明个人存在于这两种对立和互为矛盾的前提之间。从某种意义上讲，意味着存在，存在于不可能之间。

克尔凯郭尔存在主义思想对德鲁克产生了很大的影响，也直接引发出德鲁克管理伦理思想的核心问题："一个自由的功能社会何以可能？"这是一个将个人存在的可能与社会关联后产生的必然的思考。人作为社会的构成部分对于社会的构建，不是简单的部分之和等于整体的关系。个人的存在和社会的存在，个人的

---

[1]［美］彼得·德鲁克：《生态愿景》，慈玉鹏、赵仲一译，机械工业出版社2020年版，第412页。

自由与社会的功能，是否存在着内在的天然的矛盾而难以两全？自由如果不具有特定的社会功能，则自由的存在是无意义的或不可能的。如果个人的自由只是以社会的存在为前提，以不扰乱社会存在为目的，那就有可能使个人的自由变成一种没有功能、缺乏自主性的自由或者一种权宜之物。

　　克尔凯郭尔的存在主义思想对传统道德观念的反思影响了德鲁克的伦理思想。以往包括 19 世纪的部分道德文化或者被称为自由主义的道德标准，已经进入纯粹精神和理性思辨的范畴，正如康德的纯粹理性以及黑格尔的哲学，都是将人类的理性作为道德的基础，并在当时占据了主导的地位。无论是"定言命令"，还是"黄金法则"，都在某种程度上以淡化真实的社会中的个人存在为前提，或者说与过去几千年的道德奠基并无二致。克尔凯郭尔的道德观却能赋予生命更多的意义。在德鲁克的眼中克尔凯郭尔是一位真正的斗士，其针对的是主要的社会问题："个人的存在分崩离析，同时作为精神和肉体的生命被否定，每个人对其他人的意义被无视。"[1]在当时的社会中道德和信念不被看重，正如克尔凯郭尔在生命中最后的时光，倾尽全力发起最后的一击，向把道德、传统与善行信念相混淆的虚伪的教会发起激烈的斗争，用他的生命唤起人们对个人存在、自由、道德和传统的反思。这些思考成为德鲁克的管理研究和管理伦理萌芽的重要起点。

　　克尔凯郭尔的主体性真理观影响了德鲁克对管理学的研究方法。德鲁克接受了克尔凯郭尔存在主义的主体性真理思想。

---

　　[1]［美］彼得·德鲁克:《生态愿景》,慈玉鹏、赵仲一译,机械工业出版社2020年版,第421页。

将主体作为真理中心，更关注人本身和管理中人的问题，同时将研究聚焦在人的体验和人的反馈上，这使得德鲁克的研究方法更趋向于经验主义。这种研究方法不仅拓宽了管理理论的理论来源，而且为管理理论的建构提供了新的路径。这条路径有效避免了管理研究在那些无法进行传统意义上的量化分析的领域面临的研究困境，也为管理学在这些领域能够取得的研究成果的可靠性提供了理论依据。德鲁克的写作转变为以通俗易懂的非抽象表达，凸显人的存在和主体性，充满了人在管理中的体悟、感受等内容，体现了管理在存在主义视域对人的存在的关注和管理的实践价值，也使得其著作总能激发阅读的兴趣，并且成为广为流传的经典。德鲁克这种不同于传统学者的表达，反映出他在存在主义思想基础上对人的存在的关注和对人的情感的表达。

克尔凯郭尔的存在主义思想对德鲁克的管理伦理思想产生了重要影响，并在德鲁克的管理伦理思想中得到充分体现：首先，强调个人的存在对社会存在的管理意义；其次，强调个人的存在对纯粹理性工具的管理价值，最后，强调个人的存在，突出其管理伦理思想中的人本主义观点。

三、保守主义和自由主义交融

德鲁克的管理伦理思想受到"老派的保守主义"和"自由主义"的双重影响。"我是个老派的保守主义者，不是什么新保守主义者……比如说，虽然我信奉自由市场，但我对资本主义素来持保留态度。任何将某种价值观念绝对化的体制都是错误的。基本上，问题不在于我们有哪些权利，而在于我们有哪些责任。这是非常守旧的保守主义观点，20多岁的时候，我就在第一本书

《经济人的末日里》提出了这些看法,自此以来从没变过。"[1]

德鲁克在早年的作品《工业人的未来》中,就准备将"保守之路"作为该书的副标题。因为书中提到的核心概念出自保守主义,即"功能"和"身份"。德鲁克在不同的场合和著作中都清晰地表达了自己的保守主义的观点以将自己与新保守主义划清界限,德鲁克也表达了对所谓新保守主义者的拒绝,并不断澄清自己对保守主义的基本观点是"总是将社会置于首位"。[2]

德鲁克的保守主义思想及其自由观念,受埃德蒙·伯克的影响颇深。在其著作《经济人的未来》中,德鲁克对伯克的保守主义观和态度都进行了详尽的研究和评价。这也引发了德鲁克对于震荡社会中重要挑战的追问:如何在延续性和变革之间取得平衡?埃德蒙·伯克在法国大革命之后发表的《法国革命论》对法国大革命激进主义的批判和理性主义的反思,完整地阐述了保守主义的观点,因此被认为是保守主义的鼻祖。伯克认为宗教的正当性和人民信仰自由应该得到保护,社会发展的连续性和继承性不应该被非理性破坏,社会改革不能以完全颠覆传统为代价。伯克指出在变革中应当依靠道德的力量,对激进行为进行规制,这说明人的理性力量是脆弱的,不足以产生自律行为和理性行为。总而言之,以伯克为代表的传统保守主义的基本思想是强调传统的价值,重视宗教和家庭,强调责任,目的是防止绝对自由造成的道德价值的沦丧以及对社会秩序的破坏。

---

[1]　[美]彼得·德鲁克:《管理前沿》,闫佳译,机械工业出版社2019年版,第16页。

[2]　[美]彼得·德鲁克:《工业人的未来》,余向华等译,机械工业出版社2019年版,序言第24页。

埃德蒙·伯克更强调的是实践理性，否定过度的理性以及把社会建构在其之上的观点。对法国大革命中采取激进的手段而获取的"天赋自由"，他始终持批判态度。伯克认为自由是将传统和道德有机地结合，使自由生长在秩序的空间之内，不至于过度膨胀，也不会被过度干涉。因此，伯克在政治立场上反对暴力革命，指出社会变革的理想路径是保持传统延续并逐步完善。这些都对德鲁克管理伦理思想产生了深刻影响，特别是如何以"经验理性"融合"建构理性"，让理智和情感相得益彰，在管理中如何平衡传统的延续和变革的关系，这些都受到了伯克保守主义思想的启发。正如德鲁克在其后的"自由的保守主义"中展现的那样，注重管理理论和管理实践的实际效果，而非纯粹的理论空想并淹没在泛滥的理性概念中，摆脱纯粹理性和抽象概念的束缚。

埃德蒙·伯克的保守主义自由观对德鲁克的管理伦理思想产生了深刻影响：首先，伯克的保守主义的自由观是基于对理性的能力及其可能范围的批判性审视，将经验作为其根基和理性实践的验证标准，对纯粹理性主义和建构理性持怀疑态度，拒绝仅凭借抽象思维和纯逻辑演绎的方式解决问题。其次，伯克认为自由是存在于社会之中、具有清晰指向的实质性社会自由，对将自由抽象化为概念和纯粹个人意志提出了批判，指出在社会作为这样一个复杂的有机体，自由之于个体只有身处社会中发挥社会功能、扮演社会角色才具有现实意义。伯克思想提出了一种尊重传统的自由，哈耶克在其基础上进一步完善了自由社会与传统紧密相连的自由主义思想，将自由的合理性奠基在传统之上，将宗教、道德、秩序作为自由实现的前提，从而对理性可能的滥用和缺乏进行纠正和补充。

　　德鲁克还深受自由主义思想的熏陶。德鲁克的童年成长于奥地利上流社会，其很早就有机会接触到社会各界精英人物，这些受过高等教育的欧洲精英将欧洲大陆人文主义精神和自由主义精神传递给了德鲁克。德鲁克出生于欧洲，成长于两次世界大战之间，目睹了惨绝人寰的纳粹暴政，经历了社会剧烈动荡和经济危机。德鲁克最终选择离开欧洲大陆的根本原因，也是在目睹纳粹兴起后自由主义在欧洲大陆的陷落和崩塌后深感绝望，向往在新大陆实现其自由民主理想。奥地利学派的哈耶克对当时被奉为圭臬的凯恩斯主义的批判和随后在论战中展现的自由主义精神，都潜移默化地影响了德鲁克。德鲁克首先提出的私有化概念也是来自自由主义思想。德鲁克写道："为了实现绩效，尤其是对公共机构来说，非常合适的做法是促进它们拥有管理自主权，不由政府经营；即便是由政府监管和管制的机构，享有一定的自主权，对提高绩效也是有益的。"[1]其核心宗旨是基于私有化和赋予机构更多的自主权，通过强化绩效和竞争，替代能力不足的公共部门提供公共产品。正因如此，2002年6月20日，美国总统沃克·布什为德鲁克颁发了总统自由勋章，颁奖词是："彼德·德鲁克是世界管理理论的开拓者，并率先提出了私有化、目标管理和分权化的概念。"

　　德鲁克的管理伦理思想体现了自由主义和保守主义的融合，在传承与革新之间保持持续可控的衔接。德鲁克认为在历史的每个阶段，每一次自由主义的浪潮都伴随着极权主义的影子，自由和极权或许只有一线之隔。

---

　　[1]　［美］彼得·德鲁克:《管理: 使命、责任、实践（使命篇）》,陈驯译,机械工业出版社 2019 年版, 第 205 页。

四、现代管理思想启发和滋养

德鲁克所处的时代各种管理思潮风起云涌、各执一词。德鲁克的管理思想植根于欧洲，成长于美国，多年的管理理论与实践都为德鲁克的管理伦理思想提供了养分，泰勒的科学管理思想和以梅奥为代表的人际关系学说对德鲁克的影响尤为深刻。

（一）科学管理理论的播种

德鲁克管理伦理思想中的效率维度源自泰勒的科学管理思想。德鲁克认为弗雷德里克·泰勒（Frederick Taylor）是管理思想史中的一座丰碑："最终检验管理的是企业的绩效。唯一能证明这一点的是成就而不是知识。换言之，管理是一种实践而不是一种科学或一种专业，虽然它包含这两方面的因素。"[1]正如洛克认为的，泰勒的许多见解至今仍然有效。在那个从小到大、从简单到复杂的野蛮生长的阶段，美国企业的发展几乎都面临着各种严峻挑战：层出不穷的新兴技术，无法把握的广阔市场，来自劳动者的不满和压力，系统性和标准化管理的缺乏，这些都迫切需要通过管理来解决。当时各界对管理是什么、应该是什么、将会是什么，并没有清晰的概念。泰勒提供了他的定义和实践成果并迅速在学界和企业界得到认可。正是泰勒的努力，让人们看到了管理的科学性和有效性，也为管理在后来成为一门学科打下了坚实的基础。

德鲁克管理伦理思想中的人本维度同样受到泰勒科学管理思想的启发。德鲁克不像其他学者仅仅将泰勒视为简单的工作

---

[1]　[美]彼得·德鲁克：《管理的实践》，齐若兰译，机械工业出版社2019年版，第9页。

分析的倡导者，而是从整体上把握泰勒的管理思想，将泰勒的管理思想和伦理精神关联起来，充分挖掘泰勒管理思想背后的价值分析和价值判断。正如德鲁克所说，在人类历史上，泰勒头一个不再把工作视为理所当然，而是观察它、研究它。他对工作的研究方法仍然是基础中的基础。尽管泰勒对待工人的方式显然属于19世纪，但他最初的目标，不是工程的或逐利的，而是社会性的。泰勒开展这一研究的动力，首先是渴望将工人从繁重劳动对身心的破坏中解放出来；其次是希望打破古典经济学家提出的工资铁律。[1]泰勒通过工时研究和动作研究去掉那些不产生价值的动作，并将这些按照正确的顺序重新组合，确定工作流程最优的方式。为了探索出更好的激励机制，泰勒也做了突破性的尝试，其核心是根据个人绩效而不是职务的高低支付报酬，主要目的是调动工人的主观能动性。同时，泰勒还不断寻求绩效标准与计件工资激励机制之间的平衡，以此为基石建构和谐的管理关系。这也体现出泰勒主张的平等互利的管理伦理思想。泰勒并不认为增加工人的报酬，就意味着必然减少雇主的收益，他力图创建的是一种双方都能接受并增加收益的系统，将管理者与被管理者双方看似抵触的诉求，以及企业成本的降低和可持续发展的矛盾，通过工作标准化和效率提升来得到实现和解决。

泰勒提出了一系列的管理学概念，体现了他对人及人性的深刻理解，蕴含着丰富的伦理思想。泰勒还提出了"一等工人"的概念，美国部分众议员认为这是一个歧视性的概念，并要求泰勒在听证会上说明。泰勒借此机会宣扬其管理理念，这成为其理论

---

[1]　[美]彼得·德鲁克：《人与绩效》，闫佳译，机械工业出版社2019年版，第21页。

传播历程中一个最广为人知的事件。泰勒所指的一等工人是那些能够被自己理想和价值观驱动的普通人，泰勒对此进行了清晰的描述："我认为，只有那些有能力工作但不愿意工作的人才不属于我所界定的'一等工人'。我想说明的是，每种类型的工人都能在某种工作中做到一流水准，除非那些完全能胜任工作却不愿意那样做的人。"[1]泰勒的标准中隐含着这样的假设即人的意愿和能动性是效率的前提，工作应该能够使工人变得技能更完善，使他们更加积极。泰勒观察到的人与人之间的差别不在于智商，而在于渴望成功的愿望，在此基础上他提出的"人岗匹配"概念也具有划时代的意义，为今天的人力资源管理提供了很好的指导原则，并成为基本的实践原理。泰勒的职能工长制将工作计划和绩效计划有效地分开，目的也是加强管理层和工人之间的沟通、理解。

德鲁克对于泰勒的科学管理，进行客观评价，指出科学管理所存在的不足。这进一步激发了德鲁克对科学管理背后的管理伦理的思考，对其完善自身的管理伦理思想产生了积极影响。"科学管理是有关员工和工作的系统化科学，可能是自《联邦论》以来，美国对西方思想最伟大而持久的贡献。只要工业社会还存在一天，我们永远不会忘记：我们能有系统地研究、分析人类的工作，并且通过研究工作的基本元素而改善人类的工作。"[2]从另一个方面讲，科学管理尽管取得了世俗意义上的成功，却依然留有未能解决的问题。

---

[1]［美］丹尼尔·雷恩、［美］阿瑟·贝德安：《管理思想史》，孙建敏等译，中国人民大学出版社2014年版，第150页。

[2]［美］彼得·德鲁克：《管理的实践》，齐若兰译，机械工业出版社2019年版，第286页。

德鲁克指出泰勒管理思想中没有解决的问题和能够处理的问题同样重要。泰勒理论中的具体方法以及理论背后的逻辑都存在着不足。泰勒认为必须将工作分解成一系列单独的动作，这是错误的逻辑。因为这种方法混淆了分析的原则和行动的原则，就像散乱的零件和组装好的汽车是完全不同的，工作序列中的部分和整体之间的关系并非泰勒描述的那么简单。分类并未告诉我们有关事物整体的任何重要事实，将工作分析和工作行为混淆起来，是对人力资源和人性的误解。科学管理的意图是组织人的工作，但它假定人类等同于缺乏人性的机械。泰勒逻辑上的偏差，也体现在规划与实践的分离上。泰勒的科学管理还反映出一个可疑又危险的观念，即精英垄断了深奥的知识，有权摆布底层劳动者。因此，在德鲁克的管理伦理中，部分之和大于整体，管理和实践的主客一体化，以及管理者之于被管理者的平等化都可以视作对科学管理伦理思想不足的完善。

（二）人际关系学说的影响

德鲁克的管理伦理还深受人际关系学说的影响。在管理学的历史上，没有哪一个研究能像霍桑实验那样产生巨大的影响，无论是在讨论范围的跨度上，还是讨论持续时间的长度上，争论如此经久不衰并产生极为丰富的研究成果，这强有力地对抗了科学管理。霍桑实验的结果强化了德鲁克关于人在社会中的功能和地位的基本理念，为德鲁克的社会管理伦理思想埋下了种子。"在美国，这方面最著名的研究莫过于埃尔顿·梅奥在20世纪20年代末30年代初领导的霍桑实验，这项研究是在芝加哥西屋电气公司进行的。梅奥在《工业文明人类的问题》以及《工业文明中的社会问题》两本小册子中总结了该研究的成果。……这些研究表明，对个人来说，没有什么需要比社会地位及社会职能的实现更重要。如果这种需要不能得到满足，就会带来严重的个人不满意及社会不满意，导致压力和挫折感，最终将危及企业的所有社会组织。"[1]德鲁克强调了个人在社会中的功能和地位只有通过社会活动才能获得集体认同，以自我实现和社会认同才能克服个人的社会需求和价值目标被工具理性扼杀。

德鲁克的管理伦理的人本思想以及人性假设，也受到霍桑实验的影响。梅奥认为工业社会过度强调效率和工业基础，漠视个体的社会需要，从而导致工业社会中人的非理性行为。作为梅奥的助手弗里茨·罗特利斯伯格（Fritz Roethlisberger）也发现了人作为一种社会存在物，有着除经济需要之外的个人需要和社会需要，社交也是他们加入工作团体的一个目的。作为心理学家的梅奥得出这样的结论，管理者需要对管理所涉及的人性社会面以及员工的行为动机进行深入了解，由此也催生了"社会人"的人性假设。"事实表明，工人不仅是为了工资单而生产，还为了满足他们对工作、工厂、生产流程和产品的深入兴趣而生产。这就是10年前霍桑实验给予我们的谆谆告诫。这还说明，满足工人对职责、信息和知情权的需求，将会直接带来更高的生产效率和产出水平。"[2]

德鲁克管理伦理中的效率和人本的平衡得益于梅奥的人际关系理论。"人际关系也发源自第一次世界大战，但花了更长的时间才发展成熟，而终于在 26 年前，哈佛大学的梅奥和同事于1928 年进行的霍桑实验中开花结果。哈佛小组在霍桑的研究报

---

[1] ［美］彼得·德鲁克：《新社会》，石晓军、覃筱等译，机械工业出版社 2019 年版，第 56—57 页。

[2] ［美］彼得·德鲁克：《新社会》，石晓军、覃筱等译，机械工业出版社 2019 年版，第 206 页。

告迄今仍然是这个领域最先进、完整和出色的论述。"[1]人际关系学说最主要的目的，就是希望通过重塑社会规范来帮助工业生活恢复正常，促进人与人之间的有效合作。德鲁克吸收了梅奥的观点，认为个体在社会中这种无力、悲观的感受，其根源在于工业社会过分强调技术逻辑和效率逻辑，人性和人的社会需求被明显忽视，从而造成了"工作中进行合作的能力"的衰减。德鲁克强调管理者应该善于在工业机械逻辑和人的情感非逻辑之间把握前行的方向，同时寻求组织和社会正当的经济需要与员工需要之间的最佳平衡点，进而实现双方共同利益的满足。

德鲁克将"人"作为管理问题核心的理念，受到人际关系学说"社会人"思想的影响。德鲁克认为人际关系学说将人视为一种核心资源，反对那些将人视为只基于利益动机，而对货币刺激会自动作出反应的工具人的假设。德鲁克强调要培养善于驾驭自我和人际关系技能的管理者，他们能够成为社会"失范"的纠正者以及社会情感的调节者。

德鲁克还指出了人际关系学说的不足。最初，人际关系学说的确立是一股伟大的解放力量，它破除了管理界长期存在的误解，尽管也存在一些负面作用。首先，这种观念过于相信人自动自发的动机，研究者似乎将社会运转建立在这样的假设之上，即人们会自动自发地进行工作，这显然是不符合事实的。人际关系学说对工作本身缺乏足够的研究和重视，主要关注的是个人的情绪和各种非逻辑性的个人心理，缺乏对工作中的人和工作本身进行分析。德鲁克举例说："梅奥从来不问：'工作任务是什

---

[1]〔美〕彼得·德鲁克:《管理的实践》,齐若兰译,机械工业出版社2019年版,第281页。

么?''为什么要做它?'在他著名的西屋电气公司霍桑（工厂）实验中，他只问：'电话机的线路焊接怎样才能做到最好？'"[1]显然梅奥学说都是基于这样一种假设：人际关系决定了员工的工作效率和工资产出，与此相比其他因素就显得没有那么重要了。从某种角度上说，人际关系学说夸大了生产力高和心情愉悦的正相关性；而且从这种假设出发，你将发现这样一个悖论：企业除非能够创造快乐，帮助员工成为快乐的工作者，否则不能实现它的经济绩效；而企业关注于经济绩效，则势必影响企业创造快乐气氛的努力。这样企业就在经济绩效和创造快乐之间不断徘徊，形成某种意义上的二律背反。

人际关系学说没有对经济成果给予应有的关注。离开实际的经营成果，人际关系学说提倡的一切将成为文化运动，在实践中难免沦为令人怀念而被束之高阁的一种主张。在这个理论中员工并没有发现自己重要性的根源，以及明确自己主要肩负的责任，反而将注意力过度聚焦在工作场景中人与人交往的感受上，就会让员工对"应尽的职责是什么"感到迷惑。工作的真正目标及其价值到底来自哪里？人际关系学说过分强调了人的社会性，德鲁克甚至讽刺道："40年后，梅奥开始重视经理人员。但是，他认为工人是'不成熟的'且'心理失调'，他们需要得到心理医生的专业指导。"[2]但他将人的社会性局限在工作中的人际交往上，忽略了人的社会性包括作为群体组织中的一员对群体目标的追求，并以此实现个人价值的正当性。

---

[1] ［美］彼得·德鲁克：《管理未来》，李亚等译，机械工业出版社2019年版，第89页。

[2] ［美］彼得·德鲁克：《管理未来》，李亚等译，机械工业出版社2019年版，第97页。

德鲁克在奥地利学术传统的熏陶下成长，历经两次世界大战动荡的洗礼，目睹西方工业化进程中的社会危机，这些独特的经历为德鲁克管理伦理思想奠定了现实基础。西方传统伦理思想的影响、存在主义思想的哲学浸润、保守主义和自由主义的交融、现代管理思想的滋养，这些共同为德鲁克管理伦理思想奠定了理论根基。

第二章　德鲁克社会管理伦理思想

第一节　社会管理伦理思想的形成和宗旨

一、社会管理伦理思想的形成背景

"建立自由的功能社会"是德鲁克社会管理伦理思想的宗旨，也标志着德鲁克管理研究的价值起点。德鲁克认为，当时，在原有的社会结构中传统的由基督教带来的等级制度已经被抛弃，恐惧成为经济自由的另一种产物，民主的价值被日益边缘化，自由陷入极权主义和无政府主义的泥淖，法西斯主义走上了历史的舞台。德鲁克同时敏锐地观察到新的工业现实已经出现，"经济人"的末日已经到来，随之而来的是"工业人"的崛起，旧的社会形态需要调整，新的社会需要新的愿景。为了保持在传统和创新之间的平衡，德鲁克提出了"建立自由的功能社会"，这也成为德鲁克将管理作为一个独立学科研究的"初心"。

（一）重商主义消退和工业社会崛起的社会现实基础

20世纪初，还身处欧洲大陆的德鲁克观察到，欧洲特别是德国传统的价值观，以及那些曾经发挥作用的社会制度，都逐渐消解或丧失功能，取而代之的是极权主义的野蛮成长和肆意扩张。传统欧洲的价值观所代表的理性秩序和社会精神已经分崩离析，战争带来的巨大动荡以及对文明的践踏，仅仅是这种信仰危机在政治上的一种表现，它的破坏力远不止于此。整个欧洲大陆正滑向价值失衡、暴政当道以及武力侵略的深渊。德鲁克指出这一切与民族性并没有直接的必然关系，其他国家中任何民族都有可能基于他们自由的意志进行选择；任何民族都同样具有变革的热情，经过操纵便可能接受极权主义的原则。极权主义通过无情地遏制人的自由，来使极权主义发挥功能，并将其建立在强权和暴政的基础上。

德鲁克通过对西方社会价值观和信仰以及经济社会制度的考察，得出如下结论：前工业时代的西方社会，只是重商主义在当时社会的某种投射，对工业现实和工业社会采取拒斥和否定的态度，无法为工业发展和社会进步提供未来合适的空间，也无法保持社会正常运转。社会不仅是人类信仰和价值观基础上的精神家园，而且也是建立在物质现实的基础上让人类得以生存和发挥功能的现实空间。因此，必须建立新的社会精神家园和物质家园，使之成为人类不断进步的土壤。

德鲁克意识到在一个功能正常的社会里人们对于"公共善"的追求，以及公共权力边界的划定、个人自由意志在社会之中的彰显，都需要借助"管理"这一桥梁来实现；同时借助"管理"，才能对抗极权专制对人的自由和尊严的损害。

德鲁克认为"经济人"的诞生，意味着"人"被解读为一种拥有"劳动力"的商品持有者，劳动力和其他所有的产品一样具有商品特性，因此劳动力的拥有者并不会变得与众不同。在第一次世界大战前的一个半世纪，或许称之为"前工业社会"，人们见证了飞速发展的工业现实以及带来的工业成果。当时，经济活动显然主导了社会的运转，造成人的本质被解读为"经济人"。在"经济人"视角下，财产或者经济成果成为个人塑造其社会角色的原因和动力，人的社会功能是在其获取和使用财产的过程中得以体现的。在这种情况下，经济活动在所有社会活动中获得了无可比拟的统治地位。经济地位决定了社会地位，经济声望决定了社会声望。"经济人"时代之前的观点认为，财产是人们付出努力后在社会某个领域取得的经济回报，是社会秩序和社会功能理性运作以及个人努力的结果；而在"经济人"时代，财产是社会身份的原因而非结果，这完全颠覆了人们对财产的认知。原来人和人首先建立关系，进一步才衍生出人和财产的关系，人的关系决定了人和财产的关系。现在则有所不同，财产之间的关系奠定了人与人之间的社会关系，财产关系主导了人际关系。这就意味着所有社会要素都必须转换为商品或经济领域特定的经济符号。任何不能在市场条件下进行运算的因素都是不合理的，因为这样会对市场函数造成无法兼容的破坏。人们通过财产多寡被整合，并被标签化为不同的群体。

德鲁克认为这种社会现实遭到普遍漠视。英国等欧洲国家认为这种社会现实对社会的影响是微不足道的，即使像亚当·斯密、埃德蒙·伯克这样的大家也持同样的态度。日益成长的工业现实与重商主义社会之间的矛盾日益突出，这些都源于工业现实与传统的重商主义社会的信仰、价值观的无法兼容。重商主义社会占主导地位的经济理论也阻碍了工业现实的进一步发展，其中包括被称为"自由贸易理论"的"国际劳动分工理论"和"垄断理论"。因为在工业条件下的自由贸易，必将导致那些比较弱小并且没有充分工业化的国家遭到劫贫济富，最终强国通过剥削和掠夺弱国的利益来强化自身的力量。这样条件下的自由贸易，将成为一种新的歧视性的"掠夺工具"。"垄断理论"的假设在这里也是同样不适用的，因为需求价格弹性是有限的，利益最大化的方式并不是减产提价，而是增产和降价。

德鲁克敏锐地洞察到"工业人"的崛起某种程度上加速了"经济人"末日的到来。那个时代蓬勃发展的工业现实脱胎于重商主义社会，但自诞生那一刻起，它们就因为立足于完全不同的基本假设，而注定要分道扬镳。在第一次世界大战前的相当长一段时期内，尽管工业现实在重商主义社会中得到一定发展，但已经无法掩盖两者日益加剧的冲突。伴随着重商主义社会的分崩离析，工业现实背后的"工业人"已经蠢蠢欲动，试图挣脱"经济人"的掌控，打开全新的发展空间。经历两次世界大战后，德鲁克深深地体会到工业社会结构与传统社会结构的冲突，这也是两次世界大战的起因之一。正如德鲁克描述的："在第一次世界大战之前，还可能将工业体系及其社会组织仅仅视为纯粹的从属性副产品。"[1]在第一次世界大战后由于工业社会的问题在西方世界并未得到有效解决，这最终导致凡尔赛体系的土崩瓦解。尽管在战后相当长的一段时间内，人们逃避现实，拒绝承认工业社会不断前进的趋势已经不可阻挡，甚至试图回到前工业社会。

工业化进程伴随着前所未有的物质积累和技术飞跃，在历史上开拓了颠覆人类原来的生存和发展范式的新疆域。在市场经济的"理性人"假设下，人类社会首先由自给自足的家庭经济，走向社会分工的物品交换。但这无法避免对重商主义的过度依

---

[1]　[美]彼得·德鲁克：《工业人的未来》，余向华等译，机械工业出版社2019年版，第2页。

赖，无法超越"经济人"假设带来的局限性。只有平衡社会发展中传承和创新之间的矛盾才能发展出"升序"的工业社会，才能赋予人更大的自由。这种模式需要迭代式的"跃迁"，所以潜藏着巨大的社会震荡风险。如果将经济扩张作为实现工业化进程的唯一路径，那么必将大幅提高这种潜在的风险。两次世界大战的惨痛教训，则是对这种风险直接的现实反映，用残酷的方式提醒人们必须审慎地直面工业进程中的超经济性。在经历了火和血的战争洗礼后，德鲁克深刻地意识到重商主义体制无法有效地带领人类平稳过渡到工业社会，同时要警惕法西斯主义。在这种社会现实中必须开辟一条新的路径，它既要能赋予人类正当的自由又要能创造出超越传统而单一的社会秩序。

"经济人"的末日是单纯追求经济效率带来的必然结果。而"工业人"的崛起也不可能一帆风顺。德鲁克认为这种社会的发展、衔接和过渡，其根本宗旨、核心要素、推动力都是为了实现"人"的价值，其本质是为人类创造更大的自由。人的自由和自我价值的实现，都必须借助一个可能的社会空间。这样的社会空间必须使人被赋予合理、合法的身份，行使正常的功能。在这样的社会空间，人类得以合理运用自由意志，促进自身发展。在这样的一个社会中，权力将区别于极权主义中的强权，具有显而易见的合法性。这些共同为德鲁克社会管理伦理思想的形成奠定了现实基础。

（二）为建立在自由主义之上的保守主义思想奠基

德鲁克试图建立自由的功能社会的思想，形成于"工业人的崛起"和"经济人的末日"的社会交替之中。这主要由以下因素推动：首先，20世纪工业现实对社会形态、生产力和社会结构产生的现实影响；其次，结合对欧洲和美国的社会现实的分析；最后，受到埃德蒙·伯克保守主义思想和费迪南德·滕尼斯社会思想的影响。

埃德蒙·伯克对那种把理性高悬于传统之上和把个人置于共同体之上的观点进行了批判。伯克传递了一种不同于启蒙时期自由主义的观点：传统比纯粹理论具有更高的价值，个人作为非历史的存在无法代替共同体。

在埃德蒙·伯克的视域中，自由主义和保守主义尽管存在许多不同点，不论是在属性还是基本概念上两者的差异都是巨大的，但它们有着惊人的共同点，那就是它们都来自欧洲上流社会，并以上流社会的意识形态为基础。尽管保守主义的基础来自中产阶级、知识分子或曾经的贵族，而自由主义的基础来自上层市民阶级或者中产阶级。在伯克提倡的保守主义中，价值保守是其最主要的内容。相对于那些激进的法国启蒙运动者，伯克提倡的保守主义，将人本及传统作为与整个社会不可分割的存在。因此，相对于激进的革命性手段，其更提倡用复杂的生物体的视角代替简单机械的无机体视角，提倡采取渐进式的改良，代替暴力的革命性手段。保守主义者相对于自由主义者，更加支持这种逐步改良和有机发展的机制。这种保守主义也支持多元化的文化样态，并对人类行为的多元性具有更大的包容性，因此超越了机械论的自由主义。德鲁克对共同体这样的有机团体在社会中的作用给予了高度的认可。在某种意义上，伯克的发展观点是为了保存而变化，从而就不难理解为何他将社会和历史的智慧置于个人的理性之上。德鲁克正是受到伯克这样的价值保守主义思想的熏陶，才始终致力于寻求自由主义和保守主义之间的平衡。德鲁克由此将未来社会纳入传统价值框架，力图发掘实现新的社会样式与实现路径，在传承与革新之间保持可控的衔接。

德鲁克的观点还受到费迪南·滕尼斯（Ferdinand Tonnies）

的影响，特别是滕尼斯的《共同体与社会》。在这本著作中，他通过对社会关系的事实分析，描绘了纯粹社会学的范畴和基本轮廓。在社区（共同体）与社会这两个已经被哲学家广泛使用和熟知的概念之间，滕尼斯第一次对它们进行了精准和全新的解读。德鲁克得到的主要启发，是社区与社会两者存在的重要性：在社区里个人有着自己的身份，在社会里个人也各有其功能。这些都成为德鲁克建构社会管理伦理思想的基础。

德鲁克将一般性的社会理论，即在任何一个社会都普遍具有的，对于社会的功能性要求和合法性要求，与具有某种特殊性的工业社会理论相结合，将一般性的社会理论应用于工业社会，从而产生了独特的见解和结论。"《经济人的末日》得出了一个结论，那就是无论是何种形式的极权主义——不管是纳粹主义，还是墨索里尼的法西斯主义，都必将遭到失败，……什么将取代滕尼斯提出的乡村社会的那种'有机'社区呢？什么可以再次把工业时代当中的个人、社区和社会融合在一起呢？……我开始意识到一种全新的、史无前例的社会组织正在快速地形成，在工业社会和国家中正在形成一种全新的前所未有的权力中心。"[1]

德鲁克提出的关于构建新的工业社会的愿景和目标，吸收了埃德蒙·伯克的保守主义和费迪南·滕尼斯的共同体与社会理论的合理因素。

二、社会管理伦理思想的宗旨：建立自由的功能社会

德鲁克认为当时西方社会不过是重商主义社会在现实中的

―――――――――

［1］［美］彼得·德鲁克，《功能社会》，曾琳译，机械工业出版社2012年版，序言 XI。

另外一个摹本。尽管前工业社会曾经成功地组织、容纳工业文明的发展，但同时还产生了这样一个错误的观点，即一个社会必然能始终依附于孕育它的物质环境，并继续在这环境中衍生和复制。从19世纪开始日益茁壮发展的工业现实逐步显现出"自身的个性"，需要挣脱重商主义社会的桎梏，曾经辉煌一时的重商主义社会便土崩瓦解，丧失了支配社会的功能与作用。

德鲁克指出："正如人类的生物性存在决定了人类片刻也离不开空气一样，人类的社会性和政治性存在要求有一个功能性社会辅助其间。"[1]生存的必要条件不等于生存的充分条件，应然的理想社会不得不面对实然的杂乱无章。德鲁克认为，虽然无法对社会给出概念化的定义，正如无法定义一个有机的生命体，却可以用有机视角理解社会的功能，也就是从功能的层面去理解、诠释社会。"只有当社会能够给予其成员以社会身份和社会功能，并且社会的决定性权力具有合法性时，社会才能够成为社会。"[2]

个人的社会身份和功能，是整个社会运转人际关系的函数变量。这种符号化了的表达，体现了社会中人与人如何相互影响，以及在社会运转方程式中各种变量的互动关系。在这个基础上，个人与社会进行了通约，在一个规制的语言体系和符号体系中运作，产生影响并反身影响到整个系统，使其更趋于合理化、合法化。个人的社会身份和功能，是个人在社会生活中明确自身的坐标，统一在相互认同的基础上，两者的关系变得密不可分。因

---

[1]［美］彼得·德鲁克：《工业人的未来》，余向华等译，机械工业出版社2019年版，第15页。

[2]［美］彼得·德鲁克：《工业人的未来》，余向华等译，机械工业出版社2019年版，第18页。

此，没有绝对的个人主义，也没有绝对的集体主义，在社会中个人意志和集体意志、个人伦理和集体伦理之间不存在绝对的界限，它们存在着必然的关联。这也提供了社会何以可能的另一种依据。相对于个人的社会而言，个人如果不拥有相应的社会身份和社会功能，那么这个社会如何可能呢？每个个体都完全背离社会的价值观，那么这些个体的存在便会对整个社会造成瓦解和破坏。

在德鲁克的视野中，这种社会身份的明确，并非边沁等所认为的那样一成不变。德鲁克指出尽管也有像印度种姓制度那样，将个人的身份和功能用不合理的方式固定下来的范例，但这并不影响印度社会功能的运转。这从另外一个角度证明，个人和社会之间的功能和关系的明确，能够帮助其制度获得某种意义存续发展的可能性。印度的社会现实，正是通过将个体与社会的宗教信仰融合，让身处底层的民众，也发现了社会及生活对其本人的意义和价值。由此可见，无论何种信仰只要能够彰显个人在社会中的身份和功能，破除否定社会价值的社会原子主义，就能成为使社会正常运转的力量。

而权力的合法性是功能社会的另一个核心要素。尽管合法性被视为一种相对的概念，甚至并不存在绝对的合法性。"权力仅当与基本社会信念相容时才能合法化。"[1]这是一个容易混淆的问题，某些情况下一些先入为主的观点，将导致很难将功能性分析区别于价值化选择。一个社会是否具有正常的功能，往往取决于这个社会的权力是否具有合法性。具有合法性的权力的根基建立在共同的基本信念之上，通常这样的基本信念包含被人们

---

[1] ［德］彼得·德鲁克：《工业人的未来》，佘向华等译，机械工业出版社2019年版，第24页。

普遍接受的关于人的本质的假设，以及人的终极关切。从另外一个角度，权力的合法性，还取决于其背后的基本信念是否与社会的普遍价值体系、道德观念、精神特质相容。

不具合法性的权力将导致社会无法正常发挥功能，德鲁克进行了以下论证。首先，由于这种权力的来源违背了社会的基本信念，因此不能体现权力的基本宗旨和目的；这种权力也必然失去社会公认的权威，显然不具有正当性；又由于没有对于责任的评价标准，更不能希望这种权力承担起相应的责任；更重要的是由于无法对这种不具合法性的权力使用进行约束，因此这还将成为滋养独裁者的温床。那么在这种情况下建立起来的社会机制，仅仅依赖强权和武力来维系整个社会，这势必使社会无法正常发挥功能。

德鲁克最终得出的结论是："一个社会除非赋予其个体成员以社会身份和社会功能，除非其社会决定性权力具有合法性，否则就不能发挥功能。"[1]这是德鲁克社会管理思想的概括性阐述。这表明德鲁克对社会管理伦理宗旨提出了形式性的概念，在这个概念中尽管没有涉及更复杂的社会具体内涵，也没有涉及各种不同社会生活的价值观，但他给出了一个社会管理的基本伦理框架。更重要的是，在这样的一个伦理框架中，德鲁克清晰地表达了他的社会管理价值目标。如果脱离这样的价值目标而单纯地去追求社会效率，或者将社会效率等同于发挥社会功能，则均是对德鲁克社会管理伦理思想的一种曲解。在德鲁克的社会管理伦理思想中，社会效率始终是为社会管理的价值目的服务的，如果对社会效率的目的缺乏正确的理解，势必导致这种效率的无意

---

[1]［德］彼得·德鲁克:《工业人的未来》，余向华等译，机械工业出版社2019年版，第27页。

义性。在以上的论述中，德鲁克并没有完全抛弃相对主义的视角，即只要社会功能发挥正常，这就是一个优秀的社会；他同时反对极端主义者的观点，即只考虑基本的价值观和信仰，回避一切关于功能和效率的议题。德鲁克在相对主义和绝对主义之间智慧地建立起一种有效的平衡，这有助于避免制造盲目的无政府主义群氓。德鲁克始终坚信，如果不能避免群氓的泛滥和滋生，暴政和奴役几乎在所难免，而建立一个自由的功能社会，是避免社会瓦解和独裁专制的有效途径。

第二节　德鲁克社会管理伦理思想的内涵

一、自由：核心的价值根基

"自由"这　一概念有着丰富的内涵，如以赛业·柏林所言："同幸福与善、自然与实在一样，自由是一个意义漏洞百出以至于没有任何解释能够站得住脚的词。"[1]在讨论德鲁克管理伦理自由观前有必要对这一概念进行梳理和澄清。一般认为最早深入研究自由的伦理学家是古希腊的苏格拉底。苏格拉底认为能够自制、遵从理智行事、从善就是自由。实现自由需要做到对"善"的理智认识。笛卡尔提出"我思故我在"，从意识自由的角度体现主体对客观对象的把握，赋予自由在精神和思维上的意义。康德基于实践必然性视角，把自由解读为实践理性和意志自我决定的能力。黑格尔立足于实体的辩证发展和思辨逻辑，认为

---

[1]　[英]以赛亚·柏林:《自由论》，胡传胜译，译林出版社2003年版，第189页。

主观与客观、外在与内在的统一是自由的真正内涵。洛克认为，尽管自由是人天生拥有的自然权利，但自由必须建立在法律的基础上，必须依靠后者才能实现。约翰·密尔从个人和社会的关系出发理解自由，认为自由是不侵犯他人利益的个人利益，不可侵犯。阿马蒂亚·森（Amartya Sen）则以实现人生终极价值的"可行能力"来定义自由。自由概念的演变经历了从"生存自由"到"意识自由"，经过"意志自由"再到"能力自由"的不同阶段。

德鲁克管理伦理的自由观聚焦于自由选择的意义和最终目的，他认为这才是自由的伦理的本质性问题。德鲁克并未将"政治自由""形而上的自由""能力自由"与其管理思想进行关联。德鲁克的自由伦理思想总体趋向于"自由的选择基于不侵害他人的自由"，即"法治下的自由"或者称为"消极自由"；这种基于理性的自由具有"超越"或"创新"等内涵，是值得人追求的一种价值观。

德鲁克认为，自由不是权利，而是责任；自由不是制度安排，而是伦理原则。自由不等于多数人的统治，西方民主不能带来真正的自由。德鲁克认为，自由体现了人的理性的本质特征，构成人得以存在的必要条件。自由不仅仅是一种现实状态，自由本身就是一种值得追求的价值。自由，为管理的道德可能性提供了终极理由，是管理伦理的价值根基，是管理道德规范的价值依归。德鲁克社会管理伦理思想的自由观，是基于自由的伦理和为了自由的伦理，是自由的无限性和伦理的限制性的统一。正如德鲁克所自认的"偏见"："相信自由、法律和正义，相信责任和工作，相信人既有独特之处也有先天缺陷。"[1]自由是德鲁克社会管理

---

[1]　［美］彼得·德鲁克：《已经发生的未来》，汪建雄等译，机械工业出版社2019年版，第31页。

伦理思想的核心价值要素。

（一）自由不是一种权利，而是一种责任

德鲁克讨论的自由在许多层面如约翰·密尔论及的自由。他为社会自由和个人自由划清了界限，同时还对自由的社会伦理价值提出了具体的理性的实践方式。尽管在德鲁克的眼中自由起源于人性的不完美，或者说来自人性天然所具有的缺陷。

德鲁克认为自由很难定义，除非从个人的角度来看。自由是个人可以行使的权利，并对应着必须承担的责任。对于如何理解自由，人们还是会在权利和责任之间徘徊，或在理想和效率之间感到困惑。那种认为个人选择与个人责任在社会领域毫不相干，并且可以忽略不计的观念，存在着显而易见的错误。同样，那些将心灵自由视为自由的本义，而将责任的范围局限在个人领域的观点，也是对自由的一种扭曲。德鲁克视域下的自由，个人自由与社会自由存在着密切的关系，即个人的自由必须植根于自由的社会，同样也要求社会能够提供给个人自由，不以扩大社会自身的权力而对个人的自由实施不必要的限制。以多数人的意志来对抗少数人的意志，强者用霸凌的方式对待弱者，都不是自由的应然的存在形式。肆意放纵的社会权力、组织权力或者个人的权力，用以对抗个人的自由，这样的权力或在这种权力制度下的自由，是对自由本质的一种歪曲。在另外一种极端情况下，对权力的放任以及对责任的逃避，同样将导致一种非自由的状况。综上所述，没有个人选择以及没有个人责任的两种状况都是对自由的一种否定。

德鲁克曾对美国以"自由好开心"为口号的自由集会所呈现的社会现象进行批判和反思。这种将自由等同于消费者需要的乱象，反映了当时美国社会以及民众对自由的误解以及对真正自由的背叛。自由与是否使人开心不存在必然的因果联系，从某种意义上讲，自由是一种形式上的概念和原则。它需要人们以对自由的实践活动，或者需要达到的自由目的来解释自由的内涵。自由意味着一种选择，而这种选择的前提是责任。在德鲁克的视域，自由并不是如同无机物无意识的自在状态，不同于简单的有机生物的本能反射的自为状态，也并非让人的本性回归动物性的一种简单的逃避。自由是人类理性，可以根据自己的意志判断进行选择。德鲁克认为自由不是一种开心，而是人们肩负的最沉重的担子。自由意味着决定自己个人的行为，同时也决定社会的行为，并且为两者承担责任。在德鲁克的自由观中，自由意味着理性选择和责任。由此德鲁克将自由的伦理观念和责任紧密地联系在一起。如果取消了抉择，逃避了责任，那么同时也就消灭了自由。尽管这时自由的消亡，并不会影响到社会的发展。因为这也许就是独裁者创造的虚假繁荣年代。德鲁克指出了这种社会的存在，正如陀思妥耶夫斯基笔下的大法官假想的那个年代，"此时的宗教裁判法庭大法官甚至不许臣民有不开心的权力，人们甚至无权决定自己是否生活于这种和平与安定的状态之下"。[1]

德鲁克的管理伦理思想中的自由观，以及所引发的对于权利和责任的思考是管理思想非常重要的一部分。对于权利和责任的一致性，是其最具代表性的管理伦理观念之一。德鲁克始终认为权利与责任必须对等，否则就可能形成两个极端：只有权利而不需承担责任，则势必引发专制；但如果需要承担过多的责任，那么权利就会变得无所作为。德鲁克曾提出如下的核心原则，即

---

[1]　［美］彼得·德鲁克：《工业人的未来》，余向华等译，机械工业出版社2019年版，第103页。

解决组织权利问题的关键在于以权利为基础向以责任为基础的转换。这就是德鲁克对"权利如何真正可能"这一问题的回答，权利的合法性和权威性来自承担相应的责任。或者可以理解为只有愿意承担责任，才能行使权利。德鲁克的自由观，对其后续组织管理伦理思想的形成和发展起到了重要的作用。

（二）自由不是制度，而是伦理原则

德鲁克将理想社会的管理伦理宗旨，通过"自由的功能社会"进行了阐释。德鲁克认为，自由是社会之所以可能建构的原则；自由是人类能超越自然而全面发展的基础；自由是所有道德和法律产生的前提，是所有"善"的前提，是一种"至善"。这个基于工业社会逐步取代重商主义社会的背景下产生的伦理目标，反映了他对未来工业社会美好前景的应然性希望。德鲁克的社会管理思想的核心，是致力于在功能性的自由社会中，实现人类真正的自由。德鲁克说明了社会的自由建立在负责任的抉择基础之上，论证了自由社会存在的可能性。自由并非一种制度，而是一种伦理原则。

首先，这种伦理原则必须与其所属的社会中的基本价值范畴融为一体。尽管在不同的社会中基本范畴的重心是不一致的，这些重心可能是经济的、宗教的，或者其他被普遍认同的范畴。这种语境下的自由意味着在这个社会框架下取得共识的范畴上拥有普遍的自由。德鲁克举例说明：正如对于 20 世纪初巴尔干的农民来讲，以部落和宗教为主要价值范畴的社会中，经济从来不是被优先考虑的范畴。在资本主义社会中被视为理所当然的经济自由，并不属于当地社会的主要价值范畴。以经济为核心价值范畴并未给当地的农民创造任何认同感，甚至对于农民来讲自由市场带来的竞争则意味着不安全，国际贸易则意味着市场行为的唯利是图和残酷无情，缺乏经济常识的农民被迫在各种经济行为中作出超出其能力范围的决策并承担决策带来的压力。这些无疑让将自由经济视为理所当然的西方资产阶级和民众感到无法理解，证明伦理原则必须与其所属的社会中的基本价值范畴融为一体。

其次，这种伦理原则需要对权利进行道德约束和规制。自由在这种原则组建起的政府下成为可能，并使其发挥作用。如果没有这样的政府则社会将面临无政府状态，那么正如德鲁克所说"天使们不需要政府，而魔鬼们又组建不了一个政府"。[1]德鲁克并不认同关于人性如何能够由恶变善的假设，并能够逐步接受契约之上建立起的政府的观点，相反他认为社会需要有权威以及法律，客观的规则和公正的裁决者。尽管由此组建起来的政府是人类不完美的标志，但它也是将这种不完美转化为自由力量的手段。同样基于人类不完美的假设，政府不能仅仅依靠英明的统治者，必须对其权力进行道德的评判和限制，避免出现绝对的统治而发生专制和独裁。德鲁克认为在欧洲大陆严重威胁自由的，正是这种官僚机构的独断行为，甚至在无法有效限制权力和进行道德评判的那些领域，自由社会造成的伤害远胜于那些缺乏司法控制的地方。

（三）自由是"善"的前提，是一种"至善"

德鲁克并不认同"人，生而自由"和"只要人类可以选择，它就会选择自由"的观点。正如陀思妥耶夫斯基小说中的那位宗教裁判法庭大法官反驳耶稣时认为的，"人宁可做幸福的奴隶，也不

---

[1]　[美]彼得·德鲁克：《工业人的未来》，余向华等译，机械工业出版社2019年版，第117页。

愿做承担责任的自由人"。[1]那样的话,人类似乎没有追求自由的意愿,也没有追求自由的本能。但实际上自由却是以某种自然的形态,存在于人类的生存空间。人类拥有自由,才可能在"善"与"恶"之间,"美"与"丑"之间,"真"与"假"之间进行选择。这种自由已经成为人天然所具有的某种状态,正如德鲁克所说:"它是哲学先验意义上天然、必需和不可避免的一种状态。"[2]

德鲁克的管理思想同其他西方管理思想一样,难免受到基督教的影响,因此他认为,自由的概念源于基督教关于人类天性的另一种解读。此种观念认为,人带有原罪,天生就是不完美的。

自由不同于传统的善,它是善的前提,是一种至善。它与个人的感受不同,它并不代表个人的感性体验。自由不是传统意义上的幸福,自由的真正含义并不在于如何解释人类的幸福,尽管这些价值观中的前提很多源于自由。

(四)自由不等于多数人的统治,西方民主不能带来真正的自由

德鲁克认为自由并非建立在"多数即真理"的民主基础之上。自由的社会所存在的并不是多数人的民主的统治,尽管德鲁克承认在非常严格的前提和约束条件之下,自由与民主政府是相容的,但他否定了自由政府等同于多数人的政府的论调。在现代的主流学术思想中,隐含了这样的一种倾向,即由多数人共同制定的决定在社会实践中更具合理性和有效性。这种观点认为,多数人的理性要强于少数人,或至少与真理更为接近。这种基于人

---

[1][美]彼得·德鲁克:《工业人的未来》,余向华等译,机械工业出版社2019年版,第103页。

[2][美]彼得·德鲁克:《工业人的未来》,余向华等译,机械工业出版社2019年版,第104页。

群数量多寡与智慧加总成正比的假设，符合绝大多数民众的经验与直觉，即使是在精英阶层也能得到普遍的认同。然而德鲁克却怀疑这种由多数人的民主统治或者多数即真理的假设建立起来的社会是自由的吗？多数人对少数人的这种统治有可能成为"多数人的暴政"，是另一种更为隐蔽的专制和看似合理的暴政，是一个基于非自由假设建立起来的虚假自由的社会。正如德鲁克所说，自由可以理解为独立于多数的权利。在这种自由的典型冲突中，尽管人们试图强化多数派对于自我的约束，并承诺不侵犯少数人的权利，然而无论在理论上还是现实中，都证明了自我约束的不可能。这种自我约束不可能增加人们的自由，因为这种消极的自由体现了自由的最低限度，即不用多数人的暴政来约束少数人。但是它同样没有给少数人机会作出选择并承担责任的义务。尽管自由主义者有明显的保护少数人自由的意图，但少数派无法与多数派创造的真理共存，因为在多数派的衡量标准下，少数派的自由会被视为对传统和社会正义以及真理的亵渎和挑战，是违背大众意志的反动。从本质上讲，多数主义学说与自由的一些基本内涵是不相容的；在另外一端上，绝对多数的统治可能是更糟糕的统治。尽管在西方保守主义传统中，通常认为寡头政治和君主政体更好，而在现代的观点中，多数人统治的民主政治也不能被称为自由的社会。关于孰优孰劣的争论，其实质并不牵涉到自由。德鲁克澄清了亚里士多德关于最佳的政府的政治观点与基督教关于自由政府的政治观点的纠缠不清的关系，认为其中关于自由与最佳的政府的论点和论据之间的关系错综复杂，以至于造成两者的逻辑混乱。

德鲁克鲜明地提出了西方所谓的民主信念并不是真正的或最有效的社会解决方法，甚至将西方的民主描述为这当中最薄弱的一环。就连最基本的多数选举也是注定无法选择出最佳的统治者并缔造出最佳的政府。尽管针对这一问题的争论从未间断过，而当这一问题转换成这种体制是否适用于自由社会和自由政府时，争论就显得没有如此激烈。

传统的极端保守主义与传统的激进论者同样犯有自相矛盾、逻辑混乱的错误。因而在这场关于多数统治与君主政体和寡头政治孰优孰劣的辩论中，两者势均力敌，相互指责对方。重点并不在于哪一种政体更好，而在于哪一种政体可以创造出一个更为自由的社会。多数统治被批判者视为专制，而在君主政体和寡头政治中，假如其统治者用自称的正当性和更接近于真理的声音约束少数派时，显而易见也是某种专制的统治。因而，可以得出这样的判断：无论统治人数的多寡，如果多数统治认为多数便是完美无缺的，或者少数寡头以及君主认为自己是更接近于真理的，都势必导致独裁和专制。因而这两种政体对于自由的危害并不在于其形式，也不在于其统治人数的多寡。

德鲁克认为自由社会是不能简单地通过人为设计便一蹴而就的，它需要必要的物质财富基础、全体社会成员的道德以及政治家的智慧。因此，在君主政体或寡头政治，以及民主政体中，都不可能按照设想创造出真正的自由社会。因为这些政体的基本假设，就否定了自由。自由是建立在人性不完美的假设基础上的，这也否定了所谓最佳的政府存在及其可能性。尽管多数统治的社会运行成本相对较低，并且最有可能得到被统治者的支持，但这里面隐含了必要的附加条件，即对政府权力强而有力的监督、制约和平衡。

德鲁克的社会管理伦理中，自由使理性实践和伦理道德的抉择成为可能，但自由并不是某种单纯的制度构成。这样我们就可以推断出，自由对于政治以及社会实践来讲，自由不仅是一种制度，而且是一种伦理原则。

二、公平：重要的价值平衡

德鲁克致力于通过社会管理实现繁荣与和谐，创建自由的功能社会。公平正是其社会管理伦理重要的价值平衡。正如德鲁克在第一本著作《经济人的末日》中所说："我只预提一个观点：法西斯的胡言乱语，就是代替秩序与信条的组织；虽然它无法成功，也不会长久……就表示终会有一种新秩序，再次建立在欧洲传统的根本价值，也就是'自由和平等'的基础上。"[1]

在德鲁克的社会管理伦理思想中，公平是贯穿始终的伦理原则。这源于德鲁克深厚的奥地利学术传统，以及其知识分子家庭环境和路德教派的宗教背景。在其社会管理伦理思想中，无论是早期对纳粹主义的反抗，还是对工业社会的社会管理建构以及未来知识社会的憧憬和期望，他始终将人的价值、人的境遇、人的尊严作为关注的重心，将自己视为传统的人文价值和正义良知的守护者，致力于通过管理实现自由与公平、繁荣与和谐、理想与现实之间的最佳平衡。德鲁克的公平伦理观念，可以追溯到其对基督教《旧约》中的公平和正义的理解，也可以看到大卫·休谟以及亚当·斯密对于消除妨碍机会平等的障碍的观点的影响，而霍布斯、洛克、卢梭三人的思想也影响了其公平思想。当然德鲁克更为直接地受到了罗尔斯《正义论》核心观点的影响。

德鲁克的公平伦理观念综合了社会契约论、自然状态说和罗

---

[1] ［美］彼得·德鲁克：《经济人的末日》，洪世明、赵志恒译，上海译文出版社2015年版，第11页。

尔斯的公平正义理论，并在某种程度上实现了超越。德鲁克的公平观强调利益平衡，在社会进步上强调以机会均等为基础的公平竞争，而在结果公平上则主张对弱势群体进行公平的利益分配。至于公平和效率之间的内在关系，德鲁克不仅强调了公平兼顾效率，同时还强调了不能为了效率而牺牲公平，最终达成公平和效率的平衡。

（一）平等的自由是自由功能社会的基础

德鲁克公平伦理观受到罗尔斯正义论的影响。罗尔斯认为平等自由原则是人们应平等地享有最广泛的基本自由，这种自由以不妨碍他人的同样自由为限。尽管这种自由观的自由是建立在政治学和社会学范围内的自由，但罗尔斯总是能联系实际的社会现实谈论自由。罗尔斯的这些观点启发了德鲁克关于平等和自由的诸多观念，德鲁克提出的自由功能社会便建立在这种人人平等的正义的基础上。

在传统的欧洲，人们首先追求的是心灵层面的平等。在路德之前，基督徒相信《圣经》中所描绘的末日审判到来时，那些罪恶的贵族和国王遭受惩罚的景象也必将出现。他们希望在彼岸世界能享受平等，并据此虔诚地遵守此岸世界的戒律。人在社会中的功能和作用，则以其"灵性"平等得以彰显，而当宗教革命打破旧的宗教体系后，路德派主张人自主和平等地解读圣经，实现"智性平等"，随后是寻求在社会政治层面实现平等，并希望通过自由经济而取得经济上的平等。

德鲁克提出建立"自由的功能社会"这一主张，其现实原因之一是经济发展并未如预期的那样，不但没有给人类社会带来平等，甚至在那些虚假承诺的背后，经济发展导致"最基本"的形式平等都不复存在。正如德鲁克所说："但经济自由无法带来平等，这个事实摧毁了 20 世纪初欧洲人对资本主义制度的信仰——尽管它创造了物质之福。"[1]正如德鲁克描述的，经济发展带来的是更严重的阶级不平等以及阶级固化，人们很难完成从无产阶级到中产阶级的转变，也很难从中产阶级提升到更高的社会阶层，这使人们的希望走向破灭。在生产效率上，整合性的大生产替代了更多小微经济体。人们意识到这是一种不平等的、具有垄断性质的、大规模制造才能够创造所谓的最佳效率的生产方式。导致资本主义信仰危机的是其核心信条的破灭，不管这种信条用何种方式直接表述或暗示，其实质都指向了自由竞争可以促进效率的提升，从而增进机会平等和地位经济平等。

这种能够增进平等的教条，在传统的欧洲大陆有着广泛的受众。正如德鲁克所描述的："他们在专业职业中（应该是在资本主义经济领域之外）看到了可以让自己和孩子通往平等的管道，这种平等是他们在商业生活中永远无法企及的。"[2]残酷的现实促使民众逃离欧洲，"因为他们贫乏的保障已经以平等的名义遭到剥夺，接着又被资本主义的实际发展骗走了平等"。[3]

无论在什么样的社会，社会本身的构建立足于这样一组假设。这些假设既包含关于人性的假设，又包含社会基本运行逻辑和社会信仰的假设。这些假设尽管不能完全真实地反映本质，但会真实地反映出社会的某些本质。社会也会依据这些假设，以及基于这些假设所建立的原则和概念进行评判。在资本主义社会中，这些假设的核心就是，人类追求经济上的满足，才是推动

---

[1][2]［美］彼得·德鲁克：《经济人的末日》，洪世明、赵志恒译，上海译文出版社 2015 年版，第 20 页。

[3]［美］彼得·德鲁克：《经济人的末日》，洪世明、赵志恒译，上海译文出版社 2015 年版，第 22 页。

社会发展和实现社会平等的关键。这些"经济人"假设的失败，也直接导致重商主义社会的失败，并间接地引发了极权主义的兴起。残酷的现实说明了经济学本身并不能改变经济现实，单纯的自由的经济活动也不能建立自由平等的社会。因此德鲁克提出建立"自由的功能社会"，是希望将人的本质重新建构在新的社会与经济秩序中，并彰显出人本身置于社会之中的地位和功能；认为只有功能社会才能提出对人类本质的合理解释，以及对人类存在理由的说明，只有在追寻这一理想社会的过程中，人类才能摆脱那种局限于经济平等的不平等，实现完全的、真正的平等。

（二）自由的机会平等

德鲁克认为自由和平等两者缺一不可。"根据基督教的传统，个人如果得不到平等合理的机会，也就不可能享有社会地位和行为权利；个人如果没有自尊也就无法得到平等的机会。"[1]这里描述的自由竞争带来的尊严和机会均等两者"如同南极和北极的关系：既不能相互替代，同时又缺一不可"。[2]德鲁克也分析了美国的现实情况，并认为"美国社会同时具备了最物质主义和最理想主义的特征，不计其数的观察家曾为之困惑。美国能够是物质主义的，因为它重视社会生活的物质机构，赋予了它们道德意义"。[3]

"一切社会的力量、聚集力乃至最终的生存都取决于它能否充分实现它的基本承诺和信仰，能否在它的成员眼中成为一个有

---

[1][2] ［美］彼得·德鲁克：《公司的概念》，慕凤丽译，机械工业出版社2019年版，第103页。

[3] ［美］彼得·德鲁克：《公司的概念》，慕凤丽译，机械工业出版社2019年版，第96页。

意义、有理性的社会。"[1]在德鲁克看来一个社会能否成为一个功能社会,取决于能否展现它的基本承诺和信仰,并使其成员具有合理的身份行使相应的职能。德鲁克以美国社会为例进行了分析,认为尽管美国的民众似乎接受了立国之初展现的社会基本承诺和社会基本信仰,而对这些承诺和信仰的实现路径,民众几乎没有统一的观点。作为建立在基督教基础上的美国社会,其给出了这样的基本社会信仰:首先,承诺公平;其次,承诺自我实现。这就意味着处在这样的世界中,一方面社会将赋予每个人公平的机会,另一方面社会要保证个人的自由和权利。这在传统的欧洲人的思想中是难以理解的,他们认为社会的信仰和道德目标,存在于纯粹的精神世界,而在他们认为文化后进的美国,这些物质的基础被赋予了道德含义。

德鲁克认识到机会均等并不代表不存在等级制度。因为在工业社会,个人必须通过工作或者为社会作出贡献,才能实现自我价值、获得相应的社会地位,最终在工作中赋予人生的价值,实现其个人的崇高信仰。而工业社会要实现其社会目标,唯一的有效的方式就是,使每个社会成员的个人价值都能得到实现。因此机会均等并不代表在工业社会及其各种组织中不存在相应的等级制度。

机会均等并不代表放弃自由竞争。在功能社会,每个社会成员都希望得到平等的机会。这也许源于基督教关于人类平等、自由和尊严的传统。然而机会均等正是为了鼓励人们坚持运用自由意志,在相对公平的约束条件下,进行公平的竞争。公平同样

---

[1] [美]彼得·德鲁克:《公司的概念》,慕凤丽译,机械工业出版社2019年版,第98页。

意味着，凭借个人的禀赋和努力取得相应的回报。即使是在社会中的组织内部，每一个人都应当享有平等的发展空间和晋升机会，而最终能否得到职业生涯的进步，主要取决于个人努力。基于以上两点，德鲁克进一步指出，机会均等也不代表收益的绝对均等。"机会均等不是人们常常所误解的收益的绝对均等，恰恰相反，机会均等本身就意味着收益的不均等。"[1]德鲁克认为，追求收益的绝对均等势必付出沉重代价。德鲁克以阿瑟·奥肯（Arthur Okun）的新书《平等与效率》为例进行了批判，尽管奥肯被认为是一个完全平等主义者，因为"向收入平等跨出的每一步，只要不是出于更大的机会平等，都意味着效率和生产力的损失"。[2]因为这就意味着将注意力集中在将蛋糕分成同等大小的同时，势必无法关注如何将蛋糕变大。在某种意义上讲，收入均等意味着为了实现平等而鼓励人们不要过分努力，也等于承认了为了平等而降低效率，进而降低了社会总福利。德鲁克反对以剥夺人的自由来实现财富平等和机会平等，他用特有的方式表达了自由主义的机会平等。

（三）保障弱势群体的分配公平

德鲁克的公平伦理观不仅提出了在基本政治权利上的平等和基于机会平等的自由，而且进一步将其公平伦理视野拓展到了财富和利益的分配上。这是不同范畴上正义的外延，如同罗尔斯正义论的第一正义原则和第二正义原则不同的适用范围。尽管德鲁克在起点平等的基础上鼓励自由和竞争，而对于终点的平

---

[1] ［美］彼得·德鲁克：《公司的概念》，慕凤丽译，机械工业出版社2019年版，第104页。

[2] ［美］彼得·德鲁克：《社会的管理》，佟大建译，上海财经大学出版社2006年版，第151页。

等，即在相应的经济利益和社会地位上面对无法避免的一些不平等情况，则提出了更多的限制条件。与其说这是德鲁克为看似合理的不平等进行辩护，不如说这是反映了一种现实主义的倾向，即通过实施可能的限制，以期达到或扩大平等的范围或者缩小不平等的差距。这种看似不平等的平等原则，委婉地承认了现实社会中经济和利益分配中的不平等现象的存在，但这种不平等的存在，是基于严格的限制条件的。首先，我们无法否认由于各种原因造成的事实的不平等，是无法避免和消除的。其中既有自然禀赋带来的差别，又有家庭社会因素造成的差异，尽管后者可以通过各种某种合法手段进行削弱及尽可能消除，而前者的差别很难通过后天手段进行消除。其次，问题是人们如何觉察到这种差别，对此种差别人们又有何动机去消除。由于每个人对差别和优劣势的主观判断都存在着较大的差别，能够使人们确定所谓差别的统一标准几乎是不存在的。也很难想象，存在一种由全体人类公认的统一标准，以及建立在这种统一标准之下的差别鉴别体系。这显然扼杀了人类继续向前发展的可能性。从某种意义上讲，这种彻底的绝对的平等主义只可能停留在思想层面，而不可能在现实中得以实现。

德鲁克的公平伦理有着清晰的平等主义倾向，而这种平等并不意味着差别的完全消除。更重要的是在这些差别上，如何尽可能进行相应限制而谋求公平。如同罗尔斯《正义论》中所论及的差别原则，所表达的是一个严格的限制条件，但不是一个完全无法实现的极端条件。因为极端条件很有可能演变为对相对优势者的一种掠夺，通过减少他们的福利或收益来弥补相对劣势者的不足和福利。其中较为有效且合理的方式，显然是对相对劣势者提供补偿。尽管这种方式可能会引起争议，但作为一个理性的相对优势者应该可以理解其所生存的社会环境是一个基于相互合作的机制和体系，不存在完全脱离其他社会成员包括相对劣势者的生存空间，对那些自然禀赋较差或者家庭出身不利的相对劣势者的一种补偿最终会增加社会总福利。

德鲁克倡导的利益分配的公平，体现为机会公平的原则下对差别原则的回应，即优先考虑最少受益者或相对劣势者的福利进行利益的分配，从而实现尽可能的平等。尽管这似乎是一种程序正义，无关于能否达到最终分配结果的最大公平，可以视作在机会平等思想下进行现实实践时的一种操作正义。德鲁克以美国老年人的境况不平等，举例说明了他的公平伦理下的公平分配理念，其中可以明显看到其对弱势群体的保障倾向。"由于配偶的死亡而导致的退休金减少，积蓄的逐渐花光、日益加重的孤独的折磨以及对保健的更多需要，老年人生活中的不平等将成为最大的不平等。"[1]老年人的不平等明显无法通过机会平等加以纠正，即使提供更多的就业机会，也不能解决他们的问题。正如德鲁克对罗尔斯《正义论》的理解："生来无能的人也许不是社会的错，但对罗尔斯来说，由此而来的不平等却是对正义的否定，是一种社会的罪过。"[2]由此，德鲁克希望能够帮助这些弱势群体，包括传统的处于劣势地位的穷人和有色人种，以及为新的弱势群体及老年退休人员提供包括就业机会、更多的社会保障，增加收入等有效方式。德鲁克在这种平衡性补偿中，开启了另一个思考的路径，尽管这种平衡性补偿可以达到某种程度上的平等分配，但可

---

[1]［美］彼得·德鲁克：《社会的管理》，徐大建译，上海财经大学出版社2006年版，第152页。

[2]［美］彼得·德鲁克：《社会的管理》，徐大建译，上海财经大学出版社2006年版，第150页。

能是难以为继的，并且以牺牲社会效率为代价。

三、效率：必然的价值路径

效，《辞海》释义为"效果、功用、立论的标准"等；率，在《辞海》中指一定的标准和比率。效率的英文"efficiency"从拉丁文"efficientia"演化而来，词根 fect=make、do，前缀 e=ex，指向外，可以理解为向外的努力才能获得成果。其最早被使用在机械工业方面，后逐步被经济学、政治学、法学、管理学等学科广泛使用。尽管在不同语境中"效率"有着不同含义，但从哲学、伦理学视角能解读出"效率"的本质内涵。效率既是人类改造世界一种活动，又是对这种改造活动能力评价的标准，代表了主、客体互动系统的功效，是人们有目的活动的目标，因此效率事实上已经成为人类普遍认同、值得追求的价值目标。效率，本身就是一种值得追求的"善"。效率的伦理含义在管理领域已经达成共识。

然而，由于种种原因，效率本身是"价值无涉"的偏见，以及对效率不具有伦理内涵的误解，基于各种目的被人为地忽视，正是这造成当今管理中道德的"失范"和"价值扭曲"。效率本身既体现了对资源的合理配置，又体现了这种配置手段的合理性，或者说效率既关乎管理目的，又关乎管理手段。一定的资源通过管理产生效率，最终实现较高的产出和社会福利，从一般意义上讲这本身就是一种管理目的"善"的简单表达。相对而言，无效率和低效率都意味着资源的浪费和错误使用，显然不是善；如果是人有意识而形成的低效率或无效率，那就是相对的"恶"。

效率始终是实现德鲁克管理伦理思想中重要的核心观念。效率观是实现其管理伦理实践的必然的价值路径。管理学家杰克·邓肯认为，与管理联系得最为紧密的词就是效率。效率，是管理伦理题中应有之义。

德鲁克的效率思想，不同于实用主义视角下的片面追求效用的工具理性，吸纳了功利主义中追求"最大多数人的最大幸福"的效率思想，认同其中合理利己主义思想，摒弃其中极端个人利己主义，实现了对"理性经济人"假设下的工具理性的超越。正如在德鲁克对自由的功能社会的解读中所提及的："我确实反对那些极端主义者，他们将一切功能和效率问题抛诸一边，除了基本信念和基本观念外，他们也拒绝思考任何事情。"[1]"他们不会明白每一项福利都是从社会的生产中征收而来的，而要提高整个社会的福利，就必须要提高生产率及工作效率。"[2]德鲁克社会管理伦理思想中的效率是融合了自由、平等、正义、权利等其他价值观的伦理思想。正如德鲁克所说，"如果像今天许许多多的效率谋划者那样，认为发挥功能是社会生活中唯一重要的事情，这完全是对纯粹效率的局限性和重要性的一种误解。如果我们不能够搞清楚效率是为了何种目的，效率的达成又要付出何种代价，那么功能的效率本身就毫无意义"。[3]德鲁克效率伦理思想的提出，具有鲜明的人文主义内涵和哲学意蕴。他辩证地吸收了功利主义中的核心思想，融合了罗尔斯《正义论》中的价值内涵，使其社会管理伦理中的效率观，成为追求目的善和手段善的统一，兼顾了效率和公平的平衡，追求社会效率与个人效率的一致。

[1][3]［美］彼得·德鲁克：《工业人的未来》，余向华等译，机械工业出版社2019年版，第27页。

[2]［美］彼得·德鲁克：《新社会》，石晓军、覃筱等译，机械工业出版社2019年版，第382页。

（一）目的善与手段善的统一

德鲁克的社会管理伦理对管理效率的追求集中体现在德鲁克的管理思想及其管理实践中。作为管理对象活动中两个紧密关联的核心，管理目的指导管理手段，借助管理手段实现管理目的。管理目的是主体在意念上事先建立的对未来的判断，是引发管理活动的自觉动因，决定着管理的方向和内容。管理手段是建立在管理目的的基础上，实现管理目的的具体的方法路径。管理目的是主体管理价值判断的一种外化体现，在逻辑上先于手段。管理本身就意味着人类对自身生物性的超越，借助理性实现主体的价值追求。而管理手段指的是管理目的实现过程中的中介和桥梁。

德鲁克对泰勒的科学管理目的给予了认同，对泰勒推行的科学管理手段则表现为批判中的吸纳。德鲁克辩证地吸收了其核心内涵，特别是其通过管理促进社会繁荣的目的；同时对泰勒忽视人性且逻辑错误的部分手段进行了批判和扬弃。德鲁克毫不吝啬地给予泰勒的科学管理极高的评价："科学管理是有关员工和工作的系统化科学，可能是自《联邦论》以来，美国对西方思想最伟大而持久的贡献。"[1]尽管泰勒在进行科学管理研究的初期的主要目的是实现企业主与劳工和平相处，促进企业发展。但在其研究不断深化的过程中，泰勒将视角提升到全社会甚至全世界的效率增长，并最终认为其关于管理的研究成果可以作为一切社会行为的管理原则。正如泰勒在《科学管理原理》一书中明确表达的科学管理思想的宗旨：通过管理提高效率，降低生产成

---

[1]［美］彼得·德鲁克：《管理的实践》，齐若兰译，机械工业出版社2019年版，第286页。

本，而最终使财富增加，减少社会贫困，最终实现全世界的繁荣和谐。从这里可见泰勒的效率观包含了丰富的伦理内涵。

德鲁克清晰地指出了泰勒的科学管理存在的盲点：科学管理尽管非常成功，却未能成功解决管理员工和工作的问题。正如历史上其他新理论的发展过程，科学管理的见解中只有一部分是"真知灼见"。其中包含两个盲区：一个是工程上的盲区，另一个则是哲学上的盲区。首先，泰勒将分析的逻辑和行动的逻辑混为一谈，德鲁克还非常形象地通过猫（cat）一词拼读，来说明泰勒对于整体和部分之间逻辑关系把握的错误，即我们无法通过分解而认识被分解事物整体的本质。其次，更为严重的是科学管理的基本假设，存在于"科学管理试图组织人的工作，但却不经验证，就假定人是机械工具（虽然是设计不良的工具）"之上，那就无可避免地造成荒谬的结果。德鲁克对科学管理中的计划与执行进行举例说明，将两者比作研究人体消化功能时，却将吞咽与消化过程分开进行。"泰勒把计划和执行区分开……承袭了我们最古老的传统：早期清教徒在新英格兰的神权统治，……泰勒就好像清教徒牧师一样，根据他的演绎，负责规划的精英拥有天赋的统治权。难怪今天有人将这种统治权解释为'管理层的特权'。"[1] 这反映了德鲁克对泰勒的管理哲学中过于关注对管理客体的规律性要求，而相对忽略管理中人的主观存在进行的反思。在泰勒的管理思想中，管理作为手段很少涉及管理的主体和被管理的客体，人的情感意志以及人和人在工作关系中所表现出的情感互动，和对于人的自由自尊的情感诉求，几乎在整个科学管理

---

[1] [美]彼得·德鲁克.《管理的实践》,齐若兰译,机械工业出版社2018年版,第290页。

的理论框架中都处于被遗忘的角落。尽管泰勒也曾指出在科学管理的推进过程中，要尊重工人的感受，平常坦率地进行沟通，获得工人的理解，但其根本的出发点是将人的感性因素置于纯粹效率的理性因素之下。因此，在泰勒的科学管理中，科学的理性规律占据了绝对的主导地位，而包括人的感性因素以及人的价值追求都相对被弱化而处于从属地位，这也间接推动了在泰勒之后的埃尔顿·梅奥等提出社会人理论。

德鲁克的管理伦理效率思想还深受马克斯·韦伯的影响。韦伯首先通过对西方理性主义的不同表现形式的探讨，从四类社会行为中对理性的概念进行阐释。韦伯引入了另外两种合理性行为：目的合理性行为以及工具合理性行为，分别对应着管理效率中的目的和手段合理性，关注的是可使用手段的有效性和合理性。测量标准是其有效性，根据在运用各种相应的手段达到预先的目的的过程中所展现出的有效性进行评判；而目的合理性则关注的是目的和价值的合适性，其评判标准取决于个人的理想信仰以及价值体系。

德鲁克的社会管理伦理中的效率观念始终坚持目的与手段的统一。这也体现为德鲁克对效率的追求中包含着对人性本质的把握，或者从某种意义上德鲁克主张的效率观是建立在目的与手段统一之上，并充分融合了人本主义精神，这也是德鲁克管理伦理的与众不同之处。德鲁克管理伦理中的效率观既把握了管理主体应该做什么（being），同时又兼顾了管理实践中的如何做（doing）。这种管理伦理思想不只存在于其社会管理伦理思想，其后期的组织管理伦理思想以及个人管理伦理思想，均体现出这样的内涵。这实现了德鲁克管理伦理思想在社会、组织、个人三个维度上的相互融通。例如，德鲁克在其被称为管理圣经的《管理的实践》中，专门针对组织的效率和绩效问题，进行了深入研究，其以经理人管理效率为主要内容的《卓有成效的管理者》一书也进行了详细的论述。由此可见，德鲁克对效率观念中的目的与手段的把握，突破了将目的设定为空泛的想象和直觉，超越了那些完全脱离管理实践和形而上的教条和理念的禁锢。他没有将"手段"限制在作为单纯对工具、技术、各种物化手段的和忽视人性单向度的应用上，而是通过其一贯提倡的创新、变革来完善其现有的手段，用于实现管理的目的"善"。

（二）效率与公平的平衡

在德鲁克的效率伦理观念中，效率与公平的兼顾是其核心思想。这样的思想，很大程度上是受到了罗尔斯的正义思想的影响。效率与公平的权衡，在罗尔斯对"所有人有利"思想中可以考察到其源流，这是罗尔斯提出允许社会和经济不平等存在的第二个条件。在罗尔斯的观点中作为第二正义的主要内容，社会中的不平等如果允许存在，需要满足以下两个条件：首先就是机会的公平，同时必须对所有人有利，否则就不能被允许。对于"对每个人都有利"，罗尔斯提供了两种解读：第一种就是效率原则，而另外一种则是差别原则。那么这里罗尔斯所指的效率原则，也可以称之为帕累托最优。如果按照帕累托最优来解读，即一种理想的资源分配，从一种状态向另一种状态的转化中，在没有使其他任何人的境遇变得更坏的情况下，使得至少一个人的境遇变得更好。基于这种原则，似乎公平与效率两者达成了理想状态。罗尔斯进一步对这种情况进行深刻分析，并指出效率原则或者帕累托最优本身不可能，也不应该成为一种值得鼓励的正义观。因为单纯考虑帕累托最优的分配状况，将存在各种分配方式，而且每种分配方式都可能符合这样的分配原则，或者我们称其为有效率的分配原则。其中当然可能会包含每个人的平均分配。另外，也存在这样的可能，即少数人甚至一个人占有所有的分配，同样也并没有使他人的境遇变得更坏，这样的分配方式，与我们公平正义的直观和实际正义的效果显然是相悖的。这些可能均说明，单纯的效率原则或者帕累托最优，不能真正作为正义的评判标准和实践标准。纯粹的效率原则必须以其他的正义手段作为辅助，这是罗尔斯最终认为差别原则优于效率原则的重要原因之一。差别原则存在的价值，是以与其相容的方式超越效率原则，用这种方式克服效率原则中的不足。辨别出在各个阶级中相对处于不利的阶级，并站在他们的角度来制定和评价如何保障他们的利益分配，那么这种差别原则的正当性就建立在对弱势或最不利阶层的保障或补充的基础上。

　　德鲁克的社会管理伦理思想的根本目的是促进社会的繁荣与和谐。这就意味着不仅要实现社会的财富和社会总福利的增长，同时还要对社会的财富进行合理公平的分配。在这个核心宗旨之下，如何处理效率与公平之间的关系，德鲁克在借鉴罗尔斯的许多基本观点的基础上，提出了自己的效率观。在罗尔斯的伦理思想中公平处于优先地位，而在保证公平优先的前提下，可以兼顾效率。"正义优先于效率，要求某些在这种意义上并非有效率的改变。一致性仅仅在一个完全正义同时也有效率的体系那里达到。"[1]这显然与古典经济学家以及新制度经济学家提倡的生产关系和分配的原则是大相径庭的。公平优先在罗尔斯的经

────────────

　　[1]　[美]约翰·罗尔斯：《正义论》，何怀宏等译，中国社会科学出版社2009年版，第62页。

济伦理思想中，主要体现为两个核心思想：首先，作为一个好的社会的评价标准应该是社会正义优先，而经济效率和管理效率代表的社会其他评价标准，则必须以社会正义这个标准为前提；其次，正义代表的社会成员平等的政治权利，是自由平等的根本，因此所有的社会价值应该平均分配。效率只是人们为了公平正义采取的手段而非目的，因而不能将公平正义与效率进行交换。罗尔斯的观点认为，如果过分强调社会效率的最大化，则势必影响公平正义，进而侵犯个人的权利。在罗尔斯的思想中，兼顾效率也同样有两种解读：首先，按照罗尔斯的有利于每个人的利益的原则，如果某种不平等的存在可以有利于每个人的利益，那么这种不平等是被允许的，这样的分配原则本身就蕴含着效率原则；其次，这种对效率的兼顾还体现为即使对于不平等的分配，也要基于平等的基本权利。基于机会平等原则和差别原则来补偿各种偶然因素对处于不利地位的人的影响，从效率的层面会使每个人更为有利，而更重要的是从公平的层面倾向于那些处于不利地位的人。罗尔斯对于社会总福利的最大化无可避免地会带来社会贫富差距的加大提出了批判。根据罗尔斯提出的正义原则进行的财富分配，其主要关注点在于消除贫富差距，而社会总福利的最大化则服务于前者。

　　不仅在论证的过程中德鲁克借鉴了罗尔斯关于正义的相关观点，在论证的方式和方法上，两者也有异曲同工之处。德鲁克不仅受过传统的欧洲大陆的哲学思想熏陶，而且早期任教也曾教授统计学、经济学和数学等课程，并且善于将这些数据作为其论证依据。罗尔斯也非常善于使用经济学公式和数学图表来进行主旨说明。两者都非常善于使用统计数据，以及根据数据的相应分析结果来对其观点进行论证。这使德鲁克的整个效率观带有实证主义的特点，这种独特的论证方法包含了对于其效率观的应用。

（三）效率联结社会、组织和个人

德鲁克的社会管理伦理中的效率观，是涵盖了社会、组织和个人三个维度并保持效率一致的效率观。德鲁克的效率观既包含了对功利主义伦理框架的认可，同时又提出了对功利主义中部分观念的批判。组织在德鲁克的视域中是社会的功能器官，而个人则是社会和组织最基本的构成，社会正是由组织和个人构成的，组织和社会存在的根本目的是人。因此，在德鲁克的社会管理伦理的效率观中，效率是社会效率、组织绩效以及个人效能的综合体现，效率成为联结社会、组织和个人的管理桥梁。通过社会、组织和个人三者效率的融通实现社会福利的最大化，这也是德鲁克对于理想社会的追求："自从柏拉图以来，'美好社会'的定义就是能让整体大于部分的总和。"[1]

"组织不是为自己而存在的。它们只是手段：每个组织都是执行一种社会任务的社会器官……组织的目标在于对个人和社会做出特殊的贡献。"[2]组织必然存在于一定的社会环境，社会系统以及自然环境提供组织得以生存和发展的必要条件和物质基础。组织效率的高低取决于来自组织外部的社会和来自组织内部的个人之间的有机互动和效能转换。如果将社会、组织和个人视作一个相互关联的宏观效率系统，组织则是这个系统中一个

---

[1] ［美］彼得·德鲁克：《管理的实践》，齐若兰译，机械工业出版社2018年版，第12页。

[2] ［美］彼得·德鲁克：《社会的管理》，徐大建译，上海财经大学出版社2006年版，第54页。

非常重要的中间环节,组织从社会中吸收精神文化能量、物质能量,形成组织内部相应的效率机制。组织利用相应的效率机制,为个人提供合适的绩效环境,进一步激发个人创造更多的效能,从而使个人效能形成乘数效应,转化为组织绩效。组织通过促使自身绩效提升,并与其他组织之间形成良性互动两个方面,形成绩效的良性循环从而最终促使社会效率得以提升。组织绩效的提升还取决于组织对于内、外部效率传导机制的适应、完善和提升,这一过程中的有机平衡,最终促使整个效率体系能够以自组织的形式进行演化。

"我们整个社会的福利越来越依赖于这些数量庞大的知识工作者在一个真正的组织中取得绩效的能力。"[1]在现代的社会结构中,社会、组织与个人已经成为利益共同体;社会目标与组织目标以及个人目标存在着无法分割的一致性,社会利益、组织利益与个人利益的相互作用和影响从未如此密切。正如泰勒所说:"作为科学管理的坚实基础之所在,科学管理则坚信:雇主与雇员的真正利益是一致的;除非实现了雇员的财富最大化,否则不可能永久地实现雇主的财富最大化,反之亦然……"[2]在其后的人际关系理论中,不论是梅奥还是其他代表人物,都将组织理论中的组织效率目标实现建立在个人动机激发、个人目标设定以及个人利益实现的基础上。

德鲁克的社会管理伦理观念中的效率观念,总体上批判地接纳了功利主义的伦理思想架构。德鲁克也坦诚地认为,社会总福

[1][美]彼得 德鲁克:《社会的管理》,徐大建译,上海财经大学出版社2006年版,第56页。

[2][美]弗雷德里克·泰勒:《科学管理原理》,机械工业出版社2007年版,第3页。

利增长的基础与社会物质财富的增长是息息相关的，同时毫不掩饰地认为企业存在的最重要的价值就是创造经济绩效，个人对财富和个人效能的追求也具有合理性和正当性。尽管德鲁克对利润动机的观点进行了批判，却从未否定企业追求合理利润的必要性，并且对那些故意忽视合理利润的空谈和谬论进行了无情的反驳和批判。这种功利主义的伦理框架，也被德鲁克使用在社会财富再分配的衡量标准的构建上。这种伦理思想框架不仅存在于其社会管理思想，而且存在于其组织管理思想和个人管理思想。

第三节 德鲁克社会管理伦理思想的实践

德鲁克的管理伦理思想来自构建自由功能社会的宗旨，旨在追求更理想的社会并对抗极权。"在一个由多元的组织所构成的社会中，使我们的各种组织机构负责任地、独立自治地、高绩效地运作，是自由和尊严的唯一保障。有绩效的、负责任的管理是对抗和替代极权专制的唯一选择。"[1]在跨越近半个世纪的三次社会变革和转型中，德鲁克的社会管理伦理实践取得了丰硕的成果。社会管理伦理跨越了不连续的时代，在工业时代摧毁了过往的不合理的建构，用新的文明进程将旧的秩序拖曳着向前，将知识这一生产要素融入资本主义社会以及后资本主义社会，或者被称为知识社会的社会转型中。

---

[1]［美］彼得·德鲁克：《新社会》，石晓军、覃筱等译，机械工业出版社2019年版，序言第9页。

一、开创"工业人"的未来：工业社会中的实践

（一）效率、公平和自由三者互动营造新的社会秩序

德鲁克从"经济人"的末日的废墟上，看到"工业人"的未来。这意味着一个崭新而又特殊的社会，不只属于西方，而是全球性的。大规模生产方式的扩张影响广泛且深远，其广度表现在地理范围上，而深度则表现为对传统前工业文明、非工业化的领域与职业的渗透。这样的世界充满了新的机遇，同时也带来了严峻的挑战。最大的机遇就是新的工业社会以史无前例的效率提升了整个社会的生产力和整个社会的生活水准，而最严峻的挑战就包括这种新的工业秩序引发的社会组织原理和社会秩序变化所带来的各种冲突和不可调和的矛盾。大规模生产以席卷之势颠覆了这些原有的社会原则和秩序，"它们对这股新的力量毫无抵抗之力，也缺乏工业化的背景和习惯模式来缓冲这股新力量带来的冲击"。[1]这正是"工业人"在未来社会会进一步爆发的张力，正是这种张力推动了新的社会的前进，也同样是这种张力颠覆了传统，摧毁了过往的建构，用新的文明进程替代旧的秩序。

德鲁克已经意识到："大规模生产原则不仅适用于生产与制造活动，它实际上是'如何将人们组织在一起有效工作'的普遍适用原则。"[2]这样一种新的社会秩序，其背后是一种新的社会组织原则，要保证这样的新的社会秩序能够有效地运行，同样需

---

[1]［美］彼得·德鲁克：《新社会》，石晓军、覃筱等译，机械工业出版社2019年版，第1页。

[2]［美］彼得·德鲁克：《新社会》，石晓军、覃筱等译，机械工业出版社2019年版，第3页。

要不同的管理伦理思想。德鲁克社会管理伦理思想中的效率和公平，在构建这样的新的社会秩序管理实践中起到重要作用，主要体现在以下三个方面。

首先，构建了新的社会管理秩序。这种新的构建是对单纯从技术视角看待这场新秩序的颠覆。这种新的建构不同于以往将工业革命以及大规模生产仅视为一种新的物质力量和新技术的运用，而是将这种效率观念建立在对新的物质力量的组织、构建新的劳动者之间的相互关系并打破人从属于机器的思维禁锢之上。这是对所谓的福特主义的偏执观点的一种纠正，德鲁克抨击了唯技术论的天真乐观，同时列举了大量批评者的声音，尽管这些批评者的批评角度都是基于一种单纯的机械原则，即从技术视角来对新的工业社会秩序加以剖析。这包含了奥尔德斯·赫胥黎的《美丽新世界》、卡雷尔·恰佩克笔下的《罗索姆万能机器人》以及卓别林的《摩登时代》，他们都以同样的技术视角，对工业革命进行了审视和分析并得出了几乎一致的结论，即技术是这个社会中最大的罪魁祸首。

德鲁克用效率伦理思想重新解读了大规模生产，并在专业化和一体化两个维度上进行详细的分解，对于建立新的社会管理伦理的实践提出自己的见解："200年前起源于技术的工业革命，在大规模生产革命中已孕育成一种社会形态。大规模生产原理不仅包含消融前工业社会的传统秩序的神奇元素，它还包含着一种新的社会组织原理。大规模生产的本质体现在两个重要的概念上：专业化（specialization）与一体化（integration）。"[1]正是通

---

[1]［美］彼得·德鲁克：《新社会》，石晓军、覃筱等译，机械工业出版社2019年版，第24页。

过这两个核心观点，德鲁克将大规模生产的效率提升核心驱动从"物"转移到了"人"，把其本质体现从技术转移到了劳动者之间的关系。在新的大规模生产的社会秩序中，人们不需要像以往的鞋匠那样掌握制鞋的每一个环节的专门技能，而是依靠管理建立起完整的生产流程，并通过高效的劳动组织进行整合而产出。同样，劳动中的人际关系也并非以往的师徒之间的从属关系，而是变成了平等互助的协作关系。正如德鲁克描述的，"新的'专业化'不是以生产出某个产品的能力为依据进行分工，而是以单个的操作或动作为依据进行分工，这才是当今组织工业化劳动的根本指导原则"。[1]这彻底颠覆了人们对传统意义上的专业人士以及专业化的概念和形象的理解。这些都是在效率伦理思想引导下的新理念，同样也说明了新的效率观已经重新定义了工业化的核心概念。单纯的技能并不会消失，但如果缺乏有效的劳动组织和管理，那很可能会形成低效的社会管理秩序。同时，这种传统社会管理秩序中的技能和与生产产品直接相关的情境也将不复存在。因为在新的生产秩序中，单一的生产者将只负责某一项具体的操作或某一个单一动作。然而这些并不意味着劳动者被完全割裂开就无法进一步提高效率，"大规模生产恰恰是因为把众多技能高超的劳动者组织在一起，才带来了效率和生产率的空前提高"。[2]或者从另一种角度来说，正是管理的理念和管理的再造能力，在新的工业社会秩序中创建的一体化的概念以及其引发的实践，带来了前所未有的效率提升。在这种新的社会秩序中，

---

[1] ［美］彼得·德鲁克：《新社会》，石晓军、覃筱等译，机械工业山版社2019年版，第26页。

[2] ［美］彼得·德鲁克：《新社会》，石晓军、覃筱等译，机械工业出版社2019年版，第27页。

整体的观念以及对全流程的完整生产过程的把握，是真正促进生产的核心要素。这种高度的一体化，从另外一个侧面要求更高水平的专业化，也意味着淘汰诸多已经不合时宜的专业或者技术，而这种高度的专业化则意味着需要更多新的技术，用以弥补和替代那些被淘汰的技术。这种社会秩序的效率体现，正是在这种专业化和一体化的相互作用之中，"在非本质的和可替代要素的相互作用之中，以及本质的和不可替代要素的相互作用之中体现出来的"。[1]

在这种新的秩序中，人与人之间、工作与工作之间、不同工作角色与角色之间的差异是如此悬殊，专业化是如此之细分，导致劳动者对整体的工作和产品几乎不可能有总体的把握。因此，所有的社会成员需要有更高的素质和智慧，以及对社会理性的坚定信仰。如果没有效率伦理的思想作为对其工作的目标的价值指引，那么社会成员不可能对从事的工作表示出前所未有的理解和服从。从某种意义上来讲，正是这样的一种伦理思想，使所有的劳动者和社会成员凝聚在共同的价值目标和理性之下。通过这种社会管理伦理思想的建构，社会成员找到了自己在社会中的功能和地位，以及自己与其他劳动者的社会职能和相对关系，并建立起这种社会目的所运用的社会关系和工作模式的理性基础，最终构建了新的社会秩序。

其次，厘清了社会秩序中的问题。由于工业社会主要是由企业和各种其他营利性组织所构成，而这些企业和营利性组织都将盈利作为最终目标，这样的目标也引发了工业秩序中的一系列问

---

[1]［美］彼得·德鲁克:《新社会》，石晓军、覃筱等译，机械工业出版社2019年版，第29页。

题。如在工业社会秩序工资冲突中的，劳动者认为，社会过分追求效率是不合理，而且显失公平的。劳动者天然地站在追求效率的对立面。其最主要的表现形式正如德鲁克所总结的，工资率方面的冲突是绝大多数行业纠纷的核心问题，也是大部分罢工行为的基本原因。德鲁克认为，工资率在劳动者心目中的重要性还不至于引发如此剧烈的冲突，而且绝对工资率只有在一些相当少的情况下，才会被工人视为非常重要的关键因素。比如，在工业化的早期阶段以及通货膨胀高企的时期。显然工资率并不是问题真正的关键因素，甚至它并不是问题本身。真正的问题在于企业与劳动者对工资不同的解读。工资对企业来讲，一般被视为当期成本，是企业必须承担和支付的生产成本中的必要组成部分。在成本的构成中除了固定成本，当然也包括可变成本。因此可变动的劳动成本在某种程度上直接影响了企业的总成本以及边际效益。成本的弹性决定了企业的核心竞争力，以及其抵抗不利因素的能力，甚至成为企业能否得以发展或维持生存的一个重要因素。而劳动力成本这种特殊的成本，既无法像原材料成本那样随行就市或者通过库存进行合理的调节，也无法像固定资产那样完全固定。这些都取决于企业的政策，也是对企业生存和发展至关重要的成本因素。因此，从企业的视角看，劳动力是一种特殊的商品，或者说是一种最一般的特殊商品，它作为一种当期成本，用于按照当期的价格支付匹配当期产量的支出。而在另外一个视角下，从劳动者的角度来说，工资是其重要的家庭收入来源，用以维持正常的家庭生活。他们最不能接受的就是完全把劳动力等价为一种商品的说法。正如德鲁克分析的，从企业的角度来看，工人在生产中所做的贡献，在生产过程中被消耗，因此工资应该是当期成本；对于整个经济来说，工人在工资之外必须支出的则是远期成本。企业应该将这一部分的人力资源支出，视作为了维持其可持续经营的远期成本，工人也有理由要求可预见的稳定收入保障。那么，在这个意义上，工资对于企业来讲属于经济范畴，而对于劳动者来讲工资等同于他的社会职能和地位，也意味着他的尊严和家庭。因此工资的可变性，就变成了一个关涉个人尊严和公平的伦理问题。企业在对劳动者工资调整的过程中，很大一部分并不是对于其个人尊严的蔑视和否定，而仅仅是出于经济考虑，经济因素往往被置于劳动者的正当权利和人格之上。在两者权衡之中，不能否认企业追求效率以及作为社会器官执行特定的社会功能的重要性，同样也不能得出这样的结论，即劳动者是否能够得到尊重以及获得社会功能是无关紧要的。那么在企业与劳动者之间的公平原则，将指导制定一个可以满足对企业可变工资成本的可预见、可控制的原则，同时也能使劳动者维持稳定的收入和基本公民权利得以满足的方案。

这种处理不当情况带来的两个直接后果就是，劳动者对产量效率提升的反抗和对利润的敌视。由于效率提升可能带来的不公平以及不稳定的因素，使劳动者对生产效率的提升的相关技术改良、工具改造和生产方式的优化都持反对意见。因为这种提升效率的方法是忽略了人的能动性，甚至是建立在"非人"和"弱化人"的假设上，其中已经包括劳动者效率不稳定以及不可控的前提。这也使得这种反抗由来已久，而且反抗的形式几乎伴随着技术革新以及设备迭代共同发展。在很长的一段时间内，劳动者对于工资问题的反抗声音如此之强烈，以至于使劳动者对于效率提升的技术变革和流程创新的反抗声音被淹没，其背后原因主要是担心新的生产方式、新的生产技术以及新的设备使用会使效率提升的同时，也会导致雇佣机会和劳动报酬变化带来的不公正待遇。劳动者的实际抵抗行为体现在各种对于劳动报酬规则上的精密计算，以及相互协同以保证共同的利益上。为了达到上述目的，这既包括劳动者会采取隐瞒自我发明的有效提高生产效率的小工具和新方法，又包括通过互助在获取总额报酬最优的前提下，避免增加实际生产任务的某种默契。这也解释了为什么很多利用薪酬和计件工资来提升生产效率的方法，只在一定的范围内才能达到预期的良好效果。只有社会效率的提高不影响总的工作机会的数量，或者至少不会减少工作机会的时候，才能真正起到提高生产效率的作用。从某种意义上讲，这种反抗的根源在于劳动力是作为一种商品，还是作为一种资源，这是两种完全不同的管理观念。而这种反抗通过群体生活和群体秩序的习惯与价值标准进行放大后，势必引发劳动者对效率提高更强烈的抵制。劳动者难以认识到某些技术变革带来的长期影响最终可能会增加劳动者的福利以及增加就业机会。毕竟劳动者不是社会学家和技术专家，更不是经济学家，他们不会按照专家的逻辑对眼前的实际威胁进行分析，即使他们能够进行理性的思考，所考虑的时间周期也不可能跨越如此长的时间。而简单劳动技能的可复制性和转移性，以及劳动力的跨区域大范围的流动，都增加了这种劳动者对这些因技术变革而带来的不确定性的疑虑和反抗。就如一个技艺娴熟的马车司机，当汽车普及的时候也难免失去自己工作岗位。很多企业利用事前提取补偿金或资金储备，用对工人进行补偿的方式来消除工人的抵抗，而事实证明这些方法是失败的。劳动者需要的是就业机会和稳定的收入，而不是通过失去工作岗位后的补偿来弥补这种心理上的落差。特别是如果绝大部分组织选择类似的策略，当某一技术变革成为行业的不可逆转的趋势的时候，这样庞大的劳动者补偿而造成的行业成本和社会成本激增，将引发巨大的社会动荡和行业风险。

德鲁克运用其社会管理伦理思想，从效率观和公平观对劳动者因生产效率提高而产生的抵制的根源进行深刻剖析，最终发现这种抵制与工资冲突有着同样的原因。那就是对工资和劳动力的解读，从企业和劳动者不同的视角出发是互不相容的。如德鲁克总结的，这是"工资作为当期成本与工资作为收入之间的矛盾，以及劳动力作为商品与劳动力作为资本资源之间的矛盾。"[1]

第三，提出了规制秩序的解决方案。针对以上问题的核心解决方案，按照德鲁克管理伦理思想的核心宗旨，可以转化为如何增加社会效率的同时，把工人的自由作为根本，将社会效率提升和社会分配机制公平性进行综合的考虑。工业社会能够得到飞速发展，并克服自身内部的问题，必须重新建立起正确的关于劳动者，即"人"的假设，包括但不限于劳动者应该并且能够在其社会赋予的职能和地位上享有应有的自由和尊严。这是解决所有社会秩序问题的根本的前提。与之前的社会不一样，工业社会中的劳动者，不是失去人身自由的奴隶或者半失去自由的农奴，他们拥有对自己身体和意志的自由支配的权利。因此，解决工业社会中的秩序问题，首先要恢复劳动者的自由，使劳动者能够真正并且积极地行使其自由的权利，参与到社会的改造和社会的生产中来。为了给劳动者创造这样的劳动秩序和环境，社会必须接受这样一个基本的原则，即在当时的工业经济环境中，劳动力不仅是一种商品，而且是一种资本性资源。这就意味着，工资是一

---

[1]　彼得·德鲁克:《新社会》，石晓军、覃筱等译，机械工业出版社2019年版，第103页。

种对于未来资源的购买，以用于确保企业在未来的竞争中能够占据有利的竞争地位，从而帮助企业得以持续稳定地经营下去。将工资仅仅视作一种当期成本的思维模式，引发的必然结果是把发展变成一种短期的投机行为。工业秩序中的几乎所有问题，都必须通过效率提升加以解决，毫无疑问，效率提升将促进社会财富的增加，而工业化大生产则可以为未来的可持续发展投入更多的资源。当工业社会欣欣向荣时，人们才可能将所有决策的立足点着眼于未来，将企业支付的工资作为对未来的一种战略性投入，以及对未来资本性资源的布局。

德鲁克正是从其管理伦理思想出发，重构这种对劳动者以及工资投入的认知，并发现了破解这一困境的路径。消除效率与公平之间的矛盾，可以从降低不确定性着手解决，具体则体现在对于未来可预见的收入与就业保障体系上。尽管对于可预见性收入存在着各种不同的理解，但不能否认的共识是这将有利于劳动者对自己的未来进行合理的财务规划，同时也使企业对于近期和中期甚至远期的劳动成本，有了更可靠的判断依据，并为增加弹性提供了可能性。劳动者能理解这种可预见收入的规划，是在一定的限制条件下，需要劳动者与企业共同努力才能创造出的一种理想结果，它既不是一种完全责任的承诺，也不可能成为绝对安全的保障。德鲁克对于各种观点都提出了建设性的评价，并提出了自己的观点，即可预见收入与就业保障计划，应该保证工人拿到最低年度工资，但不能保证工人拿到最高年度工资。这也充分反映了德鲁克管理伦理思想中的公平观。德鲁克批评了"年工资保证制"，指出这种制度最终会演变为完全就业保障，而实际上可能只是一张空头支票。这种不切实际的承诺，在面临即使很小的经济波动或行业不景气时，都会很快地显现出其脆弱的一面。

与其初衷相反，它唯一带来的是对劳动者和企业的某种伤害，最可能的后果是让劳动者对整个社会体系和管理当局的承诺丧失信心。在美国 20 世纪经历大萧条期间，许多这样的事实都无情地验证了，这种试图通过脆弱的承诺和保障来缓解工人的焦虑并对冲由于经济周期带来的震荡的努力，最终都以失败告终，而其带来的唯一后果就是劳动者不再对类似的计划抱有任何信心和期望。

这种对于可预见收入的预期，并不意味着某种就业保障，因为这种就业保障往往是如同海市蜃楼一般的存在。更重要的是这种与社会效率相违背的制度设计将滋生那些不知进取的低效率工作者，导致企业成本直接攀升，最终的结果必然导致社会生产秩序的混乱与经济的倒退。德鲁克对于约翰·刘易斯（John Lewis）提出的针对煤矿业的就业权利计划和卡特尔的存在进行了比较，尽管卡特尔同样会阻碍经济激励，并成为高效率企业和消费者权益的负面影响者，使那些高成本低效率的生产者能够在某种特殊的政策保护下赚取不合理的利润，但相较于约翰·刘易斯所提出的就业权利计划，其至少不会阻碍技术变革和进步。这种以契约形式来安置就业权利的方法或许能安慰一些劳动者对收入不稳定的焦虑，但它会产生严重的、长期的不良作用，导致任何对技术进步的努力变成徒劳。

德鲁克提出了如何实现这一可预见收入与就业计划的具体的建议。尽管预测未来是一件非常困难的事情，但可以通过概率，推导出可以获得的最佳结果。在经过经济大萧条之后，可以想象的最糟糕的境遇对每个组织来讲都不会更加困难。德鲁克认为尽管在初期可能会出现一定的偏差，但这种努力还是会在不断的试错中得出更有意义的结果。通过这种模式的建立，管理者应该能够明确这个经济周期需要的劳动数量的范围，并且有可能将这一预测的有效性推展到 12 个月。这种模式的建立和数据的公布，对劳动者也是一种激励，劳动者不但可以了解自己所处岗位的技术含量以及收入的未来预期，还可以对未来的风险进行更好的预测，并通过现实的努力建立相应的自我保障，进行相应的资金规划和生活安排。这种相对确定性的建立，就可以对相关不确定因素形成影响，这样从宏观到微观的预测，尽管在技术上是不存在任何障碍的，然而对于如何将具体数字落实到繁杂的不同职位类型，则需要付出大量的努力并通过验证来不断完善预测。对所有相关涉及的风险进行详细评估，要尽可能提供接近于零风险的保障计划，其内部原理如同保险公司对于相关险种涉及的理赔进行精算一般，这样才有可能帮助劳动者建立可信的承诺。这项计划最重要的意义是将赋予劳动者可以预见未来的能力，并尽其所能做好应对和规划。劳动者如果对自己的未来毫无准备或者缺乏远期规划，便只能更多地把眼光关注到目前可以获得的最大利益，甚至不惜进行各种投机获取短期的利益。尽管这种行为对于远期的发展可能起到一些负面作用，但在这种情况下没人会否定这是唯一理性的选择。

德鲁克正是通过预见收入计划与就业情况来赋予劳动者更大的自由，在提升企业效率的同时兼顾公平分配的。这也充分体现了德鲁克社会管理伦理思想在工业社会秩序建立以及问题分析、问题解决中的实践。

（二）效率和自由的平衡——大规模化生产中的人

德鲁克的社会管理伦理思想实践还体现在大规模生产条件下对社会管理中的人的不自由的关注。德鲁克认为，这些新条件和新关系中的每一个元素，都对工人的社会满意度及自我实现构成障碍，也对生产效率和生产率造成影响。那种认为是工作的具体现实条件约束了人的本性，从而扼杀了人的自由的观点没有得到德鲁克的赞同。他将霍桑实验与通用汽车的论文竞赛作为例证。在车辆制造厂一些较为单调的作业岗位上，工人反而被证实拥有最大的工作满意度，并且同时也显示出最丰富的想象力。因此，认为单调的工作扼杀了人的自由的观点缺乏说服力，甚至误导了对这类问题的解决。如果工作本身不能让人获得成就感或具有意义，那么在大规模生产中的人，就会表现出较低的满意度，对于自我实现造成实质性的伤害。这些最终都将体现为工作带给人的不自由。

德鲁克认为效率能在某种程度上增加人的自由。大规模制造的基础原理绝不是一个机械的教条，否则它的运用不会超越工业。在福特的汽车生产中，最具革新性的方面并非怎样进行机械升级和技术创新，而是组织员工共同完成一个普遍任务的特殊方法。这也就部分地说明，这新的工作原理为什么会给传统社会管理伦理下人与社会的关系和人与家庭的关系产生颠覆性的影响。在所有影响中，最重要的是劳动力市场和商品以及生产工具之间的分离。普遍的观点认为，只有当劳动者被赋予对劳动工具的合法控制权时，他们才能真正地控制生产。然而在大规模生产的体系下，这种观点不再成立。在这个状况下，劳动力和商品或劳动工具的分开是必然的、确定的，它是这种体系的一种本质特征。这与法律规定或政治制度毫无关系，劳动者自己无法生产，他们必须融入由人、机器和工具组成的复杂组织中，也就是到工厂中去才能发挥作用。"事实上，即使在工厂里，劳动者也不再是从事从前意义上的'生产'（produce），而是在'工作'（work），完成某项具体的任务。任何一种产品的产出都会使用整个工厂的所有资源，这是一种集体性的产品。"[1]在工业体系中是组织而不是个人来实现产品的产出。劳动者与生产工具的这种分离，威胁着所有传统社会的原有体系，无论是西方的传统社会，还是东方的传统社会。在德鲁克的视域，工业文明带来的自由，看似充满了福音，其中也夹杂着诅咒。人在工作中如果不能得到自由，或许将得到失业的自由。工作中的自由也不是传统概念下用经济自由和思想自由可以类比和解释的。总而言之，这种工作中的自由是在各种边界和外力约束下的自由。而人对自由的追求以及人的需求的满足，总体上都是受很多外在条件和内在条件约束的。某种工作是否具有符合某个人价值观的意义，某些工作是否在经济意义上能满足人们对个人劳动价值的兑现，某些工作是否具有更加深远的社会意义，等等，很大程度上取决于个人的价值判断，虽然同时也取决于当时的社会制度以及工作的合理性和必要性。站在管理伦理的角度，需要把更多目光停留在管理的目的和手段上。德鲁克特别关注工作以及工作的安排，如何能提高效率，通过这种效率的提高使劳动者能够在工作中发展和成就自我，实现人在工作中的自由，彰显管理的道德意义。

首先，合理安排工作创造其自由的可能空间。在工业社会大规模生产的现实中工作的安排和工作体现出的对人的限制，已经普遍成为人和工作对立的原因。前工业时代的传统手工业与农业，从业者必须参与整个生产环节和生产流程，从原材料到最终成品的整个过程，从业者容易建立起成就感，在若干制成品的生产过程中，有着从无到有的创造性过程，即使在某一个过程中单

---

[1]　[美]彼得·德鲁克：《新社会》，石晓军、覃筱等译，机械工业出版社2019年版，第6页。

调乏味，也有可能被其他环节中的得心应手感平衡。从业者有机会目睹其劳动结果的整个生产流程带来的合一感和成就感，在某种程度上将缓解若干环节中艰苦、单调、重复作业所带来的负面情绪。在现代化工业的大规模生产的现实中，工作已经被细分到更为单一的环节甚至细微的动作，就意味着从事这项工作的劳动者，有可能被安排到极不适应或者极为单调乏味的工作环节，在特定的环节中重复同样的工作内容，将人性中的创造力和自我完善、追求完美的激情扼杀。

其次，提供发展机会为自由实现提供路径。与之前的传统社会不同，在工业社会中获得个人发展的机会，似乎要比之前任何一个社会都要多。然而现实的情况是要想获得晋升，却变得越来越困难。机会均等的承诺也在事实面前显得苍白无力。即使在像美国这样的发达国家，尽管提供的相应的发展通道以及管理职位的数量在逐步增加，然而作为企业内部的员工却很少能通过这样的渠道实现个人的发展，这样的机会似乎更适合那些"外来的和尚"。德鲁克举例领班这个职位进行分析，领班的重要性在于其双重性，其既是普通劳动者中的佼佼者，又是基层管理人员。他们是真正的第一线的管理层，然而作为一个基层的管理者，他们需要一系列的管理知识和技能。这些技能不是单纯技术性的，还需要专业的知识输入，以及对于管理概念的理解和实践。那么如何能有效学习和实践基层劳动者的技能，以及参与管理团队中的协作并能将几种素养有机结合，需要非常高的天赋和后天的努力，还同样需要给予合适的物质激励。然而在德鲁克的时代，这几乎变成一个不可能的任务。正如他所描述的："一家大公司最近推出了一本领班手册，列出了 750 个方面的知识与技能要求，从公司的资产负债表到公司产品的用途、劳动政策等，无所不包。"[1]这些没有真正的决策权力可以行使的领导者，承担了非常繁重的管理任务，显然是整个管理机制发展的通道出现了严重的问题。最严重的后果是一个优秀管理者的晋升，可能只是出于某个上级高层管理者的个人偏好，或者只是他能在众多领班中叫出你的名字。那些善于用直觉和感性作出最快和让人"耳目一新"判断的高层管理者，不费吹灰之力就摧毁了他们费尽心思制定出来的严谨、客观、清晰的晋升政策以及不容挑战的晋升标准。另外一种内部晋升的途径，就是所谓的管理培训计划，企业通过从外部引进管理培训生或者是从商学院输入专门人才进入初中级的管理职位，这有效地帮助这些未来的管理者逃过了在一线辛苦费力的实践过程，同样扼杀了那些基层普通一线工作者的晋升机会。这些在现实中都不难发现。由于在企业内部合理的发展通道正在受到阻滞，而企业已经成为工业社会的主要核心组织，这就直接导致工业社会中的发展通道和晋升机会正在减少。那种以经济贡献作为唯一衡量个人价值的评价观，主导了整个企业的晋升评价体系，而似乎认同这种评价体系就满足了人的所有需要。但不能否认这满足了一部分人的需要，这一部分人将收入的提升作为最大的意义所在，即价值认同等于薪水上涨。而真正能促进社会不断向前进的原始动力，则是人们对自己梦想的追求，以及对自我实现的不断挑战。一个社会的蓬勃发展，尽管需要依靠自然环境、物质资源、先进的技术，但更重要的是如何激发人们的这种潜能和抱负，只有这种资源才可以超越那些不变的物理性的资源，为经济和社会发展的函数赋予新的自变量。德鲁

---

[1] [美]彼得·德鲁克：《新社会》，石晓军、覃筱等译，机械工业出版社2019年版，第212页。

克强调一旦将这种思想制度化，将凸显社会的公平，让那些即使家世不好的孩子，在进入社会之后也有机会成为未来的管理者。更重要的是由此而建立起来的劳动者对工业社会能提供的自由、平等和效率的信心，是工业社会发展最大的希望所在。

最后，用沟通激发想象，展现自由的价值。社会组织中各个层级相互之间的关系，是借助着彼此之间的沟通而完成的。这种看似理所当然的，相互之间增进彼此了解、协同工作立场的需要，却并不总是能够得到满足的，或者可以把这视作一种工业社会中的人的异化，尽管这种现象在之前的社会是很难想象的：在同一个工作机构中，相互之间并不了解，也不了解对方的工作内容，更不用说面临的困难以及需要的帮助。这种沟通的障碍，已经不单单存在于普通劳动者与基层管理者之间，还存在于基层管理者与高层管理者之间，更存在于组织与组织之间。

德鲁克发现在现代社会中，尽管沟通可以使用的技术和工具让人"眼花缭乱"，然而沟通的质量之差、效率之低却与这些技术和工具的发展成反比。其中很大的原因在于绝大部分组织中，将这种沟通视为一种"技术手段"，完全是以信息传递为根本目的。沟通仅仅是信息传递过程中的一种手段，沟通的内容也不是目的，同样沟通本身也不是目的，实现人与人之间的理解和达成共识才是沟通的真谛。由于在组织内部，不同层级职责不同、角色不同，这直接决定了不同层级之间的视野不同，对于同样的一个经营目标，不同层级的理解不同。事实是无论哪一个层面其实都不能看到完整的全部，更严重的问题是没有人意识到这一点，相反几乎每个人都认为只有自己了解事情的真相，如何纠正这种不可避免的信息和认知不对称，这就必须依赖有效的沟通。

由沟通所引发的问题，其核心原因在于社会的多元性。如果不从组织外部来审视，就很难发现"只缘身在此山中"的盲区，而各个组织的存在目的和宗旨的差异性，也必然使沟通者站在不同的立场上，为了不同的目的沟通从而产生不同的声音。这种沟通障碍既有同一组织内各个层级之间无法调和的不同立场所造成的，由职能之间的相互制约而形成的天然鸿沟，又有不同组织理念和核心价值观引发的底层价值观冲突。正如德鲁克描述的："这三个群体之间沟通的缺乏，使得每个群体都难以理解另外一个群体的看法，也使得每个群体都难以理解其他群体所从事的工作。"[1]管理层和工人无法相互理解，为什么对方将工资分别看作收入和成本，同样也无法理解为什么对方不能站在自己的立场上看待问题。基于这种无法通过有效沟通而产生的分歧，在社会管理实践中产生的后果是严重的，它会直接影响到整个社会的效率，更严重的后果是使人无法在工作中取得成就感，进而使人感到不自由。

这种由于沟通引发的"人的不自由"，还会造成另外一个直接后果就是，工作中人的态度变得更为负面消极。由于缺乏积极的因素，社会的其他组织之间因沟通障碍而产生敌意和抱怨。这种负面因素还将引发想象力障碍。德鲁克认为："只有使每个人有真切的感受，无论是来自外部的实际体验，还是来自内部的象征性的、仪式性的体验，才有可能克服想象的障碍。"[2]"投币机论"描述的"投币机人类"就是彻底摧毁想象力的典型代表，根据这一理论，人只对金钱产生反应，这显然是错误的逻辑。社会的进步似乎

---

[1] [美]彼得·德鲁克：《新社会》，石晓军、覃筱等译，机械工业出版社2019年版，第221页。

[2] [美]彼得·德鲁克：《新社会》，石晓军、覃筱等译，机械工业出版社2019年版，第226页。

得益于这种工程思维,将人视为反应单一的机器,服从于机械化的命令。工业革命以及工业社会越成功,基于这种理论下的人类的机械反应就越简化、越单纯。按照这种逻辑在工业社会出现这样的图景,人类便成为贪得无厌的吞噬货币的机器。这是前工业时代所谓的理性主义者的一种荒谬的产物,但从某种程度上反映了,工业社会中的人在不自由的境遇下如何异化成"单向度的人"。

德鲁克认为这源于信息的缺乏以及沟通手段的缺失。而重要的在于建立新的感知器官。德鲁克建议都换上"新的眼睛和耳朵"。不论作为社会中的哪个层级,首先都要站在被沟通者的角度,去理解需要了解的信息和合适的沟通方式,更重要的是看清自己和对方的盲区。管理中只有秉持自由、平等的观念,在充分尊重对方的基础上,才能进行坦诚、平等的对话与沟通,促进社会功能正常发挥。

二、跨越不连续的时代:知识社会中的实践

德鲁克从其社会管理伦理思想出发开始了知识社会中的管理实践,通过重新定义知识的概念,系统地分析了知识社会独特的社会结构、社会特性和社会资源,对于知识社会中的知识工作者以及知识工作者的管理,提出了全新的管理理念。一直将自己视为社会生态学家的德鲁克,对社会的变迁具有超乎寻常的感知力和洞察力。他从历史的角度指出:"西方历史每隔几百年,就会有一次大变革。"[1]而这种影响巨大的社会变迁也直接引发了各阶层力量、生产模式、经济结构,尤其是社会管理的变化。德

---

[1]　[美]彼得·德鲁克:《后资本主义社会》,傅振焜译,东方出版社2009年版,序言第1页。

鲁克是西方较早对知识社会、知识经济进行研究的学者，其最具代表性的成果是将其管理伦理思想及管理理论应用于资本主义社会到后资本主义社会或者称为知识社会的社会转型中。

（一）从"道"到"器"：效率维度的知识新义

德鲁克对知识演进历程与社会的变迁之间的内在逻辑和历史的一致性进行详细研究，从效率维度对知识和知识社会作出新的阐释，并提出新的观点。德鲁克对知识的范畴发生的巨大转变有着敏锐的观察，梳理了从自然知识到人文知识，然后再到科技知识的过程，并剖析了从工业革命到生产力革命，最后进入管理革命与知识变革的内在联系和因果关系。正如德鲁克得出的结论，这些社会变迁很大程度上是由知识的范畴变化和知识意义的剧烈改变所推动的。"无论是在西方或在东方，在这之前，知识一直被视为'道'（being），但一夕之间，知识就变成'器'（doing）。这也就是说，知识变成一种资源、一种实用利器。知识原本一直被视为属于个人层面的东西，当时却变成属于社会层面的东西。"[1]

德鲁克对于知识演变的轨迹及其意义和功能进行了清晰的梳理。关于什么是知识的争论从古希腊时期开始，至今仍未停歇，其间出现的各式各样的理论，错综繁杂，却无一能完美地解释："知识是什么？以及应该是什么？"也正是在这种争论和不同理念反复的交融中，知识得到了发展。从富有活力的古希腊开始，人们就对知识开展了积极探索和研究。从早期超越原始神话，到结合内部和外部文化形成崇尚智慧、崇尚思考的思辨精

---

[1]［美］彼得·德鲁克：《后资本主义社会》，傅振焜评，东方出版社2009年版，第3页。

神，从米利都学派和毕达哥拉斯派之间关于"知与行"的争论，经历了苏格拉底与智者的争辩，再到柏拉图与德谟克利特之间的唯心还是唯物之争，知识似乎蕴含着理论理性和实践理性的完美结合。到亚里士多德时代，这位古希腊伟大的哲学家调和了唯物和唯心两者的冲突，提出了理性主义的知识观点。这些古希腊的先贤不仅重视知识的来源、知识产生的方法，更重视知识的目的和作用。德鲁克进一步对比分析了苏格拉底与普罗泰戈拉对于知识的功能认知的区别。前者认为知识的功能在于促成个人在智慧、道德与精神上的成长，后者则认为知识的目的是使人更能有效掌握要说什么及要怎么说，这源于他们认定的知识涵盖的内容的不同。普罗塔戈拉将知识的范围，限定在现在认为的人文教育的范畴之中，也就是修辞、文法和逻辑。在古老的中国，也存在着两种不同的知识理论：从儒家的观点来看，知识主要是为了帮助明君贤臣治理国家，其核心内容类似于普罗泰戈拉的"要说什么"以及"怎么说"；而对于道家与禅宗来讲，知识是促成自我完善、自我顿悟的清修之法门。尽管儒家与道家、禅宗对于知识的具体范畴有着巨大的争议，然而三者也有着惊人的共识，那就是："知识不是'工作技能'（ability to do），也不是'实用利器'（utility）。"[1] 古希腊的先贤有着相同的观点，尽管在古希腊技术的价值从未被否认，然而技术不是知识，这一理念即使对于像苏格拉底与普罗泰戈拉这样的论敌而言，也能形成共识。古希腊哲学家追求的是世界本源、自然界和世界的普遍真理以及人类社会的"普遍性价值"。因此，技术终究仅仅是为了实现某一种特定的功能和目的，显然不

---

[1]［美］彼得·德鲁克:《后资本主义社会》，傅振焜译，东方出版社2009年版，第9页。

能成为普遍的原理和普遍价值，也自然不能构成知识。在那个崇尚形而上学的年代，技术仅来源于经验归纳，甚至很多技术难以用语言文字进行描述，只能通过实践和反复的示范，模仿才能习得，其功能也仅限于特殊的用途，不具有普遍性。

德鲁克将这样的历史时期划分成了两个阶段。第一阶段是从人文知识向科技知识的过渡，这一阶段开始于18世纪初。那些由传统经验凝聚成的知识，经过快速传播、改良得以有效地改善了当时的生产资料、生产方法和产品品质，引爆了工业革命。正是知识的价值和意义产生的巨大变革，让资本主义得到飞速发展。随后百年间，科学技术加持下的资本主义，以不可阻挡之势扩散到全球。这股潮流渗透到资本主义的社会发展和资本主义体制的形成之中，也促使科学技术的不断改良，直接引爆了近代的工业革命。其中容易被人们忽略的专业学校对于技术的传播产生了深远的影响。第一所专门传递土木知识的学校1747年在法国创立，在接下来的三四十年间，一大批专门传授农业、冶金、医学等专业技术的学校，在欧洲如雨后春笋般出现，尽管所有这些专业技术学校并没有把知识的产生作为其主旨，也没有意识到将知识运用到技术之中的深远意义。同一时期在英国的专利特许制，更是极大地鼓励了对于知识和技术的应用，激发了进行创造和发明的热情。狄德罗与达兰贝尔在1757年到1772年所发起编撰的《百科全书》，由各行各业术业有专攻的人士共同参与撰写，甚至也包括伏尔泰和卢梭。这是由技术向科技转变的一个伟大里程碑，是社会进步的潮流，使技术科技化、技术知识化成为社会发展的趋势。得益于各种印刷技术的广泛使用，技术的传播更注重于在实践中产生的实际效用。技术学校的广泛开办，涵盖各个行业的"百科全书"，使散落在日常经验中的隐性知识，经过系统的整理、收集和萃取，转变为显性知识，通过各种合适的载体，成为一种普遍适用的知识。将民间工艺和秘技转换成知识，用文字概念进行传承和学习，代替了言传身教，直接催生了影响人类社会历史进程的工业革命。新科技的运用需要有更为集中化的生产条件和巨大的知识储备作为支撑。资本和资本主义正是凭借这个契机，完成了从属地位向支配地位的角色转变。1750 年到 1830 年，各种私有化的大型企业逐步取代了早期的政府所有的大企业，在西方的经济中占有绝对的主导地位。即使在亚当·斯密的《国富论》以及李嘉图的经济学中，机械和工厂没有体现出其重要性，甚至连英国对社会描写最为深刻的简·奥斯汀的著作中，都反映出了对工业文明的漠视。而在美国包括亚历山大·汉密尔顿在内的众多有识之士很早就意识到，大型的生产以及工业制造将对整个社会产生深远的影响。

而在开始于 1880 年左右的第二阶段，知识演进又承载了新的使命，用来解决工业生产问题，从而引发了生产力革命。1881 年，弗雷德里克·泰勒将知识运用在工作的研究上，对工作进行了分析，也由此开始了科学管理的时代。从泰勒的观点看，知识可以用来对所有的手工操作的工作加以分析、评估，进行高效率的规划。凭借泰勒的"任务研究"思想，美国在战争期间极短的时间内将一些从未接触过技术工作的农民训练成一流的工人。这使我们从另一个侧面了解美国如何能在战争时期迅速发展成为超越德国的工业强国，并最终战胜德国。自泰勒为知识赋予新的功能之后的几十年中，社会的生产力以极高的速度每年递增，大约 18 年就增长一倍，而一些西方国家的主要生产率已经增长了近 50 倍。因此，科学管理带来的效率提升以及生产力的爆发式发展已经让全世界为之折服。德鲁克将泰勒视为与马克思、弗

洛伊德、达尔文同等重要的现代世界上最有影响力的人物。因为
从管理的角度看，正是泰勒及其他学者和管理学家的共同努力，
让人类社会在生产力革命洪流中高歌猛进。

德鲁克从效率的视角赋予了知识新的意义。"在这种意义上，
知识被作为一种'效用'，也就是能够生产社会与经济利益的资
料。"[1]当社会发展到21世纪，简单的体力劳动不能创造更大
的财富，生产力革命的边际效应已呈递减的态势。德鲁克提出，
要提高他们的生产力，就得"运用知识于知识上"。[2]随之而来
的是社会管理革命的时代。知识相对于传统的生产要素，如土
地、劳动力和资本等已经呈现出更为重要的作用和价值。在这种
深刻的变革中，如何进一步提高知识本身的使用效率？那就是将
知识作用在知识上，这也是德鲁克视域中，管理在知识范畴中的
解释。正是通过管理，才能在知识社会中前瞻性地界定未来需要
的知识，以及如何运用现在掌握的知识去探索未来。德鲁克认
为这是知识的概念第三次迭代和知识运用的第三次革命，称之
为"管理革命"。德鲁克对于知识的范畴概念变化及其功能运用
的重新梳理，立足于工业社会的发展给出了全新的定义。而对知
识进行重新定义的价值基础正是其管理伦理的效率观念，将知识
的重点从"道"（being）变成"器"（doing）。德鲁克效率伦理视域
下，关注知识如何改变人类世界以及知识如何不断增长两个方
面。这同样显示了德鲁克对知识的本质的深刻理解。科学知识
中存在两个基本的问题"归纳问题"和"分界问题"，人们又称之

---

［1］［美］彼得·德鲁克：《后资本主义社会》，傅振焜译，东方出版社2009年版，第24页。

［2］［美］彼得·德鲁克：《后资本主义社会》，傅振焜译，东方出版社2009年版，第22页。

为"休谟问题"和"康德问题"。休谟问题表达了这样的观点，科学知识是不能通过感性经验的归纳而从特殊变为普遍真理的，尽管人们出于非理性的习惯，倾向于对那些通过感性经验归纳出的真理给予高度的信任，然而这并不能使知识得到增长。而康德问题实际上是受到了休谟的影响，或者说从某种程度上是休谟打破了康德对于经验归纳得出的绝对真理的服从。从知识增长论的角度，康德问题反映了这样的观点，通过与形而上学划清边界，来源于感性经验的知识可以具备普遍必然性，并且能不断地发展。但不论是休谟，还是康德，都从不同的角度，排除了科学知识可以无限增长的可能，进而也从某种程度上否定了科学的发展性和创造性。得益于卡尔·波普尔（Karl Popper）重新处理了这两个重要的科学知识发展的问题，提出了"波普尔问题"，即科学知识并非来自纯粹的感性经验归纳，也不是只依赖先天理性，而是基于人的批判精神和反思理性，通过不断假设和试错而更加接近真理。波普尔对"波普尔问题"的解决从由静态的论证逻辑，扩展到动态的发现逻辑。德鲁克将知识运用到对知识的管理上，也体现了德鲁克从效率维度对知识的理性批判，即将知识从纯粹抽象的逻辑拓展到与现实实践的结合，在实践中通过不断设定新的假设，并在试错中学习使其更接近于真理。

德鲁克从效率的角度赋予知识新的意义："我们现在所讲的知识，是那种在处理事务中就可以得到证明的知识，是那种对实行结果有效用的信息。这种知识强调的是外在于人格方面的效果，表现在社会与经济，或者知识本身的进步上。"[1]德鲁克进一

---

[1]　[美]彼得·德鲁克：《后资本主义社会》，傅振焜译，东方出版社2009年版，第27页。

步指出，知识是可以改变人或事物的信息。同时，德鲁克将视角从知识本身转移到使知识成为真正的社会成果的主体——人——上面。

（二）管理主体和客体的统一：知识工作者对平等和自由的追求

知识工作者既是一名管理者，同时还是一名被管理者，通过对自由和公平的追求，实现了管理主体和客体的统一。"知识工作者"这一概念是德鲁克在著作《明日的里程碑》中最早提出的。德鲁克认为知识并不直接体现在书籍数据库或者是软件程序之中，它们里面所包含的东西只能被称为信息。德鲁克关注知识与人的关系，认为知识必须通过人才能创造和发现，也只有通过人的应用才能体现出它的价值，而且必须通过人才能改进和传承。德鲁克预言下一个社会阶段将是知识社会，而社会的关键资源不再是以往的劳动力和资本，取而代之的是知识。知识工作者再不是传统社会中的装饰或某种象征，相反知识工作者通过重新定义这个社会的核心价值观、信仰和理念，展现知识社会的核心驱动力。正如中世纪的骑士阶级是当时的上流社会阶层，资产阶级是资本主义社会中的中坚力量，知识工作者将成为下一个社会阶段的主流阶层，极有可能成为政治的主导力量。知识工作者这一概念，普遍用来指拥有理论知识和学问的人，例如医师、律师、教师、会计师、化工工程师等。在德鲁克的社会管理伦理中知识工作者因其对效率、自由和平等的追求，同时被视为管理者，是知识社会中的主要阶层。

德鲁克认为知识工作者在知识社会将拥有更大的自由，并且通过不断学习和自我完善来实现对自由的追求。首先，知识工作者在德鲁克的视域中是理所当然的管理者，这也体现了德鲁克的效率观念。"在一个现代的组织里，如果一个知识工作者能凭借其职位和知识，对该组织负有贡献的责任，因而能对该组织的经营能力及达成的成果产生实质性的影响，那么他就是一位管理者。"[1]知识工作者拥有更大的选择自由，如同马克思对于资本的流动性的阐释，不同于其他的生产要素如劳动力和土地，资本似乎具有天然的脱域性。这种天然的脱域性也是资本本身所具有的内在张力，能展现出巨大的驱动力，资本会自然而然地流向那些高回报的领域。而在知识社会，知识如同资本，已经成为最重要的生产要素。知识工作者拥有的知识正是其最主要的生产工具。通过这种与自身不可分离的特殊的生产者和生产工具之间的关系，知识工作者不断改良自己的生产工具，提升其利用本身知识在组织中创造价值的能力。由于掌握相关专业的知识，知识工作者顺理成章地成为某一个专业领域的专家。而作为专业人员，知识工作者在其专业领域，往往具有更高的决策权和判断力，在其专业领域内拥有更大的自由。尽管知识工作者也必须借助组织，实现个人价值，但知识工作者不会将局限在唯一的组织中，他们拥有选择不同组织的自由。对于早期的产业工人来讲，因为并不掌握生产工具，故其对资本和组织的依赖性较高，但知识工作者对组织以及环境的依赖较低，具有更高的自主选择的空间和流动性。

知识工作者通过自我驱动建立自为的自由。激励和管理知识工作者是人们必须面对的新挑战，通过有效应对这一挑战或许能发现知识工作者的另外一些特质。在德鲁克看来，对于如何有

---

[1]〔美〕彼得·德鲁克:《卓有成效的管理者》，许是祥译，机械工业出版社2019年版，第7页。

效地激励知识工作者所知不多，而显而易见的是传统的激励方式如一味强调薪酬福利等是无法有效激励知识工作者的，必须从知识工作者本身的特质入手。知识工作者对薪酬的不满，会直接打消他们的工作热情，而对工资报酬的满意度，则被视作应当且必需的。另外一种表达方式更为浅显和直接，那就是"不满意有损绩效，但满意却对绩效无益"。[1]这也是弗雷德里克·赫斯伯格（Frederick Herzberg）教授把这些外部报酬称作"保健因素"的根本原因。

知识工作者的自由建立在真实的社会实践之上。德鲁克用德国小说家赫尔曼·黑塞在玻璃球游戏中的描述，完成了这样的一个隐喻。在一个虚构的世外桃源中，知识工作者与外界完全隔绝，沉浸在一些自我陶醉的、虚无的事件中，并通过这种自我封闭和逃避，来达成某种洁身自好和自我完善的自由境界。通过这样的自我放逐，或许能够实现阿Q般的自我安慰。主人公最终抛弃了这种看似与世无争、世外桃源般的知识世界，转而投向了嘈杂、庸俗肮脏、腐化堕落的现实生活。而这正反映了德鲁克的自由伦理思想，反映了知识工作者身上的应有品质，即知识应该在真实的世界中发生作用。从某种意义上讲，这才是知识分子或者说知识工作者的自由。

知识工作者的自由通过不断的学习和自我完善得以实现，并体现出公平伦理。"后商业时代的知识社会需要终身学习，因此学习是第二职业。"[2]由于知识的更新和迭代在知识社会中

---

[1]［美］彼得·德鲁克：《不连续的时代》，吴家喜译，机械工业出版社2020年版，第282页。

[2]［美］彼得·德鲁克：《管理新现实》，吴振阳等译，机械工业出版社2019年版，第216页。

显著加快，知识工作者必须通过不断更新自己的生产工具——知识来实现自身的不断完善。知识工作者在获得知识以及向上发展和流动中体现了真正的公平。知识不像财富那样可以专属于某些人，从这个角度来看，知识的获取和使用给人类带来了前所未有的公平。成功和失败的概率均等，任何人都可以获得"生产工具"，也就是取得工作所需的知识，但不是每个人都能成功。[1]这是知识社会的另一个主要特质。从这个意义上讲，知识社会不可避免地将引发激烈竞争，这也意味着机会均等和公平。成为知识工作者也有助于消除男性和女性之间的不平等。女性在实际的社会生产生活中扮演的角色以及从事的劳动对整个社会的发展都具有非常重要的作用和意义。然而女性和男性在各种权利上的不平等，却在事实上长期存在。德鲁克毫不掩饰地陈述了这样的事实："《圣经》上记载了无数女性到水井去打水的故事，却从来没有一个男人这样做过。纺织工作似乎也是女人的专利。"[2]而成为知识工作者，女性在许多具体而现实的工作场景中，拥有了和男性一样的权利，受到一样的尊重。在19世纪90年代之前，女医生在欧洲是不可想象的。直到获得医学博士的玛利亚·蒙特梭利的出现才改变了这一尴尬的事实，她说出了一句让人感到意味深长的话，"我不是女医生，我是一个医生，碰巧是一个女人"。只有在知识社会中，知识工作者无论男女都可以使用同样的知识、从事相同的专业、处理同样的工作、使用同样的专业标准和专业规范，而最终取得同样

　　[1]［美］彼得·德鲁克：《下一个社会的管理》，蔡文燕译，机械工业出版社2019年版，第173页。

　　[2]［美］彼得·德鲁克：《下一个社会的管理》，蔡文燕译，机械工业出版社2019年版，第185—186页。

辉煌的专业成果。不难发现这样的事实，在知识社会中特别是需要那些高度专业知识的相关职业，如律师、医生和教授等在近200年中，女性取得的成就在逐步增长，甚至在某些特定领域，女性已经大幅超越男性。这些变化得益于正规教育对于女性的开放，使之有机会成为真正的知识工作者。而作为知识工作者的她们拥有着同样的生产要素，那就是她们掌握的专业知识。从这个意义上讲，成为知识工作者是促进男女平等的绝佳途径。

德鲁克在其管理实践中，运用知识促进公平，认为成为知识工作者有助于削弱族群之间的不平等和种族歧视。从某种程度上看，即使是少数族裔在大规模生产社会化过程中，也获得了比以往更高的待遇以及更好的工作机会。战争时期的美国需要大量的劳动力，数量有限的白人根本不可能满足这些需求，这就给少数族裔特别是黑人进入劳动力市场创造了非常有利的条件。然而随着社会的发展，传统的制造业受到了严峻的挑战。传统的大规模制造已经被现代科学技术飞速提升的高效率生产方式逐步替代。尽管不少观点把这视为又一次为少数族裔划出新的就业鸿沟，或者是一种新形式的歧视，甚至很多人宣称是知识经济剥夺了少数族裔的就业权利，显然这个错误的偏见是由于将问题本末倒置。将少数族裔特别是黑人固定在体力劳动或非技术劳动上的观点，显然是一种事实上的歧视。这种假设的前提就是认定少数族裔不应该有发展的空间和可能。由此造就的唯一结果就是将少数族裔送入另外一个新的固化阶层和贫民阶层。只有通过发展公平的教育，使少数族裔拥有和白人一样的学习机会，让尽可能多的少数族裔成为知识工作者，才能真正实现社会的公平。体力劳动对体力劳动者的工作技能要求相对单一，工作场景

相对固定，工作流程相对简单，其可替代性更大，在高度智能化
的生产过程中，其价值也日益削弱。知识工作者在工作中因所运
用的技能而在未来竞争中处于优势地位，这使少数族裔和白人的
差距逐渐缩小。更重要的是作为知识工作者，其通过自我管理有
机会成为未来的领导者。

第三章　德鲁克组织管理伦理思想

第一节　德鲁克视域下的组织管理

一、作为社会"器官"的组织

德鲁克认为组织具有独特的二重性：首先，组织既是社会的一部分，又构成社会的整体；其次，组织既有其存在的社会价值和目的，又是实现这种社会价值和目的的手段；最后，组织既是特殊的个体，同时又是具有普遍性的实体。德鲁克较早地将组织概念引入管理伦理视域，并通过剖析组织与社会之间的关系，强化了"将组织视为社会器官"的观点。德鲁克视野并不局限于对组织进行孤立的研究，而是立足于"建立自由的功能社会"这一价值目标基础，全面地剖析组织的本质，为组织管理伦理奠基。

英语中"组织"一词的词根来自希腊文"ORGANON"，在斯宾塞将组织一词应用到社会科学之前，组织一词被用于对生物组织状态进行说明。斯宾塞将"组织"一词用于社会科学，可见他将社会视为一种有机体。不同学者对"组织"这一概念的不同解读和争论从未间断过，这也推动了此概念内涵的发展。G. 摩根提出的关于组织的八种不同形象的隐喻和十种定义让人印象深刻；斯坦福大学教授 W. 理查德·斯格特（Richard Scott）从理性系统视角、自然系统视角和开放系统视角三个维度，对组织的定义也让人们从多个层面去理解组织的内涵。尽管德鲁克认为他本人在管理领域首先使用组织这一概念，而事实上在 20 世纪 30 年代随着工业化程度的逐步提高，已经有不少学者关注到这一概念。例如 1937 年，美国卢瑟·哈尔西·古力克（Luther Halsey Gulick）和林德尔·厄威克（Lyndall Urwick）联合发表的《行政科学论文集》中就已经有关于"组织理论"的论述。但不得不承认，德鲁克是较早关注这一领域，并对该领域进行深入研究的学者之一。如德鲁克观察到的同时代的切斯特·巴纳德（Chester Barnard）、詹姆斯·慕尼（James Mooney）和奥德·韦帝德等这些人以及哈佛商学院的著作都从不同的侧面说明了企业的概念，其中大多数研究仅涉及企业的形式和内容问题，但这些研究均未将企业当作一种组织，即人类努力实现共同目标的某种机构。

德鲁克关于组织概念的思想受到了斐迪南·滕尼斯的影响。德鲁克将滕尼斯《共同体与社会》一书视为最伟大的社会学经典著作之一。此书提出了独特的共同体理论："共同体的理论是从'人类意志的完美统一'这一设定出发的，它意味着人类原始的或者自然的状态……上述关系的普遍性根基在于：由于出生，人与人之间形成了相互的'植物性生命'（vegetative Lebens）的关联。"[1] 由此可见德鲁克关于组织是社会器官的这一思想深受

---

[1] ［德］斐迪南·滕尼斯：《共同体与社会》，张巍卓译，商务印书馆 2019 年版，第 76 页。

滕尼斯关于身体构造与组织之间共同体理论的影响。在这部经典的社会学著作中，滕尼斯将社会与共同体（社区）[1]进行了比较和论证。滕尼斯从普遍性的视角切入，对共同体进行了阐释："从根本上说，一切有机生命之间都能结成共同体，人类的理性共同体就存在于人们中间。"[2]德鲁克深受滕尼斯的影响，并创造性地将滕尼斯关于共同体和社会的理论融合到自己的管理伦理思想中。德鲁克对滕尼斯的共同体与社会作出了如下解读："滕尼斯把社区与社会并置同论，前者关注于存在（being）即身份，后者关注于行事（doing）即功能。在《工业人的未来》一书中，我提出，工业社会的基本制度必须两方面都兼顾，社区赋予身份，社会行使功能，而这个制度自身还需要能使其达到预定目的的具体制度。我当时还没有将这种制度称为'组织'。这一术语当时还没人使用……意识到这一点，那已经是 10 年后了。"[3]在德鲁克提出这一定义之前，西方各界很少有人谈论组织。据查，1950 年之前的《简明牛津字典》，并未列出组织的现代概念和意义。政治学、经济学和社会学领域也罕有将组织作为正式的研究主题的。

德鲁克进一步深化了组织的概念，提出了以企业为代表的所有组织都是社会器官的观点。德鲁克对于组织的概念解读具有鲜明的特点，并且对其管理伦理思想影响深远。德鲁克认为，组织不是目的，而是一种手段。

---

[1] 不同的翻译版本分别译作共同体和社区。

[2] ［德］斐迪南·滕尼斯：《共同体与社会》，张巍卓译，商务印书馆2019年版，第105页。

[3] ［美］彼得·德鲁克：《工业人的未来》，佘同华等译，机械工业出版社2019年版，序言第25页。

（一）创建新的社会结构和社会秩序

现代组织的出现使管理成为最重要的社会职能之一，同时新型组织作为社会的重要器官行使社会职能，对社会结构和社会发展产生深远影响。首先，新型组织的存在改变了社会结构，催生了由知识和技术人员扮演主角的知识型社会。其次，新型组织改变了原有的社会秩序，创造了一种促进集体主义和个人主义的有效平衡的社会秩序。

新型组织大面积出现间接引发了知识作为重要的生产要素而被更多的劳动者所掌握。从德鲁克的视角看，这些知识工作者能自我掌握生产资料，并对组织绩效负有责任，从某种意义上讲，这些知识工作者也是管理者。随着劳动者受教育程度的不断提高，在新型组织的催化作用下，在政治、经济、文化各个层面，传统意义上的工人阶级也逐渐向这一新兴阶级转变。不论是高级管理人员或初级管理人员，还是专业技术人员，知识工作者的群体正日益扩大，而且呈现出加速发展的趋势。由这种社会结构的特性，可以预见社会将更趋于平等，这种平等体现为相对平等地获取知识这种重要的生产资料，也体现为掌握知识所带来的机会平等。这种社会平等或称其为职场上的平等，不仅反向促进了组织的发展，同时还会促进社会运转效率的提升。

在德鲁克的视域中，一个社会的秩序原则，是社会的哲学本质在某个侧面的体现，相比社会结构、社会制度、经济事实等概念更为重要。尽管社会中公民的行为被社会结构所影响，但社会秩序却能决定人们行动的理由和动机，社会秩序能影响人们最基本的信仰、价值观，能改变人们的理想和期待。集体主义和个人主义在新型的组织社会中进行了有机融合。新型组织的出现，使社会重新界定了集体与个人之间的相互关系。个人和集体相互对立的两种概念，在新型的组织社会中构成一种相辅相成的共生关系。新型的组织社会是一个有机体，或者可以视为一种自组织的形式，它所衍生的内部关系是动态发展的，其整体大于部分之和。相较于传统的机械的社会秩序，个人主义和集体主义都是一种静态的概念，两者都是对社会秩序某种狭隘的解释。首先，角色各异的个体相互构成社会的共同体，集体是某种形式的扬弃特殊性的个体集合，集体主义的结构关系使集体扬弃了个体的某些特殊性。个人主义是对这种普遍性的现实存在的否定和反抗。而集体主义的局限在于忽视个体的存在，集体主义存在并不能完全掩盖个体的实存性以及个体的差异性。在德鲁克的思想体系中集体主义和个人主义只是反映了某种主体的偏好，它们就像坐标系的横轴和纵轴，为人类社会秩序的范畴画下了粗糙的象限。

德鲁克认为现代社会中的组织已经融合个人主义和集体主义，超越了那种在个人主义眼中只看到个人工作者，或者在集体主义眼中只看到集体的工作目标的社会。现代新型的组织是由负责任的个人组成的集体，其中每个个体都为自己的行为负责，每个个体都通过发挥其专业知识和技能为集体作出贡献，其中个体组成集体的行为动机均出于自愿，每个个体为集体奉献自己的成果同样也出于自愿。个体在集体中是真正独立的个体，是真正的"人"而非机器。个体若想发挥其社会职能、获得其社会地位并得到应有的尊重和认可，则必须借助集体的力量并认同集体的目标和价值观，让自己的价值观知识服从于集体的目标和需求。

德鲁克意识到组织社会使传统二元社会需要进行新探索并对之提出新挑战。通过探索新的社会关系和探索自由和秩序之间新的平衡，将社会管理引入未来。这种新的挑战和探索带来的影响是全方位、多层次的。这种新的组织形态的出现使社会效率得到了大幅提升,同时也使人们的关注点从经济学、心理学、文化、人类学方面转向伦理道德。除此之外,现代组织还培养了一股新的社会中坚力量:职业经理人。这些组织中出现的"大人物"所产生的道德问题,越来越受到人们的关注。德鲁克将其比喻为中世纪的道德剧仿佛又重新登上历史舞台,在聚光灯下伦理问题和权利道德重新成为人们关注的焦点。这些新的组织的出现,使管理成为最重要的社会职能,组织管理中的伦理问题也随之成为管理的核心问题。在新的现代组织中,知识不仅成为新的生产要素和资本,而且消除了个人主义和集体主义之间的对立,塑造了一种个人和集体之间的新关系。德鲁克认为,新型组织专注探索个体与社会之间的关系,自由与秩序之间的关系。这使得它注定带来伤害,无论它成功还是失败。其间,它承担了一切革新的风险。[1]这种新的变化,势必要求管理寻求新的突破,甚至引发管理颠覆式的革命。

(二)组织的社会引发管理变革

德鲁克敏锐地觉察到当时的工业社会已经演变成一个由各种组织聚合而形成的组织的社会。发达国家的社会现已成为组织的社会,这种社会大部分的社会任务都是在组织中完成或者由组织来完成,这些组织包括企业工会、救助服务机构、医院、学校、社区服务机构等等,有些是政府机关,更多的则属于非营利性的民间机构。这些事实让德鲁克意识到,一个工业社会能否自由而功能正常地运行,取决于这些构成社会的组织能否正常运行。在这样一个现代社会中,组织和社会的关系密不可分,如果

---

[1] [美]彼得·德鲁克:《已经发生的未来》,汪建雄、任永坤译,机械工业出版社2019年版,第104页。

脱离整体而孤立地考虑个体，或者狭隘地从个体出发去研究整体显然都是错误的。管理也因为组织社会的特征和运行方式而成为更为普遍的社会职能，组织的管理是建立"自由的功能社会"的必由之路。因此，德鲁克从"组织的社会"这一独特的视角切入，对组织和管理之间的关系进行了深入剖析和探讨。德鲁克认为最重要的三个问题是：第一，管理在组织的社会中具有什么样的功能？或者管理应该具有什么样的功能？第二，什么原因造成组织仍然被社会学、政治学和经济学所忽视？第三，在严格的意义上讲，组织应该是什么？应该如何运作？管理如何促使组织社会成为自由的功能社会？

首先，组织的出现并非基于人类的情感或基于生物所需而天然形成的，组织的形成是基于某种特定的社会目的，以及基于这种社会目的作出的特殊的安排。尽管组织的这种存在不同于家庭和传统社区的社会聚集，但组织中成员之间所形成的较为紧密的连接和相互关系，使组织可以服务于一个共同的目标或共同的任务而形成一个团体。从这个意义上讲，组织的功能最重要的是聚合和凝聚。组织的这种凝聚，也取决于以下的前提，即共同的目标。只有具备一个足够明确并且符合共同价值观的共同目标，才能将组织成员有效地维系在一起，并保证它能够正常运作。"组织是经由有目的地设计而形成的，而且通常专精于特定任务。社区与社会是借由语言、文化、历史或地理位置等特定因素，将其成员结合在一起的，组织则是借由所执行的任务结合其成员的。"[1]如何在这些组织中调节人与人之间的协作关系、保持组织效率，这

---

[1] [美]彼得·德鲁克：《德鲁克论管理》，何猛、康至军译，机械工业出版社2019年版，第149页。

就需要管理来完成它的使命。

其次，组织长期存在却被社会学、政治学和经济学忽视的原因，需要进行深入的思考和分析。"组织"一词在斯宾塞将其引入社会科学之前，一直被用于生物学领域。组织同社区、社会这些概念相同，既不是经济术语，也不是法律术语。而各种类型的组织不论是经济组织，或如同教会等非营利性组织，均对社会的经济政治等各个层面产生了深远影响。德鲁克指出社会学的奠基者法国的孔德的著作中并未涉及组织这一概念，德国的马克斯·韦伯与意大利的帕累托尽管都对大型企业和工会进行了研究和评论，然而对于组织并未给予足够的重视。他们同时代的政治学家、科学家、社会学家、经济学家都对组织的存在采取了漠视的态度，其根本原因是什么呢？其中一种观点认为，因为组织对整个社会，包括对当时的政治影响力巨大，反而造成组织被刻意地无视。因为组织的存在不符合传统的社会学家和政治学家对于正常社会的假设，在传统的观念中一个正常的社会应该是一元而非多元的，而这种多元的组织社会对传统的社会学理论形成挑战。从另一个角度看，这些多元的组织产生的社会影响和社会功能，还不足以形成独立的社会政治力量，或者组织仅被视为实现某些特定社会功能的工具，并未被视为社会实体。当时的美国社会对企业类的组织是充满敌意的。美国经济学家约翰·罗杰斯·康芒斯（John Rogers Commons）在《资本主义的法律基础》一书中直言不讳地表达以下观点：股份公司这种组织被视为不应该存在的事物，并且这种形式的组织和美国宪法的精神背道而驰，它的存在仅仅是由于美国最高法院在19世纪晚期的一项"阴谋"，借助对美国宪法第十四条修正案的曲解，它才得以存在。让人深思的另一个事实是，美国对股份公司的合法地位的承认，远远晚于其同时代的发达国家，甚至还晚于日本。德鲁克基于这些事实得出这样的结论：在美国，企业这一类型的组织同军队、教会、医院、大学等类型的组织是被分开处理的，或者在对于组织这一范畴的适用性上，人为地进行了区隔，也可以认为这是对企业这类组织持有的一种偏见。尽管这些组织之间的同构性多于异质性，但人们还是选择性地将它们进行了区隔。原因是当时学界普遍对企业这类新兴的组织的内部机制和构成缺乏系统性的了解，以至于对管理的适用范围，早期普遍将其限定在企业管理上，对管理适用于所有组织这一事实缺乏深入的了解。管理在企业中取得的成果已经非常明显，只有将管理作为一种普遍性的学科和职能，应用于整个社会中的其他组织，才能帮助社会更好形成整体的繁荣与和谐局面。

最后，组织有其自身的特征。组织有特定的社会目标，履行确定的社会功能。不同类型的组织各司其职，如学校负责教育学生培养人才，医院负责将病人治愈，军队负责捍卫国家的主权和领土的完整，企业负责生产特定的产品或提供特定的服务，以满足社会大众的需求。组织由不同类型的专门人员构成，并且组织的目标相当明确。正是因为有明确的共同目标，组织内的全体成员才能紧密结合起来形成合力。德鲁克在研究中提出颇有建设性的观点：组织的成果往往体现在组织的外部；而与之相迥异的社区和家庭的成果，主要体现在其内部。一大批卓越的学生在毕业之后能用自己所学奉献于社会，并为社会创造价值，这正是学校的成果；离开医院的病患能从病痛中康复，或有效地延缓他们的症状，提高他们的生活质量，这正是医院的成果所在；军队的成果不是进行旷日持久的演习或者强调其崇高的形象，而是有效地威慑敌人或者战胜敌人；教会的成果甚至不属于现世之事。组织的存在是为了在组织的外部产生成果，是为其外部即为社会提供服务，这才是组织存在的真正意义。

现代组织还具有区别于传统组织的新特点。组织与成员建立起与以往完全不同的关系。在德鲁克的视域，基于这种共同目标和基本原则建立起来的组织，成员之间的关系变得更加密切。现代组织汇聚各类专门知识的人才，专业知识不分高低贵贱，成员的地位相对而言更加平等，同时也使组织中成员的流动成为可能，这不同于传统组织中那些非自愿加入的成员想脱离组织所面临的困境。在绝大部分的组织中，个别成员的单独贡献对组织的整体贡献起着不可或缺的作用，而组织的总体成果又不只是全部个体成员贡献的加总，而是个体成员贡献的乘数。组织特有的规则和组织形式，放大了每个成员作出的贡献，并通过组织这一特殊机制，将整体成果显性化。组织中成员相互之间的工作协同和管理方式，也与传统的社区和家庭的领导方式不同，现代组织中的参与式管理，通过各种引导的方式会发挥更大的作用。

二、独具特色的组织管理思想

大多数学者对德鲁克管理思想的研究，都从他的组织管理思想入手，尽管德鲁克从未将其研究范围局限在组织管理上，并表示其著作仅有为数不多的内容直接涉及组织管理和企业管理。然而这些著作呈现的独特的组织管理思想，使得德鲁克的管理思想在管理学界百家争鸣的丛林中独树一帜。

德鲁克的组织管理思想是其社会管理思想的延伸，是围绕着"自由的功能社会"建构这个主题，对社会中组织的管理的具体体现。德鲁克认为当时的社会已经成为组织的社会，绝大部分的社会功能借由组织才能实现。因此，构建"自由的功能社会"就需要使"组织"这一社会的基本单位变得"自由且具有功能"。德鲁克将管理研究的重心从社会管理逐步下沉到组织管理，并在组织管理层面取得丰硕的研究成果，形成具有代表性的组织管理思想。

（一）组织管理思想与社会管理思想一脉相承

德鲁克始终称自己是一名社会生态学家，终其一生致力于构建"自由的功能社会"。立足社会生态的视野，德鲁克发现了组织发展和组织管理的社会价值和社会意义。纵观历史长河中的社会演进，运转正常的功能社会，必定是一个充满活力的自组织系统和生态圈，而构成这自组织系统中的个体正是形态各异的组织。

德鲁克最早洞察到这一事实，即工业社会已经成为一个组织的社会，"而实际上，在大多数人眼里，现代工业生产的本质不是社会组织而是原材料生产或生产手段。我们对工业的普遍看法受到僵化的经济决定论——19世纪早期遗留下来的一种观点，认为自然资源是劳动分工的决定性因素——和对机器（技巧性的）的盲目崇拜的不利影响。结果大多数人——包括很多工业生产过程的人们——没有理解现代生产，特别是现代大规模生产，不是基于原材料或是技术而是基于组织的原理——不是机器的组织而是人类的组织，也就是说，现代生产是基于社会组织的"。[1]

德鲁克的组织管理思想，是其社会管理思想延伸到组织层面的具体体现。其社会管理伦理思想为组织管理思想提供了重要的理论依据和伦理支撑。德鲁克的社会管理思想受到保守主义

―――――――――

[1]［美］彼得·德鲁克：《公司的概念》，慕凤丽译，机械工业出版社2019年版，第17页。

和自由主义相互作用形成的独特意识形态的影响，而其组织管理思想是其社会管理思想的具体延伸。正如德鲁克所说："我是个老派的保守主义者，不是什么新保守主义者……比如说，虽然我信奉自由市场，但我对资本主义素来持保留态度。任何将某种价值观念绝对化的体制都是错误的。基本上，问题不在于我们有哪些权利，而在于我们有哪些责任。这是非常守旧的保守主义观点，20多岁的时候，我就在第一本书《经济人的末日里》提出了这些看法，自此以来从没变过。"[1]德鲁克在不同的场合和著作中都清晰地表达了自己的保守主义观点，并与"新保守主义"划清界限，德鲁克也表达了对所谓"新保守主义者"的无视，并反复强调自己对于保守主义的基本理解是"总是将社会置于首位"。[2]受埃蒙·伯克的影响，德鲁克关注如何使社会在变革和延续中保持平衡。德鲁克的组织管理思想延续了其社会管理思想的主要脉络，直面在动荡的社会中谋求进步和发展遇到的现实挑战：如何在组织管理的持续性和变革之间取得平衡。这些关于组织管理的伦理思考，体现出的是欧洲传统的价值观。

德鲁克的组织管理思想体现在社会优先，社会价值优于其他价值的核心之上。建立"自由的功能社会"既包含了社会运转高效率，又包含了社会平等和谐而创造的更大的自由。在组织社会中，这一系列目标转变为如何实现各个组织的高效率运作，以及组织和组织之间协同发展，最终达成整体社会效率的提升；在组织的内部运用管理促进组织的个体——人的发展和自由；如何运

---

[1]［美］彼得·德鲁克：《管理前沿》，闾佳译，机械工业出版社2019年版，第16页。

[2]［美］彼得·德鲁克：《工业人的未来》，余向华等译，机械工业出版社2019年版，序言第24页。

用管理，协调组织内部的人际关系，使组织内部的价值外显于组织，最终作用于整个社会。这些体现了德鲁克对于功能社会含义在不同层次上的解读，如何实现在功能社会中人、组织、社会之间三者的良性互动：个人通过组织来实现个人价值，并协助组织完成组织所担负的社会职能；组织履行其社会职能并构成有机的社会实体；社会通过其合法性权力赋予个人身份和地位。

德鲁克对企业和社会关系的解读成为以上观点经典的例证："公司是永恒的，而股东是暂时的。甚至可以毫不夸张地说，就社会和政治角度而言，公司是先验存在的，而股东只是它的衍生物，只存在于法律的假定中。比如破产法就采取了这一立场，它将公司的延续置于股东的权利之上……由此可以推断，公司的本质是社会性的组织，也就是说是人本组织，这好像是同义反复。"[1]德鲁克的组织管理思想是其社会管理思想的延续，是管理的普适性和社会性在组织中的具体体现。

（二）彰显普适性和社会性的组织管理思想

德鲁克基于社会学和伦理学的角度，将管理置于社会转型和社会变革的历史进程，使其管理思想具有了更为宏大的视野。

组织管理逐步进入大众视野，得益于企业等社会组织的出现，德鲁克由此在前人的基础上发展了这个学科。新兴企业和公司作为一种新的社会组织和经济组织，承担了各种相应的社会职能，整合各种资源并创造社会价值。在对管理的研究上，德鲁克广泛研究了工业社会初期来自欧洲和美洲的一些管理思想：无论是英国的古典经济学家阿尔弗雷德·马歇尔，提出将管理作为一

---

[1]［美］彼得·德鲁克：《公司的概念》，慕凤丽译，机械工业出版社2019年版，第17页。

种生产要素；还是 J.B. 萨伊作为亚当·斯密在法国的早期追随者，开创性地提出了企业家概念。弗朗索瓦·夏尔·傅立叶和圣西门也出现在德鲁克的研究视野之中。在某种意义上，这些专家学者均预见了即将出现的管理组织和管理者，预言了管理的使命。而在美国，亚历山大·汉密尔顿清晰地指出了管理将扮演的三个关键角色，并将管理视作未来社会发展和经济进步的核心驱动力。苏格兰的罗伯特·欧文，将以上这些学者心目中抽象的管理应用到了真实世界，应用在他的纺织工厂中，开展了有效的实践。美国的工程师弗雷德里克·泰勒对德鲁克的组织管理思想也影响颇大。德鲁克认为，泰勒是已知的人类历史上第一个不把工作视为理所当然且重视并加以研究的人。促使泰勒进行研究工作的首要动机是，他想把工人从繁重的劳动和疲惫的身心中解脱出来。泰勒希望，通过提高工作的生产率让劳动者过上体面的生活。[1]德鲁克注意到了泰勒管理思想背后的价值分析和价值判断，并对泰勒的管理伦理思想进行了研究。德鲁克不仅对泰勒在管理史上作出的贡献给予了高度肯定，更重要的是他并未将泰勒视为简单的工作分析的倡导者，而是将泰勒的管理思想与对于人的关注的伦理精神关联起来。

尽管当时管理学并没有得到学界普遍认同，但是管理在现实中的真实存在以及管理对经济和社会产生的影响，已经无人能够否认。组织管理逐步进入人们的视线，尽管管理的适用范围被限定在企业或公司的内部，而不包括企业的外部；管理作用的对象也仅是社会中的个别组织，而非整个社会的所有组织。正是

---

[1]［美］彼得·德鲁克：《人与绩效》，闫佳译，机械工业出版社2019年版，第21页。

德鲁克用组织管理伦理思想引导下的管理理论、管理实践拓展了整个管理的适用范围，从某种意义上讲，他重建了管理学这门学科。

德鲁克将管理的理论和实践拓展到那些曾经被认为管理不适用的社会组织。其中不仅包含了大学、医院、军队等组织，甚至还包含教会。基于对组织的理解以及对组织社会的深入分析，德鲁克指出组织是社会的基本单元，组织的普遍存在是合理和必然的。管理作为组织所必须具备的职能，是组织能够高效率运转的关键，正如组织是社会的功能器官，其存在的目的就是履行社会职能，取得外于组织的经营成果，推动社会的进步和繁荣，维护社会的公平正义，为社会的可持续良性发展作出贡献。管理借由组织和社会之间的共生关系，直接促进社会繁荣和发展，成为具有普遍价值的社会职能。德鲁克超越了工业生产的基本原理，聚焦于工业企业的社会问题。德鲁克并未被有关技术性问题牵绊，他想传递的理念是"即使是现代工业的技术性问题也不仅仅是技巧上的发明和改进，而主要是为了实现技术性目标的人类组织的基本问题"。[1]他用管理伦理思想改进各种组织的管理，其核心宗旨是将社会置于所有组织之上，以满足社会的需要和社会价值为先。德鲁克的管理思想和管理实践紧密结合当时的社会实际情况，直面当时社会转型与社会变革过程中各种复杂的问题和严峻的挑战，站在时代发展的前沿，提出了各种新的管理理念。德鲁克管理伦理思想的时代性也建立在其管理伦理思想的社会性的基础上。

---

[1] ［美］彼得·德鲁克著，慕凤丽译，《公司的概念》，机械工业出版社2019年版，第18页。

（三）建立在实践基础上的组织管理思想

德鲁克认为管理的价值和终极的善，就是能够改变人们的生活，这反映在德鲁克组织管理伦理思想最重要的特色就是始终重视管理的实践。德鲁克不同于某些专家将管理理论建立在这样的假设和前提下：即存在一个普遍且稳定的抽象的管理空间，在这一空间所有的管理要素和管理情境都按照理想化的程序和规则进行运作。而德鲁克看来，真正的管理理论要能应用在纷繁复杂、瞬息万变的真实世界中，而且真正的管理理论与现实世界是一种递归的关系，也是一种自反的关系，真正的管理理论应该能够重新回到现实世界，用以指导人们的实践并取得应有的成果。

德鲁克早年的生活经历对其一生都产生了重要影响，也使他坚定地用实践检验自身对于管理价值目标的追求和信念。作为德鲁克父亲的挚友和前辈的熊彼特临终前对德鲁克的一番教诲可能是改变其思想的转折点，"人们若只晓得我写了几本著作及发明了一些理论，我认为是不够的，如果没有改变人们的生活，你就不能说你已改变了世界"。德鲁克的管理思想还受到了埃德蒙·伯克的影响，特别是柏克更强调的实践理性或者称之为经验理性深植于德鲁克的整个管理思想演变过程，对德鲁克管理伦理思想产生了很大的影响。德鲁克让唯理论语境下的理性逐步转变为以经验为根基的理性，正如伯克所坚持的，只有让理性与经验、理智和情感达成默契，人们才会真正实现理性。在政治中如何处理延续和变革的关系，这些都是保守主义所关注的。正如德鲁克在其后的"自由的保守主义"中所展现的基本观念，注重管理理论和管理实践的实际效果，而非纯粹的理论空想以及淹没在泛滥的理性中，摆脱纯粹理性和抽象概念的束缚。哈罗德·孔茨（Harold Koontz）将管理进行学派划分时，将德鲁克列为经验主义管理学派的创始人及重要代表。德鲁克整个管理学思想体系中的真知灼见及伟大之处无不反映在其管理实践所取得的丰硕成果上。正如他一直坚持的"管理不是哲学或理论，管理是行动"。也正如马克思所说："哲学家们只是用不同的方式解释世界，而问题在于改变世界。"[1]

德鲁克的组织管理思想是管理实践的客观性的经验总结，并体现了理论与实践的结合。德鲁克把他的组织管理理论建立在管理实践的基础之上，既不是通过先验的理论从纯粹概念进行推导，也不是对所发生的历史事件的简单机械的叙述。德鲁克的组织管理思想，是对组织中管理实践活动的研究的成果的集合，因此，他将自己的管理思想称作"行动启动器"（Action starter）。管理并不是纯粹的哲学或枯燥的理论，管理本身就是鲜活的、具体的行动。管理思想是这些鲜活的具体行动及其成果的结晶。德鲁克认为，管理就是实践，管理就是具体的行动。

德鲁克的组织管理理论，从其著作中可以看出其进行实践的根基。从第一本管理著作《工业人的未来》开始，德鲁克已经将组织视为未来社会中承担社会功能的重要器官，并将组织视为未来工业社会的最为普遍和重要的构成部分。为了使组织能更好地服务于建立"自由的功能社会"，德鲁克很早就将其管理理论以及管理假设，通过寻求合适的契机进行管理实践，用于充实和验证他的理论。1942 年，德鲁克作为政治学和哲学教授，受到通用汽车总裁小阿尔弗莱德·斯隆的邀请，进入当时全球最大的企业——通用汽车进行调研并提供顾问服务。通过为期近两年的

---

[1]《马克思恩格斯选集》第 1 卷，人民出版社 1972 年版，第 19 页。

实地研究，德鲁克于 1946 年将研究成果写成《公司的概念》一书。此书也成为其管理学研究中重要的里程碑。在该书中，德鲁克将管理理论和现实的组织运营紧密结合在一起，详细地描述了大型组织如何运转、如何应对挑战以及解决实际的问题，并将组织、社会、管理三者有机结合而形成的强大的社会前进动力展现在世人面前。作为德鲁克最重要的管理学研究成果之一，关于组织设计中的分权化（Decentralization）正是来自大量的访谈和实践后创造性的总结。随后德鲁克通过将通用汽车、希尔斯公司、通用电器、国际商用机械公司、切斯皮克-俄亥俄铁路公司、美国邮政管理局等大型企业作为管理研究和实践对象，于 1954 年出版了另一部重要著作《管理的实践》。学者普遍认为该书的出版标志着管理学成为现代意义上独立存在的学科。在该书中，德鲁克将企业的管理、经理人的管理、员工和工作的管理这三项管理的核心工作作为逻辑主线进行展开，并深入管理工作的各个层面和领域，提出了"经典五问"。该书还创造性地提出了"目标管理和自我控制"这一观点，并详细论述了相关的实践。百科全书式的管理著作《管理：使命、责任与实践》是德鲁克在以前著作的基础上完成的又一部集大成之作。该书通过大量的管理实践，不但验证和丰富了德鲁克的组织管理理论，更创造性地提出了各种管理的最新概念，探索到了全新的管理领域。这些概念和基本的管理原则，至今看来仍具有鲜活的生命力和对实践的指导意义。德鲁克的组织管理思想是建立在实践基础上的真知灼见和敏锐洞察。来自实践的管理思想又反身强化和验证了德鲁克的组织管理理论，这也是德鲁克的组织管理思想区别于一般的纯粹理论和教条，得到众多企业家的实践验证和普遍认同的根本原因。

第二节　组织管理伦理思想的内涵

一、组织管理伦理思想的旨趣：人本

人本主义（Humanism，又被译为人道主义和人文主义），是指从人自身出发研究自然与人、社会与人、人与人的关系，并对人自身的本质予以研究的理论。其英文源自拉丁文"humanitas"，最早在古罗马西塞罗著作中被用于指称"人性"和"万物之灵"。从普罗泰戈拉"人是万物的尺度"将人的感性视作判断世界的根本，到苏格拉底对于"善"的伦理的探索、柏拉图从人的理性中抽离出"理念"，再到亚里士多德提出"人是有理性的动物"，共同反映了古希腊的理性人本思想是人本主义的源头。在以后的人本主义发展中，文艺复兴运动冲破了中世纪铁幕的束缚，将反对封建神学、提倡人的个性解放和意志自由的人本主义思想推向高潮，也使人自身的价值得到肯定。近代思想家如斯宾诺莎将唯物自然观和人的理性相结合，以及康德的"人为自然立法"的主体性论证，费尔巴哈的实践主体的人本主义哲学等思想为现代的人本主义思想奠定了基础。现代的叔本华、尼采、克尔凯郭尔从唯意志论和非理性角度为人本主义书写了注脚，其中克尔凯郭尔对德鲁克的思想产生了深刻影响。

德鲁克的人本主义包含以下几方面的内容：首先是人本主义历史观，对"人"的本质的追问，从"灵性人""智性人""政治人"到"经济人"，以人的本质的演变揭示历史变化。其次，理性和非理性交融的人本主义管理思想。德鲁克强调管理中人的理性以及对效率的追求，还同时主张兼顾对管理中非理性因素的洞察

以及合理利用。最后，作为价值观的人本主义，即德鲁克人本主义管理伦理思想，将这种人本主义价值观作为管理宗旨和伦理目标。德鲁克的管理思想的一切出发点都是人，将实现管理中人的价值、完成人的使命、承担人的责任、满足人的追求作为终极价值目标。

人本，是德鲁克组织管理伦理思想的旨趣。首先，是其统筹性。主要体现为人本伦理对其他伦理思想的统筹，其将属于分散状态的各种伦理要素整合起来，使各种管理伦理思想具有一致性。其次，是其指向性。人本伦理思想提供的清晰指向性，使其他伦理思想能按照以人为本的方向汇聚延展，按照一定的目标体现组织管理的价值功能和运行趋势。最后，是其锚定性。人本伦理思想为其他伦理思想划定了基本范畴和框架，并建立合理的秩序。

纵观德鲁克的所有著作，"人"才是其管理思想的主线和逻辑展开的起点。德鲁克在自传《旁观者》中表达出的对人的关注，可以视作其内心独白。从其第一部著作中的"经济人的末日"，一直到"工业人的未来"，还有反复出现的"知识人"等概念里，德鲁克将对管理的理解和人性的解读融为一体。德鲁克组织管理思想的核心是人，以人为本，不仅蕴含了管理的意义和价值，同时也指明了管理世界的趋势和边界。德鲁克的组织管理伦理的人本维度，是从建立"自由的功能社会"开始，对管理世界中的人性予以安顿，用人类理性灯塔指引管理的前进方向。德鲁克的人本伦理维度也体现为，人作为管理主体的伦理精神，在其组织管理思想中占据了主导性的地位。德鲁克的组织管理伦理的人本维度，从关于人性的假设出发，融合和超越经典人本理论，在以实践性为主要特征的基础上实现了科学性与人性的相辅相成。

（一）德鲁克管理伦理关于"人"的追问

德鲁克组织管理伦理思想中的人本维度，源于他对"人"的不断追问。德鲁克深受奥地利学派的影响，对从人类的行为本质和关于人性的假设出发来解释经济学理论和社会学理论的观点表示赞同，"对于人的本质的信念决定了社会的目的，而对于人的成就的信念决定了实现所追寻社会目的的范围。不同的对于人的本质和成就的基本信念将导致一个不同的社会和不同的社会与团体之间的功能关系"。[1]德鲁克管理伦理思想的形成也是其不同时期的对于"人"的追问的结果，从"灵性人""智性人""政治人"到"经济人"。

德鲁克借由人类价值追求的实现，开始了对人性的不同历史阶段的追问。"对11世纪或13世纪的人来说，基督教的这个诺言却是真实的；每座教堂的大门都刻有教宗、主教或国王在最后审判日遭到天谴的图像，这可不是叛逆者石匠们的浪漫幻想，而是真实表现出从心灵层面寻求自由平等的历史纪元。当时以'灵性人'（Spritual Man）的概念来看待及理解人类，而人在世界和社会中的地位，则被视为在灵性秩序中的地位。"[2]在"灵性人"之后，人类的价值追求转而投射到智性层面。"路德教派'人的命运取决于他如何运用自由与平等的思维来解释《圣经》'的教义，正是'智性人'秩序最重要的变形，尽管不是唯一，也不是最后一个。"而"智性人"的秩序分崩离析后，从政治方面以及经济方

---

[1] ［美］彼得·德鲁克：《功能社会》，曾琳译，机械工业出版社版，2012年版，序言第17页。
[2] ［美］彼得·德鲁克：《经济人的末日》，洪世明、赵志恒译，上海译文出版社2015年版，第26页。

面寻求个人的价值追求和价值实现，结果人先转变为"政治人"，进而又转变为"经济人"。人的本质就等于人在社会中的政治地位以及人在经济秩序中所占的地位；只有在社会的政治秩序和经济秩序中，才能找到对人类存在的解释。德鲁克对于"经济人"的批判直接体现在《经济人的末日》一书中。此书曾被当时的统治者认为是一部"异端之作"，原因在于其毫不妥协地批判了极权主义的教条，并把纳粹主义的滋生、传统欧洲宗教与社会崩溃以及最终导致民众的绝望原因之一归结为"经济人"假设。"每一个有组织的社会，都立志于一种概念，一种涵盖人的本质、社会功能与地位的概念。不论这个概念是不是人类本质的真实写照，都一定会真实反映出社会的本质，而社会也依此概念来辨识、鉴别自己……似乎只有经济上的满足，才是对社会重要且有意义的事。人们工作是为了经济地位、经济特权和经济权利。为此，人们发动战争，不惜牺牲生命；而其他所有的似乎都只是伪善，势利或浪漫却没有意义的东西罢了。"[1]这也更为深入地解释了德鲁克对当时的经济学和经济学家敬而远之的原因，"'经济人'是他们虚构的角色，奸诈狡猾，不择手段，永远都以最大经济利益作为他的行动依据，也总是知道该怎么做。这样的观念虽然可以用在教科书里，但若用来描写人类的真实本质就太粗鄙、太夸张且滑稽了"。[2]

德鲁克对人性的追问还体现为他对存在主义思境中人与社会存在关系的探索。从小深受传统欧洲人文主义熏陶的德鲁克，求学期间阅读了丹麦哲学家存在主义的代表人物克尔凯郭尔的

---

[1][2]〔美〕彼得·德鲁克：《经济人的末日》，洪世明、赵志恒译，上海译文出版社 2015 年版，第 23 页。

著作《恐怖与战栗》之后受到了巨大的震撼和触动。尽管在书中克尔凯郭尔将个人的存在置于悲剧、恐惧与战栗之中，置于焦虑、渴望与绝望之中，然而存在主义思想却给德鲁克留下了不可磨灭的印象。克尔凯郭尔并不认同那个时代黑格尔哲学泛逻辑主义的主流，从另外一个角度对黑格尔的哲学思想进行了批判性的解读。人存在这样的信念，相信数量和时间能实现恒久，个人将由于在时间上的积累，自动地趋于完美，真理也将在正反合辩证逻辑中得以不断完善，螺旋前进。由此建立新的信条，即个人可以通过理性建造起主客体之间的桥梁，把握主客体间的认知关系和存在关系。克尔凯郭尔这种关于个人存在的思想对德鲁克影响巨大。如果自由不具有特定的社会功能，则自由的存在是无意义或不可能的。如果个人的自由只是以社会的存在为前提，以不扰乱社会的存在为目的，个人的自由就有可能变成一种没有功能、缺乏自主性的自由。克尔凯郭尔关于人的存在的观点，是德鲁克研究管理伦理思想核心问题的起点，但德鲁克扬弃了克尔凯郭尔的个人是脱离自然、社会存在的观念，进而从人的存在和社会存在之间的关系的角度提出了他认为最为关键的问题："一个自由的功能社会何以可能？"这是将个人存在的可能与社会关联后所引发的必然的思考。人作为社会的构成部分对于社会的构建而言，不是简单的部分之和等于整体的关系。个人的存在和社会的存在、个人的自由与社会的功能，并非存在着内在的天然的矛盾而难以两全。德鲁克的哲学论文《不合时宜的克尔凯郭尔》讨论了上述问题并给出了他的看法。德鲁克对卢梭、尼采、巴尔扎克以及部分浪漫主义者的各种思想进行了反思和批判。卢梭和黑格尔虽然彼此的观点截然不同，但针对个人存在两者竟得出了如此接近的结论：即脱离社会的存在或不以社会的存在为前提的个人并不存在。同时德鲁克对克尔凯郭尔提出的简单而有力的答案给予了高度的赞赏："只有在同时作为精神性个体和社会公民之间的张力中，个人的存在才是可能的。"[1]这种张力存在于个人的社会有限性以及精神永恒性之间。德鲁克对于存在主义思想的深入思考，对其组织管理伦理思想的形成产生了重要的作用：首先，通过对个人存在的扬弃和辩证思考，强调了个人存在对于社会存在的意义；其次，明确了其人本主义伦理思想；最后，重构了个人、组织、社会三者之间的关系，明确了组织作为社会的有机器官，充当社会和个人之间的桥梁，组织可以调和个人和社会存在之间的矛盾。

德鲁克对于人的不断追问，也反映在德鲁克的管理研究中"人"才是管理学的核心议题上。这也是他在自传中提及的无意成为经济学家，而投身于管理学和社会学相关的研究的原因。因为他更乐意将注意力聚焦在鲜活的人的生命活动上，而不是经济学的概念或物上面。从某种意义上讲，德鲁克的管理伦理是其人本主义思想与理性主义思想相互融合的产物。

（二）对经典管理人本理论的融合和超越

德鲁克的管理伦理彰显的人本主义色彩，体现了其对现代组织理论和组织心理学等经典理论的融合和超越。特别值得一提的是现代组织理论重要奠基人巴纳德以及人本主义心理学家马斯洛。

作为现代组织理论的重要奠基人之一的切斯特·巴纳德（Chester Barnard），对德鲁克组织管理思想的影响是深刻的。正

---

[1]　[美]彼得·德鲁克：《生态愿景》，慈玉鹏、赵仲一译，机械工业出版社2020年版，第412页。

如德鲁克所说："在我们称为'组织心理学'和'组织发展'的领域中，巴纳德和福列特的著作提供了最佳指引，无人能出其右。"[1]而巴纳德管理思想体现出的人本思想给德鲁克组织管理伦理思想在人本维度上留下了深刻的烙印。巴纳德的人本主义思想从他对组织的基本定义中清晰可见，巴纳德认为正式组织是两个以上的人自觉协作的活动，或者力量所组成的体系。巴纳德的组织理论的核心，是将组织作为一个协作系统来进行考察，而这一协作系统的最初逻辑起点，则是从人这一个体的独立性开始的。从巴纳德的视角，作为个体的人只有在社会关系中与他人进行联合，才能在协作系统中发挥作用。而个人的动机和个人在组织中的效率，才是决定组织这一协作系统是否具有功能和效率的核心因素。协作系统的效率是个人效率的结果，而个人效率则是个人动机获得满足的某种程度的外显和成果体现。巴纳德认为从整个历史的宏观视野来考察，组织未能提供人际合作的社会会以失败而告终。不同于传统的对于组织考察的观点，巴纳德将注意力集中在如何保持组织内部的平衡上，更强调了人的作用，他的分析视野将投资者、供应商、顾客以及对该组织有贡献的人都包括在内，尽管这些并不是组织的员工。巴纳德用他的人本理念重新定义组织以及组织的运行机制，这为德鲁克提供了新视角，打开了新思路。在巴纳德蕴含人本思想的组织理论中人和人的满意度，被用来定义组织以及衡量组织的效率，人和组织的关系成为一种内在的有机体之间的相互作用。

在正式的关于组织理论与结构的论述中，巴纳德管理思想体

---

[1]　[美]彼得·德鲁克：《管理的实践》，齐若兰译，机械工业出版社2019年版，序言第23页。

现于协作系统的核心要素。尽管巴纳德承认各个类型的组织在社会和物理环境，以及人员的构成和成员活动本质方面存在巨大的差异，但他同时认为构成协作系统的三种要素具有普遍性。这三种要素就是：成员的协作意愿、共同的目标以及成员间能够彼此沟通。这三种要素都以人的自由意志作为根本的前提和必要条件。首先，组织必须先考虑到每个成员个体的体验和预期的满意程度，运用包含客观因素以及非物质和联系性的干预等在内的调节手段激发个体动机。其次，让组织中的个体获取个人成就上的满足，激励其对组织的目标贡献自己的力量。最后，通过符合人性的权威传递机制使相互间的协作变得富有活力。

巴纳德的权威接受理论也完全渗透着人本思想。其在最有创造性的权威理论中，将权威的起源归结于基层，是自下而上流动的。将以下四个条件作为组织中的个体接受权威的充分和必要条件：第一，他们理解这个命令；第二，他们相信该命令与组织的目的是一致的；第三，他们相信该命令与他们的个人利益是一致的；第四，他们能够全身心地遵从该命令。巴纳德的研究表明是价值观的认同驱使人们服从命令，这解构了管理的运行机制。最终巴纳德得出结论，"权威的确定仍然在于个体"。[1]只有个体才能决定什么样的命令和权威是可以接受的。由此可见，巴纳德组织理论对人和人的自由意志，以及在自由意志下的合作意愿和合作能力有深刻理解。这种人性基础上的组织载体的运行原理，正是其理论的核心。

德鲁克和亚伯拉罕·马斯洛（Abraham Maslow）有着不寻

---

[1]［美］丹尼尔·雷恩、［美］阿瑟·贝德安：《管理思想史》，孙建敏等译，中国人民大学出版社2014年版，第375页。

常的交集。马斯洛是当之无愧的组织理论中人本心理学的重要奠基者之一，他提出的影响深远的人性论和需要层次理论共同构成了他的人本主义理论。马斯洛关于组织管理的人本主义心理学对德鲁克的人本主义思想产生了深刻的影响。德鲁克与马斯洛都是人性论的存在主义者，他们的区别在于：德鲁克所说的人性是一种社会性的存在，而马斯洛所说的人性是一种精神性的存在。[1]德鲁克与马斯洛追问的方向截然不同，当德鲁克追问"一个功能正常的自由社会，需要什么样的人性"时，马斯洛则一直试图回答这样的问题："人类的本性能够允许怎么样的社会，社会能允许怎么样的人类存在？"

马斯洛对德鲁克的研究，特别是德鲁克提出的有责任心的工人，以及麦格雷戈（Douglas McGregor）的 Y 理论都抱有浓厚的兴趣，并进行了深入研究。但同时，马斯洛还对德鲁克以及麦格雷戈两者的理论提出了批判。他认为这两位学者理论中的人是超出普通的人的能力的。通过对南加州圣地亚哥生产商用数字电压表的非线性系统公司的实验，马斯洛在实践中总结并验证了自己的"动机与人格理论"，并在随后出版的《良好精神状态的管理》一书中，提出了对于管理过程中的心理学予以应用的著名理论，阐述了从心理学角度实践人本管理的可行性和必要性。马斯洛在该书中的主要观点，即需要因人而异实施不同的管理方式，得到了德鲁克的赞同。德鲁克对马斯洛提倡的授权和参与式管理，以及完整的人的概念都给予了高度评价。当然德鲁克对马斯洛的观点也提出了合理的批判，指出马斯洛的人本理论过分强调了人性内因对人的行为的主导作用，而忽略了外部环境以及外部

---

[1]　罗珉：《德鲁克管理思想解读》，北京燕山出版社 2017 年版，第 105 页。

因素对管理行为的影响，大多数被管理者的行为是对外界环境的一种自然的应激反应，或者可以理解为对一种管理方式的反馈。管理过程中反映出的人性，才是真正的人性，被管理者的行为并不完全取决于人性，而取决于受到什么样的管理，以及在组织中承担什么样的职责和功能。人的本质是所有社会关系的总和，并不是单个的抽象物。过分强调内在的人性或人性需要对行为的主导作用，显然是一种机械的和静态的观点。德鲁克强调："人与机器则完全不同，任何单一任务与单一作业对人来说都是不合适的……。人擅长协调，人擅长感知相关的活动，人做工最好的状态是整个人做工，包括肌肉、感觉、心智等整合一起投入工作……人做工的最佳状态是在相当频繁变化的速度与节奏中进行，因为人具备这样协调变化的能力……人在'做工'时，经常需要一定的自由以便更换速度、节奏以及注意力持续时间。在操作惯例上，'做工'也需要相当频繁的变换。对人来说不存在唯一正确的速度与唯一合适的节奏。"[1]

德鲁克所持有的是动态有机的视角，他认为管理从宏观层面是动态地调整组织中的人际关系，在微观层面则是通过发挥人的特长，满足人的不同层面的需求来达到管理目标，这展现了更为全面的管理理论以及人本主义的伦理观点。正如德鲁克所说："在工作型社会中，工作已成为人们接近社会与社群的基本途径。工作在很大程度上决定了一个人的身份地位……也许更重要的是，自古以来，工作已经成为满足人对群体归属感需求的方法，也成为与他人建立关系的方法。当亚里士多德说'人是政治动

---

[1] [美]彼得·德鲁克:《管理：使命、责任、实践（使命篇）》，陈驯译，机械工业出版社2019年版，第234—235页。

物'（zoon politikon）时，他是指人是群居的'社会动物'，即人需要工作以满足他对社群生活的需要……工作纽带并不是基于个人的喜好。工作纽带发挥功能作用并不付诸个人情感需要……工作既不是友谊，无需亲密，也无需非要同类组合。只要他能够尊重对方的工作技能，他甚至可以与他完全不喜欢的人一起建立工作关系……工作关系也可以延伸到工作之外，也有可能建立起强有力的社会纽带与社群纽带……这或许可以解释为什么贯穿人类历史，尤其是原始人类，工作社区总是按照性别加以区分。"[1]

马斯洛的人本主义显得颇具乌托邦色彩。那种寄希望于在相对孤立和封闭的环境中，让个体能实现自由发展的愿望的现实性是有待商榷的。德鲁克在马斯洛的理论中看到了存在主义的共同点。两人都是人性论的存在主义者。唯一的不同是，德鲁克将这种人性理解为社会性的存在，而马斯洛则将这种人性理解为一种精神性的存在。德鲁克对马斯洛的质疑是：离开了社会现实这个人性存在的基础，个体人性的存在是否可能？"工作是人的个性的延伸，工作就是'成就'。工作是一个人自我定义的一种方法，也是一个人评核自己价值与人性的一种方法。"[2]在德鲁克的视域，作为个体的人只有在组织中、社会中才能得到安置，对于人性的守望和管理世界中对于效率的追求两者之间，并不是零和关系而是互寓共存的关系。相对于马斯洛那种在管理中略带乌托邦色彩的人本主义观点，德鲁克更强调经理人必须聚焦在管理的实践层面，关注管理行为以及管理成果。

---

[1]［美］彼得·德鲁克：《管理：使命、责任、实践（使命篇）》，陈驯译，机械工业出版社 2019 年版，第 238—240 页。

[2]［美］彼得·德鲁克：《管理：使命、责任、实践（使命篇）》，陈驯译，机械工业出版社 2019 年版，第 235 页。

（三）管理的科学性与人性的融合

德鲁克的组织管理思想和实践的一大特点，是在管理的科学性中浸润着浓厚的人文精神。在德鲁克的管理实践中，存在着这样一种现象：管理成为抽象的、抹杀人性色彩的一种理性的工具。在这样的管理世界中，具有人文色彩的内容会被边缘化。即使部分行为科学也曾涉及人与管理之间的关系，但仍将其视为诸多工具要素中的一个。而且随着科学技术的发展，管理逐步走向物化、虚化和异化。由此，整个管理世界成为脱离人性的一个抽象的理性世界。而德鲁克的人本伦理将组织管理中的科学性与人性予以融合，这些体现为德鲁克对泰勒的科学管理思想以及梅奥的人际学说的批判性吸收，最终形成独具特色的人本管理伦理。

美国的工程师弗雷德里克·泰勒的科学管理思想最早成为管理世界中科学性的代表，其影响了整个世界，同样也对德鲁克的管理思想的形成产生了影响。正如德鲁克所说："今天人们贬低泰勒，谴责他过时的心理学，但在人类历史上，泰勒头一个不再把工作视为理所当然，而是观察它、研究它。"[1]没人能否认他是管理思想史上的一座丰碑。美国心理学家、管理学家艾德温·洛克提出了"洛克定律"。在那个美国企业从小到大、从简单到复杂的转型期间，美国不同企业的发展几乎面临着同样的机遇和挑战：层出不穷的新兴技术，茁壮成长的广大市场，来自劳动者的不满和压力，缺乏系统性和标准化的管理，几乎每一个方面和角度都急迫地需要通过管理来改变，尽管当时人们对管理应该是什么，将会是什么并没有清晰的概念。泰勒提供了他的解决方案，并迅速在学界和企业界得到认可。泰勒利用科学管理，有力地推动了这个

---

[1] ［美］彼得·德鲁克：《人与绩效》，闰佳译，机械工业出版社2019年版，第21页。

转变。正是他的努力，使人们看到了管理的科学性和有效性，也为管理成为一门学科打下了坚实的基础。

德鲁克认为，科学管理正是一套关于工人和工作的系统化哲学，可以说它是美国为西方新思想界作出的最有力最持久的贡献之一。从另一个方面，德鲁克还发现了科学管理存在的不足，这启发了德鲁克对于科学管理深层次的伦理思考，对促进德鲁克管理伦理思想的形成和完善产生了积极影响。科学管理尽管取得了世俗意义上的成功，却并未解决管理工人和工作的问题。德鲁克认为泰勒的观点只解决了问题的一半，尚存在两个悬而未决的问题：首先，一个是具体的方法，另一个是背后的逻辑。泰勒相信必须将工作分解为一系列单独的动作。这是错误的逻辑，混淆了分析的原则和行动原则，部分和整体不能混为一谈，就像散乱的零件和组装好的汽车是完全不同的。科学首先要意识到分类是必要的，但分类并未说明有关事物的性质的任何重要事实。将工作分析和工作行为混淆起来，是对人力资源性质的误解，科学管理的意图是组织人的工作，但其假定人类等同于缺乏人性的机械。如果认真反思其方法上存在的瑕疵，就不难发现，主要的问题来自理论的逻辑上的偏差，即作为其核心原则的规划与实践的相互分离。

德鲁克高度评价泰勒在管理史上作出的贡献，而不像其他学者将泰勒视为简单工作分析的倡导者。德鲁克将泰勒的管理思想与自身的伦理精神关联起来，注意到泰勒管理思想背后的价值分析和价值判断。

德鲁克的管理伦理对于人性的关注，同样受到了埃尔顿·梅奥人际关系理论的影响。德鲁克指出在管理学的历史上没有哪一个研究，能像梅奥的霍桑实验那样产生巨大的影响，强有力地对抗了科学管理，引发经久不衰的广泛争论，并产生如此丰硕的研究成果。正是之前的科学管理思想对于工程技术的过分强调，引发后来管理学的人际关系运动。实验开始于麻省理工学院电气工程教授吉尔逊指导的照明实验，最早的实验意图是研究在工作场景中照明与员工生产率之间的相互关系，实验很快得出了初步的结论，生产率的上下浮动与照明度并无直接关联。但随后的多次实验，包括继电器装配实验室研究和绕线观察室研究，得出了不同寻常的结论：组织中的成员不仅有物质的需要，而且拥有与在社会系统中一样的社会需要。从某种意义上讲，组织可以视为一个社会系统。在这个视角下，可以理解正式组织的效率逻辑与非正式群体之间的情感逻辑之间的冲突如何才能得到平衡并产生积极作用。实验提出了一个全新的观点，即人们可以尝试通过理解人类的行为和交流来激励员工。梅奥对实验进行了更加深入的解读，并对工业生活可能会导致人的无力感、强迫性、非理性行为予以详细分析，这为以后的人际关系运动奠定了基本的理论框架。人际关系运动最主要的目的，是希望通过重塑社会规范来帮助工业生活恢复正常，促进人与人之间的有效的合作。作为心理学家的梅奥得出这样的结论，即管理者需要对管理以及管理涉及的人性的社会面和员工的行为动机进行深入了解，由此也诞生了"社会人"的人性假设。

德鲁克注意到埃尔顿·梅奥第一次把管理工作的成败关键，从工具技术层面转移到了人的社会层面。梅奥通过说明人际合作的重要性，对传统社会和工业社会由于生产关系方式不同而带来的"失范"进行了深入分析。这对德鲁克后来的管理伦理思想产生深刻的影响。梅奥认为，在工业社会前的传统社会中的生产关系中，工作环境与社会环境相一致，因此较少产生矛盾。进入工业社会后，劳动分工不断细化，劳动关系变为非亲缘关系，生产流程遵循严格的规则和程序，在这种环境下个体与社会的同一性社会关系逐步削弱，个体对于整个社会的功能性同样逐步削弱。那些通过社会活动才能获得的集体认同感、自我实现和社会满意度，消失于泛滥的工具理性之中。梅奥提出了管理精英的概念，认为需要更加深入地理解人的本质，而不是一味地强调技术和效率逻辑，他还提出了重新建立人们在工作中的良好的合作意愿的期望。梅奥开创了社会人时代的管理新篇章，也为社会人时代的理论奠定了坚实的基础。梅奥同时传递了这样的信心，可以培养能够熟练驾驭人际关系技能的管理者，让其作为社会"失范"的纠正者以及社会情感调节者。管理精英首先需要将情感和管理区分开，通过倾听等人际技巧，进一步理解员工的情绪和非逻辑行为。这些管理精英将学习和培养平衡能力，用以在工具的机械逻辑和人的情感非逻辑之间把握前行的方向，同时发现组织和社会正当的经济需求和员工需求之间的最佳平衡点，最终实现双方共同利益的满足。

人际关系学说将人视为一种核心资源，并且在人性假设上反对简单的机械论的假设；同时还反对那些认为人只基于利益动机而对货币刺激自动作出反应的观念。德鲁克笔下的人际关系学说，是一股伟大的解放力量，它摘掉了管理界近百年的"遮眼罩"。然而德鲁克还清晰地指出人际关系学说存在许多负面作用。首先，这种观念过于相信人的主观能动性，其次，人际关系学说对工作缺乏足够的研究和重视，关注的只是个人的情绪和各种非逻辑性的个人心理，缺乏对工作中的人和工作本身的分析。人际关系学说夸大了生产力高和心情愉悦的正相关性。从这种假设出发，将发现这样一个悖论：企业除非能够创造快乐，帮助员工成为快乐的工作者，否则不能实现经济绩效；企业关注经济绩效，则势必影响企业对快乐气氛的关注和努力。这样企业就在经济绩效和创造快乐之间不断摇摆，形成某种意义上的二律背反。最后，还有一个不容忽视的问题就是，人际关系学说对经营成果没有给予应有的关注。离开实际的经营成果，人际关系学说所提倡的这一切将成为文化运动，在实践中难免沦为纯粹的口号。德鲁克对人际关系学说给予了高度的认同，在此基础上提出了关于人的假设，即员工都希望工作。管理员工是管理者的工作，而不是专家的工作。

德鲁克人本管理思想的核心，是管理中人性与科学性的有机融合和统一。德鲁克批判地继承了管理中科学性与人性两个不同的维度。管理在主体性上是人的一种意志、欲求、价值取向的综合体现和人的自我认定，而在其客体上体现了对人类行为和思想的指引、规制和架构人类发展蓝图，用客观世界反映人的本质存在。德鲁克认为管理的科学性和科学范式就体现了人性的光辉和人文主义的内涵，科学管理的目的就是实现组织的特定社会功能和价值目标。管理真正的科学性就包含了人性以及人文精神。那种单纯地将管理去人化，过分强调程序概念工具化的所谓管理的科学性，是对管理以及管理本身的扭曲和误导。管理的科学性只是管理的一个维度，体现了管理的方式和手段，并不是管理的全部内涵。不能忽略的是，人才是管理的核心维度和真正的决定性要素，人是管理的最终目的，决定了管理的最终价值。对于组织管理来说，人本主义强调的是人在不断的自我完善和自我实现的过程中，体现出组织管理的最终价值和成果。

（四）实践性的人本伦理思想

德鲁克的人本伦理思想既来源于社会现实，又体现在以实践性为特征的管理伦理思想上。正如德鲁克所说："从我的第一本到最后一本著作，有一个一以贯之的主题：自由、尊严、个人在现代社会中的地位，作为实现人类成就之手段的组织的角色和功能，个人的成长与满意，个人对社区和社会的需求。"[1]德鲁克的组织管理伦理中的人本主义思想，始终呈现出现实性和实践性的特征。对人的关心奠定了德鲁克管理学术道路的根基。德鲁克人本关怀思想体现在其管理的目的、管理的内容、管理的功能、管理的要义以及管理方式等诸多方面。[2]

首先，在德鲁克的视域中人性来自人的现实实践，在社会实践中人成为人本身。人是构建功能社会的根本，人对终极圆满的基本信念，将引致一个不同的社会并生成一种不同的社会与个人之间基本功能的关系。"个人的社会身份和社会功能，可以看作群体与个体成员之间的关系方程式。它符号化了个人与群体之间的相互交融整合。它表达了根据社会话语言说的个人意志以及根据个人话语言说的社会意志。这样，它就使群体视角中的个人存在和个人视角中的群体存在变得可以理解，并且将其合理化。"[3]这一点，德鲁克的观点与马克思是一致的，指出人是其社会关系的总和，同时德鲁克认为如果剥夺了人的社会身份和社会功能，那么人自身和社会都将不复存在。一个人如果在社会中没有相应的功能以及应有的地位，对于这个个人来讲，这个社会不仅是不合理的，同时也是难以理解的。缺乏功能和身份的个人，

[1]［美］彼得·德鲁克：《生态愿景》，慈玉鹏、赵仲一译，机械工业出版社2020年版，第432页。

[2]宣向阳：《德鲁克管理思想研究》，苏州大学出版社2013年版，第162页。

[3]［美］彼得·德鲁克：《工业人的未来》，余向华等译，机械工业出版社2019年版，第19页。

实际上等同于被同类和社会放逐。"正如人类的生物性存在决定了人类片刻也离不开空气一样，人类的社会性和政治性存在要求有一个功能性社会辅助其间。"[1]个人存在于社会功能和社会身份之间的紧密关系就构成德鲁克功能社会的核心要素。而这种关系在德鲁克的视角下是一种认同，基于自由意志实践的认同。这如同古希腊关于城邦与个人之间关系的论辩，苏格拉底学派强调"在群体意志和个人的意志之间、群体道德和个人道德之间、群体生活和个人生活之间，根本就不存在区分的可能性"。[2]

其次，人作为管理的主体和管理的客体使人本精神在管理实践中得到检验。德鲁克强调管理的核心是实践，管理的"善"是改善人的生活，是人本精神在管理中对管理的终极守望。德鲁克曾经在《哈佛商业评论》上发表《管理学必须实践管理》一文，其人本主义的管理特征也只有在实践中才能得到检验。首先，组织管理伦理的人本维度，只有通过管理实践才能避免沦为抽象的形式化的教条，只有在真实的、负责任的管理活动中，才能用现实世界与理论的契合度来评价和反馈理论的有效性。这种人本的理念必须在管理实践中通过激发管理主体和管理客体的经验来感知，用人本精神下人的行动意志、思想意志建立实践的对象目标和对象反馈，克服那种由于缺乏管理实践而形成的真空理论。它把组织管理伦理中的人本主义看作重要的组织资源，通过强调人的理想价值观和判断力来推动组织管理在绩效上取得更好的表现。管理学存在知识性目标和实用性目标，对于知识性目标获

---

[1]［美］彼得·德鲁克：《工业人的未来》，余向华等译，机械工业出版社2019年版，第15页。

[2]［美］彼得·德鲁克：《工业人的未来》，余向华等译，机械工业出版社2019年版，第19页。

取的研究，学界通常以旁观者或第三方中立者的视野介入，德鲁克则认为管理学的研究应知行合一，更关注实用性目标，因而德鲁克也是以管理的参与者和旁观者的双重身份践行对管理学的研究和解释。这也避免了管理实践因具备离散性和偶然性而被学术权威断章取义和片面解读。他在其中保持了对感性经验的敏感性和洞察力，同时又能以旁观者的身份对经验事实进行细致的审视和归纳，将管理实践寓于管理理论，对管理事实进行普遍性场景还原。

最后，人在管理实践中体现人的价值。德鲁克认为人是构成组织乃至社会的基本单元，因而组织和社会的活动在很大程度上由个人的行动汇聚而成，并受个人的行为动机和价值观的影响。管理实践中对整个管理行为影响深远的是人类的行为法则、内在的价值观和行为动机。管理学的终极目标以及管理实践的最终目的，都在于发现人类行为和其价值观动机之间的内在联系，归纳出人类行为可以进行管理的原理和准则，用以进行控制、协调、预测，进而促进人类社会和组织的发展。管理的最终目标是为人类提供更好的可能，而人性也在管理活动中逐步得到完善，人的主观能动性通过管理实践才能作用于管理对象，使客观世界成为管理的世界和属人的世界，人的价值也通过这一过程而得到彰显。

二、组织管理伦理思想的根本：责任

1999 年 1 月 18 日，接近 90 岁高龄的德鲁克回答"我最重要的贡献是什么？"这个问题时，写下了这段话："我着眼于人和权力、价值观、结构和规范去研究管理学，而在所有这些之上，我聚焦了'责任'，那意味着我是把管理学当作一门真正的'博雅技艺'来看待的。"[1]

在德鲁克的视域下，责任是组织管理伦理中最重要的价值基础和根本。德鲁克的所有价值目标都围绕着建立"自由的功能社会"而展开，在他看来自由的基础是责任。能否承担相应的责任，是能否实现自由的根本，权利的根基也在于责任；管理则是功能正常社会的重要职能。从这个意义上解读，德鲁克的"自由的功能社会"实际是建立在"负责任的管理"基础之上。而德鲁克提出的管理使命，则意味着对人类宗旨的终极价值守望和生命意义追寻的责任。

德鲁克的责任伦理强调了组织对于自身的责任，即营利性组织的经济责任以及非营利性组织的绩效责任，并将此两点作为责任伦理的起点。作为其责任伦理的鲜明特征，他认为"法律责任"和"道德责任"共同构成组织的社会责任，这也是组织对社会应承担的责任。德鲁克还提出了作为组织和组织管理者对社会中的个体应该承担的责任，并划定了底线——"不要明知其害而为之"。至此，德鲁克的责任伦理中组织对于社会、组织自身、个人的责任的内涵三者构成了完整的责任伦理体系。

德鲁克管理伦理继承了西方责任伦理思想。正如西塞罗所言，"虽然哲学提供许多既重要又有用的、经过哲学家们充分而又仔细地讨论过的问题，关于道德责任这个问题所传下来的那些教诲似乎具有最广泛的实际用途。因为任何一种生活，无论是公共的还是私人的，事业的还是家庭的，所作所为只关系到个人的还是牵涉到他人的，都不可能没有其道德责任；因为生活中一切

---

[1]［美］彼得·德鲁克：《不连续的时代》，吴家喜译，机械工业出版社2020年版，序言第9页。

有德之事均由履行这种责任而出，而一切无行之事皆因忽视这种责任所致"。[1]德鲁克将责任置于人、组织、社会之上的责任伦理从中可以找到其源头。而德鲁克关于人的道德法则和实践理性在管理行为和管理实践中的应用，则蕴含了康德关于责任的相关理念。康德的《道德形而上学原理》明确指出："道德行为不能出于爱好，而只能出于责任。"[2]责任，是康德伦理学的一个重要的范畴。责任如何才能在实践理性中产生作用？答案是在善良意志对于道德行为的指引之下。康德的这种责任观是将人们的善良意志作为实践理性的根本，而实践理性对责任的自我觉察使人的行为回归于理性。康德认为实践理性通过责任规范人的行为，使规则在行为规范过程中逐步内化为准则，准则是主观化之后形成的价值评价标准，因此责任就是对规则予以认同，并主观化为准则的价值评价标准。只有出于责任的行为才能凸显其道德价值。马克斯·韦伯的责任伦理对德鲁克产生深刻影响。韦伯基于新教伦理对资本主义的影响，在康德的责任概念和范畴中提炼出与"信念伦理"互相对立的"责任伦理"，体现了主体应当对自己的行为承担的责任。由此开启了主体的道德实践对于责任伦理的觉知。这反映了韦伯的主张和终极关怀。韦伯意指的责任伦理既包含善和自由意志的信念价值，又包含各个维度对可预见的后果进行评价的效果价值。责任伦理是对信念伦理的发展和补充，正如其所言，"就此而言，信念伦理和责任伦理并不是截然对立的，而是互为补充的，唯有将两者结合在一起，才能构

---

[1] [古罗马]西塞罗：《论老年，论友谊，论责任》，商务印书馆 1998 年版，第 91 页。

[2] [德]康德：《道德形而上学原理》，苗力田译，上海人民出版社 1986 年版，第 48 页。

成一个真正的人——一个能够担当'政治使命'的人"。[1]

（一）责任伦理的逻辑起点：经济责任和绩效责任

德鲁克认为不论是企业还是非营利性组织，作为社会的重要器官，行使社会赋予的特定职能，其前提是承担自身的经济责任，使组织能够正常运转，通过某种途径使当前的组织行为或资源分配产生社会总福利的盈余，以这种盈余来推动社会的进步和发展。

探寻德鲁克组织管理伦理的起点，就要对德鲁克伦理思想下开展组织研究的历程进行深入了解和分析，并由此理解责任伦理的内涵。德鲁克是较早关注这一领域，并对这一领域进行深入研究的学者之一。如德鲁克观察到的，同时代的切斯特·巴纳德、詹姆斯·D.穆尼和奥德·韦帝德这些学者以及哈佛商学院的著作均从不同侧面说明公司的概念，但其中大多数研究仅涉及企业的形式和内容问题，这些与早期的研究相同，并不将企业当作一种组织，即人类努力实现共同目标的某种机构。德鲁克关于组织是社会器官的这一思想，其源头是斐迪南·滕尼斯关于身体构造与组织之间共同体的理论。滕尼斯将社会与共同体（社区）[2]进行了比较和论证。滕尼斯从普遍性的视角切入，对共同体进行了如下的阐释："从根本上说，一切有机生命之间都能结成共同体，人类的理性共同体就存在于人们中间。"[3]德鲁克深受滕尼斯的影响，并创造性地将滕尼斯关于共同体和社会的理论运用于自己

---

[1]　[德]马克斯·韦伯：《学术与政治》，冯克利译，生活·读书·新知三联书店2013年版，第116页。

[2]　不同的翻译版本分别译作共同体和社区。

[3]　[德]斐迪南·滕尼斯：《共同体与社会》，张巍卓译，商务印书馆2019年版，第105页。

的管理思想。德鲁克对滕尼斯的共同体与社会作出了如下解读，即共同体关注于存在（being）即身份，社会关注于行事（doing）即功能。在《工业人的未来》一书中，德鲁克提出工业社会的基本制度必须两方面都兼顾，社区赋予身份，社会行使功能。

德鲁克进一步深化组织的概念，提出以企业为代表的所有组织都是社会的器官的观点。德鲁克敏锐地观察到工业企业对于工业社会的不可替代性。"在每个工业国家，企业已成为最具决定性、最具代表性、最具权力的组织。无论它采用何种形式，可能是美国式的私人所有、独立经营的公司，英国式国有工业中政府掌控的企业或者完全由政府控制、国家所有的经济中的苏联'托拉斯'形式，它们本质上都是同一种组织，都是其核心的组织，而且形式相似、行为相似、面临的决策问题及困难也相似。"[1]

德鲁克在企业存在的意义这个问题上，既借鉴了马克思在《资本论》中所指出的企业是一种由劳动者结成的协作性组织，又借鉴了科斯提出的企业的存在是为了节约成本的观念。企业通过特殊的契约关系，在法律允许的边际中和市场经济允许的机制下运行并发展，从而满足社会赋予它的特定功能。德鲁克谈到组织的正式结构时，是指具有管理者并且能发挥管理功能的组织。在德鲁克看来脱离管理和管理层的组织，特别是企业这种执行某项特定社会功能的组织是不可能存在的。企业承担的某种特定的社会职能，就是企业存在的意义和目的，也是企业的责任。正如德鲁克所言："企业必须履行经济责任，以促进社会发

---

[1]［美］彼得·德鲁克：《新社会》，石晓军、覃筱等译，机械工业出版社2019年版，第32页。

展,并遵循社会的政治信念和伦理观念。如果套用逻辑学家的说法,这些都属于会限制、修正、鼓励或阻碍企业经济活动的附带条件。"[1]在这个意义上,德鲁克认为企业的经济责任是企业重要的责任和原则,也是企业存在的目的和意义。这是德鲁克组织管理的根本意义所在,也是德鲁克组织管理伦理的逻辑起点。

尽管德鲁克承认企业作为一种重要的社会组织,它的运行会带来大量的非经济性成果,例如为员工创造满意的生活、对社区有所贡献并对文化的塑造带来新的活力,但是正如德鲁克所言:"如果未能创造经济成果,就是管理的失败。如果管理层不能以客户愿意支付的价格提供顾客需要的产品和服务,就是管理的失败。如果管理层未能令交付于它的经济资源提高或至少保持其创造财富的能力,也是管理的失败。"[2]对于企业来讲,如果没有经济绩效,那么企业就无法生存,更不可能得到发展。因此,企业的首要责任是维持本身的正常运作和行使正常的社会职能。从这个意义上讲,企业的首要责任就是它的经济责任。"创造经营绩效是企业的首要责任。事实上,一个不赚钱或收支不能平衡的企业,可以说是一个不负责任的组织,因为它在浪费社会资源。经营绩效是一切的基础,没有它,企业不可能履行其他任何责任,不可能成为员工心目中的好雇主、不可能成为所在城市的好市民,也不可能成为社区居民眼中的好邻居。"[3]同时,企业正

---

[1]　[美]彼得·德鲁克:《管理的实践》,齐若兰译,机械工业出版社2019年版,第7页。

[2]　[美]彼得·德鲁克:《管理的实践》,齐若兰译,机械工业出版社2019年版,第8页。

[3]　[美]彼得·德鲁克:《德鲁克论管理》,何缨、康至军译,机械工业出版社2019年版,第147—148页。

常运作的核心成果是外显于企业的。评价企业的存在价值以及管理的成败优劣需要将目光聚焦在企业的具体经营成果上。在企业的实际存在价值的外显层面，经济责任能否得到履行，也是对企业或者组织管理作出评价的关键因素。

德鲁克的组织管理伦理不仅关注营利性组织，而且关注非营利性组织。尽管在当时普遍的观点看来，管理和管理实践对于非营利性组织来说是负面的概念和行为。当时大多数人认为，只有在企业中管理才是适用的，因为在非营利性组织中并不存在所谓的利润、损益等传统的经济学概念。绝大多数人将管理视为企业管理。但他们忽视了非营利性组织同样需要为自身的存在提供必要的理由，包含如何从捐赠者那里获取合理的资金并高效使用。它们的资金为更多的服务对象提供高质量的服务，实现社会赋予的特定价值目标，这些均要求非营利性组织展现出它们应有的绩效，承担应有的责任。

德鲁克前瞻性地表达出他的观点，即非营利性组织如果不关注其绩效责任，那么它就不可能持续运营下去。正如德鲁克所分析的，绝大多数非营利性组织不仅提供服务，同时希望服务对象不会成为消极的受惠者，而会成为积极的行动者。同样，非营利性组织希望其所采取的行动能够引发人类的变革实践。非营利性组织并不像大多数人设想的那样，对绩效漠不关心，"然而相对企业而言，非营利组织的绩效和成果其实更加重要，但也更难测评和控制"。[1]因为对非营利性组织而言，仅仅满足当前的需要和应对现在的挑战是远远不够的，真正优秀的非营利性组织应

---

[1] [美]彼得·德鲁克：《非营利组织的管理》，吴振阳等译，机械工业出版社2019年版，第107页。

该能够主动地去预判未来的挑战和未来的潜在需要，需要主动地去创造需要。这就要求非营利性组织在完成其组织使命时，必须考虑制定相应的绩效目标，来推动其事业的发展。只有将明确的绩效目标作为其行动的指南，才有助于将资源集中在对其价值使命产生实际成果的具体行动中，避免变成空谈和妄想。德鲁克在阐述针对非营利组织的绩效责任时，提出了两个具体的需要避免的误区："一是鲁莽行事。高喊组织的理念使命高于一切，但并不能解决实际问题……然而，相反的情况也是同样危险的：避重就轻，选取那些容易实现的成果作为测评绩效的标准，而非选取那些能够推进使命的成果。"[1]德鲁克对绩效目标的设定及其产生的影响和原因进行了相关性分析并得出结论，尽管非营利性组织是无偿经营的，但徒有美好的愿望并不能使这种经营持续运转下去。

企业为了保持发展、应对风险并承担未来的责任，就必须获得相应的经济回报，否则企业将难以为继，从而无法承担社会赋予的特定职能。德鲁克对于组织的概念解读具有鲜明的特色，并且影响了其管理伦理思想，强调组织的存在并不是为了自身，而是通过发挥自身的机能来满足社会、社区以及个人的需要。组织不是目的，而是一种手段。

（二）责任伦理的核心内涵：社会责任

德鲁克管理伦理的责任是全方位的。组织在履行经济责任的同时，也不能逃避相应的法律责任和道德责任，这两者的平衡在组织中的显现就是社会责任。在德鲁克看来营利性组织和非

---

[1]　[美]彼得·德鲁克：《非营利组织的管理》，吴振阳等译，机械工业出版社2019年版，第108—109页。

营利性组织都必须承担相应的社会责任，这是对它们拥有的权利的一种平衡。"权力一定要受到责任的制衡，否则就会形成专断独行。"[1]营利性组织如企业或者非营利性组织，未来如果要完成社会赋予的特定职能，都需要拥有而且实际上也确实拥有比以往更多的权力，其中既包含了对组织内部人员的管理权力，又包含了可能会对组织外部产生影响的各种决策权和经营权、定价权等权力。非营利性机构例如大学、医院等，则拥有比企业更为广泛和对普通民众影响较大的权力，尽管政府可以通过相应的流程和法律政策等对组织进行制衡，但这是一种机械且相对低效的应对策略。让企业履行相应的社会责任更具有柔性和可操作性，同时又能避免政治权威的滥用。

德鲁克在 20 世纪 60 年代意识到，人们对于组织的社会责任，特别是企业的社会责任的内涵和理解发生了巨大变化。当时学界对此主题的讨论，主要集中在三个方面：首先，公共伦理与个人道德之间相互制约和相互影响。其中既包含组织管理者如何对自身的个人行为进行道德制约，又包含组织内部对于不道德行为的宽容度与社会宽容度之间的差别，以及个人的道德评价和道德选择。其次，企业因为拥有经济收益和对员工的支配权力，而对员工和社会承担相应的责任。这些在美国二战之后的税法修订上得到强化表达，修订后的税法鼓励公司更多地进行财物捐赠，用以造福慈善事业。最后，社会责任的含义。企业管理层经常受托担任社区文化和公共事业的负责人。例如，对其社区内的文化设施和机构提供必要的慈善捐款或其他形式的资助等，甚至

---

[1]〔美〕彼得·德鲁克：《德鲁克论管理》，何缨、康至军译，机械工业出版社 2019年版，第 148 页。

承担政府或准政府机构指派的任务，这成为履行社会责任的新形式。

德鲁克认为这些都与以往将关注点落在商人本身能够承担多少在本行业之外或企业之外的社会责任不同，现在关注的焦点转变为在处理相关的社会矛盾和问题时，企业作为重要而普遍的社会组织的反应和行动是什么？应该是什么？这意味着企业被视为承担社会责任的主体，并且这种观念和趋势已呈现在公众的视野之中。公众将能否在复杂的社会问题中作出相应的贡献作为评价一个企业是否主动履行社会责任的标准。这样的社会问题包括但不限于种族问题、环境污染、文化发展、增加就业甚至包括了外交政策。而且这种新的社会责任观，已经拓展到非营利性机构如学校、医院等社会组织。尽管有人认为企业必须承担相应的社会责任的思潮，可能出自某种对营利组织的反感和拒斥，但德鲁克认为这恰恰说明了在企业普遍取得经济绩效并获得社会认可之后所引发的对企业制度的认同，这让社会对这些新的成功的组织提出更高的要求和期望。随着社会不断发展，贫困已经成了现代社会难以接受的特殊问题。这种要求企业更多地履行社会责任的事实既说明企业制度的成功，又说明社会的进步。当然这也从某种程度上说明政府不可能解决所有的社会问题，公众对企业及其管理者寄予了较高的期望。

由于对社会责任持不同的观点，德鲁克与通用汽车的董事长斯隆以及经济学家弗里德曼展开了激烈的论战。斯隆站在企业家的角度认为，企业不应承担超出其经营管理职责范围的不必要的社会责任，因为企业没有对社会公众进行管理的权力。德鲁克认为大型企业是现代社会的重要器官，如果大型企业不能承担相应的职能，那么就可能会给政治权力提供扩张的空间，这样将不利于维护社会的自由和公民的权利。而诺贝尔奖获得者米尔顿·弗里德曼（Milton Friedman）则更彻底地表达了自由主义经济学的观点，企业在经济效益之外不存在其他社会责任。弗里德曼认为企业唯一需要做好的事情，就是为消费者提供所需的产品和服务并赚取利润，为将来承担风险。弗里德曼认为，企业在自由经济系统中最主要的责任就是通过诚信公平的竞争，获取利润。德鲁克部分赞同弗里德曼的观点，但依旧认为企业是社会的重要器官，其本质是社会组织并履行特定的社会职能，企业是不能脱离社会而孤立存在的。德鲁克也用事实反驳了弗里德曼的观点："然而，米尔顿·弗里德曼回避所有社会责任的立场，也是站不住脚的。社会上存在着各种迫切、绝望的宏大问题。最重要的，'政府弊病'造就了责任和绩效的真空——政府越大，真空越强。不管组织社会里的企业和其他机构多么向往单纯，也不可能做到。即便只从自己的利益出发，它们也必须关注社区和社会，准备承担自己主要任务和责任领域之外的责任。"[1]然而德鲁克也吸收了自由主义的一些观点，提出了具有自身特色的社会责任观，比如组织应该将其绩效责任作为其首要责任，将注意力集中在自己的本职上，并合理地获取利润，这不仅可以促进企业的发展，而且为更有效地履行其社会责任提供了物质保障和基础。

德鲁克强调社会责任的两个重要方面，都需要组织承担起必要的责任。首先，是组织造成的对于社会的影响；其次，是社会本身存在的矛盾和问题。组织对社会产生的影响就像一个硬币的两面，具有积极的正向影响，同时也必然会带来一些消极的负

---

[1]［美］彼得·德鲁克：《人与绩效》，闾佳译，机械工业出版社2019年版，第328页。

面影响。这种正面或负面的影响，引发的连锁反应以及长尾效应都可能会超出想象和控制。针对前者，德鲁克认为，组织最重要的社会责任是完成企业的使命和核心任务。"它们的第一社会责任是做好本身的工作；它们对其产生的影响，无论是对人和社区产生的影响，还是对社会整体产生的影响，都负有责任；无论它们的工作是照顾病人、生产产品，还是促进学习深造，如果它们超越做好本身工作所必要的影响，那么它们的行为就是不负责任的。"[1]针对后者，德鲁克同样提出了他的见解："因此，第 1 条'社会责任'的法则就是尽量限制对人的影响，其他方面的影响也是如此。各种对社会与社区的影响都是干扰，只有按狭义定义和严格解释的情况下才使人可以忍受……第 2 条法则也许更重要，就是预见潜在影响的责任，一个组织应该要看得远，并深入思考哪些影响会成为社会问题。然后，组织应该有这个责任来防止不良的副作用。"[2]

将履行社会责任与组织承担的使命相结合，并视之为一种崇高的商业道德，这是德鲁克对于社会责任最有建设性的观点。"最理想的情况是，一个组织能把满足社会需求和愿望（包括自身影响产生的需求和愿望），转化为实现绩效的机会……这尤其意味着，将盈利业务转变为满足社会需求的业务是一种商业道德的要求。"[3]这种将组织的社会责任进行分析和预测并最终转化

---

[1]　彼得·德鲁克：《管理新现实》，吴振阳等译，机械工业出版社2019年版，第80页。

[2]　彼得·德鲁克：《不连续的时代》，吴家喜译，机械工业出版社2020年版，第200页。

[3]　彼得·德鲁克：《不连续的时代》，吴家喜译，机械工业出版社2020年版，第202—203页。

为组织创造绩效的契机，在当今的社会中显得尤为珍贵。尽管在传统的观点看来，这样的两种需求是不相容的，甚至是相互矛盾的。作为组织能够应对来自内部和外部的巨大挑战已实属不易，它们不得不将宝贵而有限的注意力和资源一直聚焦在最重要的核心任务上，或者说组织最重要的是如何应对眼前的困难，解决当下的问题，把正在处理的事情做到更加完善。而将社会责任作为组织创造成果的机会，这无疑需要大量的创新和前瞻性的战略布局，而且似乎这种机会很难与组织经营的主要业务相匹配。但事实和历史证明，这是一种狭隘的偏见。可以想象的是在一百年前，今天很多行业和服务，在当时都是新事物，其初衷是满足某种社会需求的想法和愿望，最终通过人们不懈的努力变成了现实。

德鲁克还为社会责任的履行提出了权力限度。德鲁克认为："社会责任最重要的限度是权力的限度……承担社会责任，总是意味着要求权力。"[1]在组织的社会里，如果组织有意愿承担社会责任，作为组织的管理者，同样需要考虑责任背后隐藏的权力需求的正当性以及权力的合法性。德鲁克同时强调："要企业（或其他机构）篡夺权力的社会责任需求，应当给予拒绝……拒绝它们符合真正的社会责任……管理层必须拒绝为威胁、损害企业（或者大学、医院）绩效能力的社会问题承担责任。如果需求超出了机构的能力范畴，管理层必须拒绝。如果责任其实是不合法的权力，管理层必须拒绝。"[2]同时德鲁克提出："团体组织在

---

[1]［美］彼得·德鲁克：《人与绩效》，闾佳译，机械工业出版社2019年版，第326页。

[2]［美］彼得·德鲁克：《人与绩效》，闾佳译，机械工业出版社2019年版，第329页。

超出它们的能力和行动的领域，关心'社会问题'时，并不是'对社会负责'，当它们能集中去做好自己特定的工作来满足社会需要时，它们的行动便是'对社会负责'，当它们把公众需要转化为自己的成就时，它们的行为是最负责任的。"[1]

（三）责任伦理的不变底线：不要明知其害而为之

德鲁克的组织管理伦理思想中的责任维度，在强调权力的同时，明确了组织管理的责任底线。德鲁克借用了 2500 年前希波克拉底的誓言，表达了在组织管理伦理中扮演重要角色的管理者必须具有的责任底线：不要明知其害而为之！这是德鲁克对于不伤害原则在其组织管理伦理思想中的具体应用。这也使德鲁克的管理伦理思想从社会、组织、个人之间的权力界限开始，重新划清了社会、组织、个人三者之间的责任限度。

首先，"不要明知其害而为之"是德鲁克强调的组织管理伦理中责任维度上最具有代表性和根本性的价值原则，是组织中不伤害原则的要求和体现。尽管不伤害原则在古希腊就已经被先贤在伦理思想中反复强调，不仅是对普通民众进行的引导和约束，也反映了对于人的生命价值和生命意义的关切。不伤害他人比不作恶更符合人的理性直觉。这与法律领域和文化领域对不作恶的概念和定义相比，具有完全不同的内涵。这里面充满了一种人与人之间的关切和对于善的引导。

其次，"不要明知其害而为之"，用一种否定性和禁止性的方式表达了对人们的道德行为的要求，也表达出对这种道德原则的期望。这种符合人的直接理性的道德行为倡议得到普遍的认同，

---

[1]［美］彼得·德鲁克：《不连续的时代》，吴家喜译，机械工业出版社 2020 年版，第 204 页。

也表明这一原则是在人类社会的理性实践中形成的共识。这也解释了以消极方式传递的观念，要求受众被动接受和执行，最后却得到了积极的效果。

最后，德鲁克的"不要明知其害而为之"，并不是对双重效应原则在组织管理场景下的简单应用，也不是单纯将利害关系进行权衡后进行取舍。尽管德鲁克的责任观念强调了绩效责任以及社会责任，背后体现出的基本假设是，责任伦理设置底线是为了增加社会、组织和个人的福利。但这种"不要明知其害而为之"，同时又反映出一种对组织主体的自律要求，从某种意义上讲，正是这种责任伦理，使组织在伦理层面为自己立法。组织按照组织认同和预设的管理准则承担责任，基于这样的伦理准则展开负责任的组织行为。

德鲁克的"不以明知其害而为之"的责任原则，限定了组织责任的性质。首先，组织责任来自社会所赋予的特殊职能以及相应的权力，也来自组织内员工的认同，是以权力为基础的责任。而组织权力的合法性和正当性，必须能让个人的功能和身份在社会中得到体现，并且使自由的功能社会得以正常运作。因此，组织的不伤害原则是对社会福利的增加和社会功能正常运作的维护，对个人自由以及平等发展权利的维护。其次，德鲁克的"不以明知其害而为之"的原则是从个人自由和组织权力以及社会的功利的动态平衡出发来塑造组织的责任框架。从契约论的视角，社会是理性人把任意伤害他人的行为予以约束，进行权力让渡后才得以存在的。这是一个实存的契约，而组织的存在是为了节约交易成本，或者是为了行使社会赋予的特殊职能和相应的权力，也是由于组织中的个人让渡了自己劳动时间内自由支配行为的权利才得以存在的。因此，组织管理中的责任意味着在行使某种控制

权力的时候，只是把这部分权力控制在让渡人合理授权的范围
内，超出这个边界则是对权力的僭越。而组织在行使相应的权力
时，必须谨慎地考量是否跨越这一边界，并始终以"不以明知其
害而为之"作为最低限度。

德鲁克的"不要明知其害而为之"的责任原则，也限定了组
织责任的内容：促进自由功能社会的实现，让社会、组织、个人
同时得到健康发展。组织行使"不要明知其害而为之"的限制性
行为，而且有责任去开展积极健康提高社会总福利的行动，是对
一种更高的道德原则的提倡和实践。这种组织行为和组织伦理
目标宣传、推动、实施的过程，可以使组织中的成员更加尊重人
的自由发展的权利，树立正确的个人与社会之间的价值关系。通
过这种伦理观念而建立起来的组织，其内部的文化和制度正是这
一伦理思想的实施保障。组织的这种伦理思想，确定了其管理
"有所为"和"有所不为"之间的合理限度，并达成组织发展、个
人发展和社会发展三者之间的有效平衡。

三、组织管理伦理思想的核心：绩效

"'管理热潮已经结束'，管理绩效的时代已经到来！这样的
预测是正确的，它将成为未来管理发展的口号。"[1]德鲁克的管
理视域中，组织是构建功能社会的重要职能器官，而这一职能器
官之所以能发挥作用主要体现在其所创造的绩效上。"管理不是
知识而是绩效。更进一步说，管理不是一种常规知识的运用，也
不是领导力的运用，更不是财务操纵。管理的实践既基于知识，

---

　　[1]［美］彼得·德鲁克：《管理：使命、责任、实践（使命篇）》，陈驯译，机械工业
出版社 2019 年版，第 12 页。

又基于责任。"[1]管理就是人的一种创造绩效的实践活动，其中反映出人类社会生存发展的普遍性，同时又具有不同社会、组织、个人的实践特殊性。德鲁克站在履行特定社会职能的角度，让管理在组织中发挥的功能和作用，以不同的绩效形式外显于组织，作用于功能社会的建立。从某种意义上讲，德鲁克组织管理伦理思想中的绩效观，正是其社会管理伦理思想在效率维度上的延伸。德鲁克组织管理伦理思想，从不同的角度对绩效进行了内涵的阐释和管理实践的应用。从价值论的视角出发，阐释了绩效作为组织生存和发展的价值目标的重要性；在本体论意义上，展示了实践和创新是绩效的本质内涵；从认识论的角度，阐释了从异化到人化的绩效观的转变。这充分体现了德鲁克组织管理伦理思想中的价值目标，不单单体现为物质性的经营成果所外显的"绩"，同时包含了鲜明的人文内涵和哲学意义，作用于功能社会时产生的社会总福利和社会效益之中的"效"。在德鲁克组织管理伦埋中的绩效观上，管理的自然属性和社会属性得到有机融合、统一。

（一）绩效伦理的目标：生存和发展

德鲁克的绩效伦理，从价值论上阐释了绩效。如果组织及其存在，不能通过社会赋予的职能结合组织的努力，产生对社会和人类的贡献，那么这样的组织便没有绩效，也不具有价值。从这个意义上讲，组织的绩效就是其外显于组织，并且能够被人们使用或感知的价值。正如马克思指出的，如果物没有用，那么其中包含的劳动也就没有用，不能算作劳动，因此不形成

---

[1] [美]彼得·德鲁克，《管理·使命、责任、实践（使命篇）》，陈驯译，机械工业出版社 2019 年版，第 20 页。

价值。

"管理者的首要职责就是促使他的机构执行使命,以机构的生存发展为己任,无论生产还是服务,无论教学还是护理病人。"[1]德鲁克在他的所有著作中均将绩效和管理紧密相连,而绩效更是组织存在和发展的根基,也是管理活动在组织中得以存在的根本意义。"管理必须引导员工朝着提高生产力和获得成就感的方向发展。管理为机构的社会影响力负责。更重要的是,管理为产生成果负责——无论是经济绩效、学生课业,还是互有护理病人——这是所有机构存在的理由。"[2]

首先,绩效才能证明管理的价值。在德鲁克的管理伦理中,无论是商业组织,还是非营利性组织,并不是为了自身而存在,而是为了实现某种特殊的社会目的,行使某种特定的社会职能,并在职能和能力范围之内服务社会,并使个人在其中能拥有社会地位和创造自身的价值。就组织自身而言,组织的存在是手段而不是目的。组织的核心问题以及最重要的使命,是要回答"它们应该为社会和个人作出什么样的贡献?",而不是"组织自身是什么?"或者"组织将成为什么?"。对于组织,无论是商业组织还是非营利性组织,即使使命和具体任务各不相同,但对组织的评价却具有一个基础和普遍的标准,那就是组织是否能够创造绩效。作为商业组织来讲,经济绩效是考察其运作的首要标准。正如德鲁克所说:"因此,商业企业的管理必须始终把经济绩效放在首位,而且在每一项决策和行动中都要以经济绩效作为出发

---

[1]〔美〕彼得·德鲁克:《管理:使命、责任、实践(使命篇)》,陈驯译,机械工业出版社2019年版,第21页。

[2]〔美〕彼得·德鲁克:《管理:使命、责任、实践(使命篇)》,陈驯译,机械工业出版社2019年版,第19页。

点。只有立足于经济绩效，通过自己在经济方面取得的成果，管理才能证明自身存在的必要性，进而才能证明自身的价值。"[1]因为企业只有获得合理的经济绩效，才能获得相应的经济资源和物质回报，而这些是保证和维持企业自身生存和发展的必要物质基础和条件。很难想象一个拥有崇高理想但不具备任何实际物质基础和经济实力的组织，是如何为这个社会创造价值并作出应有的贡献的。营利性组织获得合理的经济绩效也意味着必须获得合理的利润。

其次，绩效赋予组织生存和发展的道德合理性。组织这种特殊的机构，通过系统性地整合经济和物质资源能极大地影响人们的生活，而最终影响人们的信念。同时它也体现了通过组织而形成的经济和社会的发展，成为人类不断自我完善的驱动力之一。正如德鲁克引用乔纳森·斯威夫特具有实用主义意味的例子来说明的那样，如果某人能使只长一根草的地方长出两根草，他就有理由成为比沉思默想的哲学家或形而上学体系的缔造者更有用的人。从这个意义上讲，绩效成果比绩效概念本身更具有实际意义的。在传统的西方观念中，物质主义并不意味着善，也并不代表是社会进步。而如今，随着工业化进程的不断深入，以及各种伦理学家对于物质资源创造和财富的追求道德合理性进行不同的论证和解读，新的世界观已经形成，人类改变自然和不断实现人类愿望能力的突破，被视为某种天命。换言之，人类能力的展现以及突破自然环境对人类活动的限制，使人类成为属人世界的主人。正如马克斯·韦伯指出的新教伦理让人们认为有机会

---

[1] [美]彼得·德鲁克：《德鲁克管理思想精要》，李维安等译，机械工业出版社2019年版，第14页。

成为创造绩效的主体，这是上帝的拣选；所获得的绩效成果，也被视为某种上帝的恩赐。尽管在当时西方社会之外，大部分的国家和政府还将其主要的责任设定在保持经济和社会的稳定上。正是对于绩效合理性的道德认同，促进了西方工业社会的快速发展。德鲁克认为，绩效是企业生存的一个重要条件，尽管它不是唯一的决定性的条件。绩效能产生不可或缺的重要物质基础，绩效是组织未来的成本，是维持其经营活动的必须支付的成本。

第三，绩效在某种程度上体现自由市场经济的特点，为组织的存在和发展创造必要的环境。在德鲁克的管理伦理思想中，以经济利润为代表的绩效，其实质是自由市场营利性特征的一种具体体现。一个适合组织生存与发展的环境，其显著的特征就是具有良好的运作机制和淘汰机制，能够使资源得到有效配置，并能维护整个运行机制的公平性和可靠性，在市场运行中利用其价格机制，来推动资源配置和资本的合理流动。那么在这样的环境中，追求绩效对于组织讲则意味着必须宏观地了解整个市场的动态，清晰地辨识本组织在市场中所处的地位和具有的优势，制定可行的战略，通过一系列强有力的管理，来使其战略转化为具体经营活动中的绩效。这种绩效体现在组织的市场占有率、品牌知名度、可持续性、公共关系、盈利能力等各个方面。由于组织的权力是建立在其绩效和责任之上的，因此只有具有绩效的组织，才有合法存在的前提，而这种注重绩效的外部环境也从外部促使组织可持续地为社会提供相应的贡献。尽管那些非营利性组织的绩效并非经济绩效，因此非营利性组织的管理才显得尤为重要，因为相对于营利性组织具备盈亏和利润等数据用于监督机制的评判而言，非营利性组织缺乏更为直观的绩效指标，也没有建立一套系统的绩效标准作为管理的参照系。

（二）绩效伦理的特征：实践本体论基础上的创新

绩效是建立在实践本体论基础上，形成于创新之中的一种人的实践活动。德鲁克的绩效伦理思想，从实践本体论意义上赋予绩效新的内涵。重视在实践基础上的创新成为德鲁克绩效思想最为重要的特征之一。从这个视角看，主体与客体相互作用并关联而形成整体效能，绩效产生于作为绩效主体的人对客体进行感性认识和改造的过程中。因此绩效与实践密不可分，正是人类在改造自然、利用自然的实践活动中，为了实践活动收益的最优化，克服现实生活中人作为生物体的有限性，作为实践主体的人不断反思和总结，提升对外部世界的感性认识的正确性，从而创造更大的实践成果。正是对这种感性实践活动的不断追求和总结，让人类改造世界的能力不断得到提升。"再伟大的智慧，如果不能应用到行动上，也将只是毫无意义的资料。"[1]

绩效来自实践基础上的具有创造性的动态不均衡：创新。德鲁克管理伦理中的绩效维度，不仅是主体对客体的感知和经验，更重要的是主体如何运用主观能动和自觉意识对客体进行改造和规划，让客体成为主体化的客体，反映主体的意识和价值信念。这种改造和规划的成功与否，取决于所达成的功效和主体期望的满足程度，人类的自觉意识让人类的理性思维能够构建想象中的事物并运用现实资源进行创造，绩效正是通过这种创造和改造的过程中的创新活动而得以实现。也因此，德鲁克将组织的核心绩效聚焦于开拓性的贡献，而不是循规蹈矩、墨守成规的僵化。

---

[1]［美］彼得·德鲁克：《卓有成效的管理者》，许是祥译，机械工业出版社2019年版，第6页。

创新是创造性破坏，是创造性的动态不均衡，是德鲁克绩效维度中创新思想的核心内容，也是对德鲁克组织管理伦理思想中什么是绩效的最好诠释。德鲁克关于创新的重要的观点和理念，受到父亲的好友、著名的经济学家约瑟夫·熊彼特潜移默化的影响。熊彼特最早将创新作为一种新的生产要素所组成的生产函数，引入经济学的研究。熊彼特用创造性破坏这一颇具颠覆性的理论来说明资本主义的发展和运行的本质。"不断地破坏旧结构，不断地创造新结构。这个创造性破坏的过程，就是资本主义的本质性的事实。"[1]德鲁克接受了熊彼特的创新思想，并在此基础上进一步将创新的理论不断进行系统化完善和发展。德鲁克认为创新是一门学科，并不依靠不可控的随机事件。尽管在创新中有些人是"缪斯的宠儿"，他们可以依靠自身的灵感，而不依靠有组织、有目的的系统性工作而取得创新的成果，那些灵光乍现而带来的非凡的结果只属于天才。"目标明确的创新源于周密的分析、严密的系统以及辛勤的工作，这正是我所能讨论的，这可以说是创新实践的全部内容。"[2]德鲁克和熊彼特持有同样的观点，在现实的实践中，无论是在经济社会还是资本主义的发展以及社会治理的过程中，"均衡"并不是合理的常态，也不能作为经济和社会发展的理论所依据的基础。那种动态不平衡所造成的趋稳的态势，才是经济活动发展和社会变革的真正驱动力。各种生产要素的重新组合和新的生产函数的建立，意味着在可选择的要素中打破原有的框架、突破既有的理念，使新的生成具有合理的可

---

[1]　［美］约瑟夫·熊比特：《资本主义、社会主义与民主》，吴良建译，商务印书馆1999年版，第147页。

[2]　［美］彼得·德鲁克：《德鲁克管理思想精要》，李维安等译，机械工业出版社2019年版，第281页。

能、新的建构拥有可行的空间。

德鲁克创新思想有其独特性和系统性。管理创新理念超越传统的机械论思维方式，运用系统思维方式并将其作为创新理论的核心基础。这种系统的整体观使德鲁克看待创新的问题时拥有独到的见解。正如德鲁克强调的，尽管整体是由部分组成的，但整体不是部分之和。德鲁克强调的是集合以及构成集合的要素，不能简单通过切割或重组的方式进行把握，更不可能在这种基础上进行创新。在创新中，集合及其要素等概念，有各自的初始性、绝对性和主体性。因此，对整体进行切割，会将其内在的关联性进行阻断和破坏。部分本身就是相对于整体所产生的概念，整体并非要素的简单集合。在德鲁克的创新理念中，始终具有一种动态不平衡而引发的失稳而形成的张力，这种张力引发新事物的生成和发展。在其中，可以观察到德鲁克创新思维的演进轨迹，即从一般非现代主义思维方式，向后现代主义思维方式的过渡。德鲁克的创新理念有其完整的系统性。首先，德鲁克将创新视为一项有目的、有计划、系统的要素重新组合的过程。德鲁克眼中的创新者并非那些天才或者出现在好莱坞剧情中的人物，那些只是基于大众流行心理而产生的某种虚构的形象。在以绩效为核心的创新中，那些创新者可能具有某些浪漫主义的色彩和冒险精神，但更是务实的实干家。他们将大部分的注意力花在对于现实运营的密切关注以及经济行为的预测上，因为创新并不意味着盲目的冒险，虽然创新需要克服某些不确定性和模糊性，而且高回报的运营行为和经济活动往往伴随着高风险，但真正的创新者能够有效地控制不确定性，降低那些无谓的风险概率，同时他们将注意力聚焦在如何有效地创造机会和把握机会上。德鲁克认为创新者是在风险和机遇当中有效地管控前者而尽可能地放大后者的佼佼者。正如他所说："虽然成功的创新者都相当保守，他们不得不如此，他们不是专注于冒险，而是专注于机遇。"[1]

德鲁克建构其创新思想，具有独特的前提。创新的孕育和发展需要合理的土壤。正如德鲁克在描述高科技与创新的关系时所阐释的那样："首先，高科技——当然是本书的一个重要前提，只是创新和企业家精神领域中的一个组成部分。绝大多数创新出现在其他领域之中……高科技犹如锋利的刀刃，但是没有刀，哪来的刀刃呢？好比人死了就不可能有一个健康的大脑一样。高科技领域是不可能独立存在的。一个经济必须充满着创新者和企业家，他们必须具有企业家理念和企业家价值观，能够获取新企业所需的风险资金，并充满着创新活力。"[2]创新还必须具备以下条件：首先，创新本身是一项复杂的实践工作，它需要建立在具有独特洞察力和相当专精的专业知识的基础之上。这种实践工作要求创新者，必须聚焦于相对独立的领域，持之以恒地专注于创新的目标，并且始终将失败和挫折视为创新过程中的动力和成功的注脚。其次，创新者必须尽其所长，这就需要创新者能够审时度势地创造和运用外部条件，对创新领域中自身具备的优势进行综合的分析研判，并在此基础上发掘最可行的方案。由于创新的高度不确定性和风险性，创新者的长处带来的核心要素以及成功变量将大幅增加创新成功的概率或减少失败的概率。

德鲁克为创新划定了清晰的边界。在创新思维中，德鲁克从正反两面划定了创新的边界。对于创新中的误区，德鲁克归结为

---

[1]　[美]彼得·德鲁克：《创新与企业家精神》，蔡文燕译，机械工业出版社2019年版，第168页。

[2]　[美]彼得·德鲁克：《创新与企业家精神》，蔡文燕译，机械工业出版社2019年版，第297—298页。

以下三个重要因素：首先，创新的成果必须具备易操作性，这样才能使创新达到相应的规模并被人们普遍接受。其次，创新应该是一个非常专注而聚焦的过程，必须避免多样化，从某种意义上讲，少就是多。如果偏离了核心的创新点，很可能会将创新扼杀在萌芽状态。最后创新必须基于现在，"不要尝试为未来创新，要为现在进行创新！一项创新可能会有长远的影响力，可能需要20年才会完全成熟……我们必须说：'现在就有许多人利用这项创新来改变他们的生活状况。当然，时间的流逝对我们有利。25年后将会有更多的人需要它。'除非创新立即就能应用，否则它很可能只会成为达·芬奇笔记本中的图画而已——充其量只是'聪明的创意'"。[1]

创新中必须坚持拓展的领域，德鲁克同样在三个方面进行了阐述：首先，创新始于对机遇的分析，而这种对机遇的系统性的剖析和审慎的梳理，就需要对所掌握的所有信息来源进行鉴别和区分。在这个过程中，既需要尽可能地发散和演绎，又需要有目的、系统地进行发散后的收敛和推理。其中还包含了对所有机遇的优先级的确认和排序。其次，创新不单单是一个理性思考过程，同时还是一个感性体验过程。这就要求创新者必须进入生活，不断去体验。在这一过程中，既要发掘事物的本质，又要关注人的行为和人的需求。正如德鲁克所强调的："因此，创新第二项要做的事情就是走出去多看、多问、多听。这种做法值得再三强调。成功的创新者左右大脑并用：他们既观察数字，又观察

---

[1] [美]彼得·德鲁克：《创新与企业家精神》，蔡文燕译，机械工业出版社2019年版，第165页。

人的行为。"[1]再次，创新应该简单明了并具有实用性。不论是何种创新，也不论其应用的场景是基于用户需要还是基于填补市场的某种空白需要，这种创新能得到普遍的接受，那么该创新一定具有特定且清晰的作用并能满足某种普遍且实际的需要。最后，创新的有效性体现在关注细节和具体事物之上。"相反，那些宏伟的创意，那些旨在'掀起一场工业革命'的计划常常沦为空想。"[2]还有一个不能忽视的事实是，取得某个细分领域的优势地位是创新的重要目标。"但是，如果某项创新一开始就不以获得领导地位为目标，那么它就不可能具有足够的创新性，因而也不可能有所建树。"[3]

德鲁克甚至为组织创新提出了更为具体的绩效衡量标准。德鲁克在企业绩效的五大指标中提出，"公司'仪表盘'上的第二个'指标'是创新。公司在创新方面的表现是不是与它的市场地位相适应？或者说是否落后于市场表现？一家公司在创新能力方面的急剧、持续下滑，是最为可靠的公司即将衰落的早期预警。同样危险的是创新周期的变长，创新周期就是从一项创新开始，到它的产品或服务成功进入市场，这两者之间的时间间隔"。[4]德鲁克同时也承认无论哪种测量，都不能得到非常精确的完美结果，但对管理人员来讲，他们应该把注意力放在这些数值的总体变化趋势或者那些被数学家称为各种统计学上的曲线函数上面，尽管这些数据可能是不完备的，甚至是一些不

---

　　[1][2][3]［美］彼得·德鲁克:《创新与企业家精神》，蔡文燕译，机械工业出版社2019年版，第162—164页。

　　[4]［美］彼得·德鲁克:《管理未来》，李亚等译，机械工业出版社2019年版，第233页。

连贯的、离散性的。但是它能展现未来的趋势，能帮助人们从直观上了解组织的绩效表现及其发展动态，判断其在市场中所处地位。

德鲁克不仅将创新视为经济领域的一种成果和价值，而且将建立自由的功能社会的这一价值目标设定为创新的基础。德鲁克视域的创新也蕴含了这样的价值目标，即改变人们的生活方式。"创新是经济与社会活动双重作用的结果。一般而言，它是普通人（顾客、老师、农民或眼科医生等）行为的一种改变；或是一种程序的改变，即人们工作或生产方式的改变。"[1]因此，德鲁克的创新始终在两个层面平行推进，其中一个是管理实践的创新，而其更加关注的则是社会创新。正如德鲁克在《下一个社会的管理》中指出的："现代政府已约有400年的历史了，它需要创新。如今的国家和现代政府是在16世纪快要结束的时候发明的，这是历史上最成功的发明之一，它在200年内就席卷了全球。然而，现在是重新考虑政府和国家功能的时候了，同时需要考虑的还有主导过去60年的经济理论。未来25年里，最需要创业精神和创新的领域是政府，而不是企业或非营利性机构。"[2]

"创新活动赋予资源一种新的能力，使它能创造财富。事实上，创新活动本身就创造了资源。人类在发现自然界中某种物质的用途，并赋予它经济价值之前，'资源'这种东西是根本就不存在的。"[3]德鲁克用很多鲜活的事例说明了，创新本身就创造

---

[1]［美］彼得·德鲁克：《创新与企业家精神》，蔡文燕译，机械工业出版社2019年版，第167页。

[2]［美］彼得·德鲁克：《下一个社会的管理》，蔡文燕译，机械工业出版社2019年版，第84页。

[3]［美］彼得·德鲁克：《创新与企业家精神》，蔡文燕译，机械工业出版社2019年版，第36页。

了各种社会资源或赋予这些资源经济性。正如青霉菌这种有害的真菌通过细菌学家创新性的发现，克制有害细菌的青霉素才成为一种对人类社会有贡献的资源。社会领域的创新同样创造了非常多的资源，比如购买力就是创新性的社会创造，得益于赛勒斯·麦考密克（Cyrus McCormick）发明的分期付款方式，农民能够用未来的收入支付他们以前没有能力负担的大型农用设备费用，而不必仅仅依靠节衣缩食的积蓄，这样购买力就被创造了出来。"同样，凡是能使现有的资源财富生产潜力发生改变的事物都足以构成创新。"[1]使规范系统性的教育在全球各地得以普及的，并不单单是民众对于教育关切的回应和政治承诺，也不仅是因为对学校系统进行的机构改造和教育理论的不断完善，而是因为一项不为人所关注的创新——教科书。正是教科书的广泛使用，使人类的教育效率得到极大提升。在德鲁克的视域中，创新不仅是一种技术上的突破，还可能是各种有形和无形的社会变革和组织变革，甚至管理也是一种创新的结果。"管理（即一种'有用的知识'）首次使得拥有不同技艺和知识的人能够在一个'组织'里一起工作，这是20世纪的创新。它将现代社会转变为一个既没有政治理论也没有社会理论可加以诠释的崭新体系：一个组织的社会。"[2]德鲁克还提出了基于企业家的社会在未来可以创新的两大领域。首先是如何安置那些富余的劳动力，这是政府必须加以重视的领域；其次是如何淘汰或更新那些已经无法与时俱进并成为社会前进障碍的社会政策和公共服务机构。德鲁克

---

　　[1]　[美]彼得·德鲁克：《创新与企业家精神》，蔡文燕译，机械工业出版社2019年版，第37页。

　　[2]　[美]彼得·德鲁克：《创新与企业家精神》，蔡文燕译，机械工业出版社2019年版，第38页。

的创新从来都是在创新的同时进行有目的、有计划的放弃。正如德鲁克对于"日落法则"在创新中的应用所阐释的："为了让'日落法则'具有意义和实效性，政府需要制定出一套原则以及废除旧机构和法律的程序，而这种做法是我们未来重要的社会创新之一——这一创新必须尽快进行。我的社会已经准备好接受这个重要的社会创新。"[1]

（三）绩效伦理的超越：从异化到人化

德鲁克从动态认识论视角重新解读绩效。进入现代工业社会以后，管理成为重要的职能，其内容和形式在工业文明发展的进程中不断嬗变。而绩效伦理在管理中的作用得以发挥，绩效作为管理产生的价值起点，逐步脱离了自我运转，而是在管理理论中通过不同的理性精神维度、不同管理观念假设和管理理论思辨的方式演化。随着工业化社会的不断发展以及资本主义生产方式的野蛮生长，绩效内涵也逐步走向异化，从而将管理引向歧途。正如卢梭对于人类不正当地使用非自然力量而对道德本身产生损害的观察，所得出的结论："随着科学的光辉在地平线上升起，我们的道德便黯然失色了。这种现象，在各个时代和各个地方都可看到。"[2]

在追求绩效成果时，工具理性已经泛滥。为了追求最大效用的绩效，人们将目光单纯地聚焦在如何确认工具的实用性和效率上。通过各种精细核算的方式，形成追求简单、直接达成目的和最高效率的理性思考方式。这种工具理性利用人的智能，将人的

---

[1]［美］彼得·德鲁克：《创新与企业家精神》，蔡文燕译，机械工业出版社2019年版，第301页。

[2]［法］卢梭：《论科学与艺术的复兴是否有助于使风俗日趋纯朴》，李平沤译，商务印书馆2016年版，第14页。

理性和本质对象化、外在化。工具理性表现在各种以功利为核心的推理、运筹、选择、平衡等操作上，反映在那种极致追求功效的执着之中，并在以人为主体的对事物的实践和改造中，形成不遗余力地利用各种方式获取最大的功利的思维方式。从泰勒的科学管理时代开始，管理理论中对于绩效的追求背后就隐含了某种对于工具理性的屈从。这种相关管理和工作从人的工作活动上分离，对事物的规律和逻辑加以分析和研究，使生产的效率达到新的高度，却将管理中的人与工作任务人为地割裂开，并试图通过事物的逻辑和绩效的逻辑来规范人的行为，使人成为某种工具，逐步丧失人的主观能动性。在这种丧失人的逻辑的过程中，绩效得到了凸显。显然这种工具理性的应用，在某种程度上是以人的自由和发展的需要为代价的。这种工具理性在各种管理理论中，都以某种形式潜藏其中，并且愈演愈烈。"数据"和"可量化标准"的模式，也是工具理性一种典型的存在方式。特别是进入信息时代后，管理的数字化使这种工具理性的泛滥到了无以复加的地步，似乎管理如果无法数字化，就意味着一种低效和无效的管理。管理中对于人的刻画和人性的把握，也被贴上了数字化的标签。尽管在管理实践中合理而准确的数据能提供清晰、可靠的依据，但这样唯数据化的管理方式，依旧在管理的人性维度上造成了越来越大的困扰。并且随着科技的发展，人们运用理性工具的能力也实现了飞跃，工具理性披着科学的外衣逐步泛滥，并似乎成为管理精英追求绩效的成功范式和唯一方式。尽管理性是帮助人类获得自由和解放的力量，并让欧洲从中世纪的黑暗中挣脱出来，但工具理性的泛滥，使其成了应该成为的理性的对立面。泛滥的工具理性成为控制人、奴役人的政治工具，成为实现功利的手段。对工具理性的无条件接受和盲目的追捧，让管理对于绩效的追求，变成绩效对人的奴役。人们将管理完全聚焦在对于功利的计算和外部环境的控制之上，尽管得益于科学技术的突飞猛进，控制自然和改变自然的能力有了前所未有的发展；但是过于依靠技术手段，在以人为构成单元的社会组织中，势必逐渐剥夺人作为社会主体的主体性，使人变为工具的附庸和技术的奴隶。正如埃里希·弗罗姆（Erich Fromm）描述的："19世纪的问题是上帝死了，20世纪的问题是人类死了。在19世纪，不人道意味着残酷；在20世纪不人道系指分裂的自我异化。过去的危险是人成了奴隶，将来的危险是人会成为机器人。"[1] 更为危险的是，实证主义成了工具理性的唯一检验工具和标准，所有人的价值和关切以及终极守望这些无法被量化和无法用实证进行研究的，均被视为虚无的或者不合理的存在。一切包括自由、道德、伦理、公平正义被量化、数据化、精准化等工具指标所替代。这种被人类创造出来的工具理性，反身将人类推向另外一个工具理性循环：只关注眼前利益，只关注物质利益，只关注既得利益。人的行为被工具理性操纵而强制工具化，丧失了原有的人应具有的个性化和人格理想。人不得不按照非人的价值取向重塑个人的价值观，接受工具理性的禁锢和由此演绎出的制度规则的约束。这使绩效追求建立在对于人性的压制和人被人造物的奴役的假设之上。

绩效异化的另一个明显特征就是功利主义的泛滥。作为管理伦理思想，功利主义的存在有其合理性。功利主义的思想萌芽于古希腊哲学家的思想，由于古希腊的传统文化和社会理念中蕴

---

[1]［美］埃里希·弗洛姆：《健全的社会》，孙凯祥译，贵州人民出版社1994年版，第291页。

含了功利主义的因素，同时，古希腊的哲学思维、罗马的法律传统以及基督教的平等诉求等个体主义因素共同为功利主义的产生创造了必要的条件。伴随着西方社会从远古的身份伦理转型到近代的契约伦理，社会目标的价值就不再具有单一性，而是具有了双重性。尽管早期的西方主流思想认为，经济发展可能会引发的财富分配不均会导致社会的动荡，社会的稳定要比社会的发展更有优先性。西方资本主义的不断发展与社会生产力的提升也使对于财富的追求变得合理化，资本主义的生产方式使追求社会繁荣成了更高的价值目标。这种伴随着生产方式改变而产生的伦理转型，反身促进了生产方式的发展。功利主义的思想由于洛克和密尔等伦理学家的不断完善，得到极大发展。功利主义已经浸润到洛克的古典自由主义思想之中。洛克强调个人基本权利的保护，同时认为尽管保护个人自由有可能导致财富分配的不均衡，但却有利于提高整体社会的总福利，最终必将增加每个人的个体福利。洛克的理论中存在着一种基本的张力，他的理论唤醒了对社会的终极价值目的究竟是政治稳定还是经济发展这一命题的反思和关注，以及如何解决因追求个人政治自由和经济发展而引发的社会矛盾。其后的伦理学家在洛克的基础上进一步发展和完善了强调政治自由的功利主义，著名的经济学家包括斯密和密尔等人沿袭了洛克的基本观点，同时坚持经济繁荣可以与政治稳定得到有效协调，并为此在理论建构上作出了巨大的贡献。从某种意义上讲，功利主义是一种自由主义。其核心目的是在资本主义生产方式下，追求政治平等，同时追求社会总福利的增长。功利主义的价值目标并非政治稳定，而是社会福利的最大化。自由和平等在功利主义看来，是发展经济的前提和基本条件，而这种自由和平等所能建立的政治秩序，以及这种政治秩序可能带来的社会结果，例如财富分配不均以及社会矛盾的加剧等，并不是功利主义者关注的核心问题。因此，功利主义更关注经济领域而非政治领域。"在本质上，功利主义是一种以肯定个人利益为基础、以政治平等作为协调利益冲突的基本手段，以社会繁荣和经济效率为目的的个体主义伦理。"[1]作为西方经济伦理重要理论的功利主义，建立在个体契约伦理和政治自由主义之上，逐渐成为经济伦理的主流。功利主义在某种程度上有利于资本主义生产方式的发展，也能促进经济的发展和社会的繁荣。而过分追求功利主义，势必造成管理行为以追求直接利益为唯一和排他导向，并将绩效的终极的价值目标设定为可量化可计算的功利，而不可量化的以及非功利的都变成了无意义的。功利主义在某种程度上创造了这种可能，那就是为了达到功利的最大化，可以不择手段。在现在市场经济的激烈竞争中，功利主义在伦理上赋予了管理者创造绩效最大化的动机与合理性，而一旦越过了合理的界限，这种以功利主义为指导的绩效观，就将摆脱其他束缚来追求自身利益最大化，把对社会及他人产生不利的影响合理化。

工具主义的泛滥和功利主义的肆虐，导致绩效伦理内涵的异化。这种异化不仅体现在管理理论中，而且直接地影响了管理实践。这些异化的管理行为，使人自身在管理的世界中丧失自尊和价值目标。这种异化将人与客体的管理世界抽象化并进行片面解读，这是对人性的一种禁锢和对理性的剥夺。在这种异化的情况下，个人要么走向唯利是图的歧途，要么陷入唯工具论的误区，最终形成人与人、人与社会、人与管理之间的对抗。

---

[1] 徐大建：《西方经济伦理思想史》，上海人民出版社 2020 年版，第 166 页。

　　德鲁克的绩效观念超越了在他之前的一些理论家对于绩效的认识，并让绩效观念从异化中挣脱出来，还原其应有之人本主义色彩，使德鲁克的组织管理伦理中的绩效观念实现了从异化到人化的转型。德鲁克并不否认绩效是在认识和比较中得以确认和存在的，这就要求绩效从一定的价值立场和价值主张出发，被认识和被把握。随着绩效在历史时间维度上的不断前进和变化，以及人们对事物认识水平和方法的不断提升，人们对绩效的内容也随之有了不同的解读和阐释。这种动态变化既是横向和跨越空间的，又是纵向穿越时空的。

　　德鲁克的绩效伦理中的人性回归强调人本绩效观，管理的主体和客体都是人。德鲁克管理伦理的终极目标是建立自由的功能社会，归根结底也是服务于人。因此在德鲁克的管理思想中，管理的本质是人的本质在改造世界中的对象化。德鲁克始终认为管理的绩效必须向人本化回归，管理的绩效是人本理念下的组织管理绩效的纬度，而人是最终的目的，并非手段。人作为管理的终极关怀和价值目标就赋予了管理的人本性，这是管理的根本属性和逻辑起点。管理的绩效体现在如何能够通过经济目标的实现来扩展人的自由上，但是作为前提首先管理将在某种程度上对人的自由进行限制。从某种意义上讲，管理绩效来自如何有效限制人类的自由来实现扩展人类自由的过程，而这一过程中的两个方面的平衡是绩效得以实现的关键因素。这就要求管理的绩效观并不能凌驾于管理以人为本的基本原则之上。应该将管理绩效视为人们追求自由和自我实现的内在衡量标准和成长中的里程碑。将绩效提升的过程视为人类自身不断追求卓越、赋予生命更高意义的发展过程。

　　德鲁克的绩效伦理中的人性回归强调工具理性与价值理性

的平衡。这就要求破除工具理性，例如数据量化和狭隘经济学对管理理论的禁锢。德鲁克对这些管理工具有着清晰的认知，并指出了其应用的限度和管理者的角色定位。"管理作为一门学科意味着：管理者不是在实践'经济学'，不是在实践'数据量化'，也不是在实践'行为科学'，而是在实践'管理'。'经济学'、'数据量化'和'行为科学'，这些都只是管理者的工具。管理者不再实践经济学，就像医生不再亲手做血液测试一样。管理者不再实践行为科学，就像生物学家不再练习使用显微镜一样。管理者不再做数据量化，就像律师不再引用判例一样。管理者实践管理。"[1] 德鲁克同时指出管理者不能过分依赖其他管理工具和管理技术："管理热潮已经证实了管理者必须远远高于'技术官僚'。管理者不能受限于他的学科训练，也不能满足于他精湛娴熟的技能，更不能依赖于他对管理工具和技术的使用。"[2]

德鲁克的绩效伦理中的人性回归强调要有正确的组织绩效精神。德鲁克强调在组织管理中，绩效就意味着组织总的能量输出大于组织各成员努力输入的总和，这是创造能量的过程而非机械加总的过程。从这个意义上讲，工具理性是不能实现组织效能最大化的。组织效能的最大化依靠的核心是价值理性，这就意味着绩效只有在道德允许的范围内，才能真正实现。因为道德和价值目标为管理提供了正确的方向以及核心的驱动力。这种建立在道德基础上的绩效理念，是行动的原则，且必须将其付诸真正

---

[1] ［美］彼得·德鲁克：《管理：使命、责任、实践（使命篇）》，陈驯译，机械工业出版社 2019 年版，第 19 页。

[2] ［美］彼得·德鲁克：《管理：使命、责任、实践（使命篇）》，陈驯译，机械工业出版社 2019 年版，第 20 页。

的管理实践。"组织的目的是促进平凡人做不平凡的事。没有任何组织能够依赖天才，天才总是稀缺，而且不可靠。考验一个组织就是要看它如何使平凡人产生比他能力更佳的绩效，使成员的专长得以充分发挥，以及使用每个人的专长去帮助其他成员产生绩效。同时，组织的任务是抵消成员的个人弱点，真正考验组织的是绩效精神。"[1]

　　德鲁克还具体地指出了组织必须聚焦的关于绩效的几个要点。首先，组织必须追求高绩效的标准，并将这种追求标准和实践过程培养成一种良好的习惯，同时塑造正确的绩效文化，理解真正的技巧并不意味着百分百的成功，而意味着提高平均的成功率。绩效必须也应该留有犯错甚至失败的余地，但不能容忍自鸣得意与低标准。其次，组织的绩效来自及时把握机会，而非过分关注现实的问题。最后，管理者在涉及人事决策中，绩效并不是唯一的评价标准，其有责任展示诚实正直以及如何在行动中体现出组织的价值观和信仰。对于管理者而言，这是前提和必要的条件，而这往往是无法后天培养的。"绩效精神要求每个人都充分地追求卓越，其重点必须聚焦人的专长，即重点在于'他能做什么'，而不在于'他不能做什么'。"[2]

第三节　组织管理伦理思想的实践

　　德鲁克管理伦理思想的基于人本、责任和绩效的管理实践是

---

　　[1][2]　[美]彼得·德鲁克:《管理: 使命、责任、实践(实践篇)》，陈驯译，机械工业出版社 2019 年版，第 94 页。

德鲁克管理的大成就。"在一个由多元的组织构成的社会中，使我们的各种组织机构负责任地、独立自治地、高绩效地运作，是自由和尊严的唯一保障。有绩效的、负责任的管理是对抗和替代极权专制的唯一选择。"[1]

一、人本伦理在经营管理中的实践

（一）人本思想在营销管理中实践：创造顾客

德鲁克人本组织管理伦理思想贯穿了其组织管理的整个脉络，渗透到每个管理细节，或者说正是人本伦理思想将管理精华汇聚成一座闪耀着人文精神之光的丰碑。德鲁克的管理伦理思想中的人本维度为其管理提供了清晰的指引，也构建了坚实的决策基础。在德鲁克的营销管理理念中，"人"是营销管理的逻辑起点和价值归宿。

人本伦理视角下的企业观是德鲁克营销管理的基础。正如德鲁克所说："想要解释'何为企业'，我们必须从企业目的说起。企业目的必须置身于企业之外。实际上，企业的目的针对社会，因为企业本来就是社会的器官。企业只有一个有效的定义：去创造顾客。"[2]德鲁克强调企业的目的必须置于企业之外，清晰地表达了企业并非目的，而是实现目的的手段。企业的唯一目的是服务社会，履行社会赋予的特殊职能。而这种特殊职能最终清晰地指向了服务于作为人的"顾客"。因而企业只有创造顾客即满足顾客的需求，其存在才是有价值的。或者从另一个角度讲，企

---

[1]［美］彼得·德鲁克：《新社会》，石晓军、覃筱等译，机械工业出版社2019年版，序言第0页。

[2]［美］彼得·德鲁克：《管理·使命、责任、实践（使命篇）》，陈驯译，机械工业出版社2019年版，第73页。

业是因为顾客的需求而存在的，不仅企业是因为人而存在的，整个经济结构与市场都因人而有意义。"市场不是上帝创造的，经济力量是商人创造的。在企业为顾客提供令人满意的方式之前，顾客就已经感觉到企业所能满足的需要了。就像饥荒之地的食物一样，它可能支配着顾客的生活，甚至成为顾客清醒时刻最想要的东西；但食物仍然只是'潜在愿望'，直到商人把食物转变成'有效需要'，然后便产生了'顾客'与'市场'。"[1]人类的需要，创造了各种商业机会，也正是人类的各种需要，促使经济社会正常运作和循环。企业的存在不仅在于满足人类的某些普遍需要，同时具体的企业的存在意味着要满足顾客的某些细分的需求。从这个意义上讲，顾客创造了企业的类型，顾客决定了企业的价值。"正是顾客决定了'何为企业'。是顾客为产品与服务的支付意愿把'经济资源'变成了'财富'，把'事物'变成了'商品'。"[2]"顾客想要购买什么，什么是顾客认为值得的，这才是关键；也就是说，'顾客想要什么'决定了'何为企业'，决定了企业生产什么，决定了企业是否兴隆昌盛。顾客想要购买的和认为有价值的东西从来就不是'产品'本身，而是'实用'——产品或服务对他的使用实效。顾客所认定的有价值的东西并不显而易见。"[3]经济学家从各个维度对企业存在进行了不同的经济学解释。当然，不论何种解释都建立在纯粹理性人的基础之上，而德鲁克对企业存在目的的解释是建立在不同的人性假设之上的，这也使德鲁克的营销管理建立在以顾客需求为核心的企业宗旨之上。基于这样的视角，企业的唯一目的就是尽其所能去满足顾客的所需。"顾客是企

---

[1][2][3] 〔美〕彼得·德鲁克：《管理：使命、责任、实践（使命篇）》，陈驯译，机械工业出版社2019年版，第73页。

业的基础，顾客维持企业的生存。只有顾客能为企业创造就业机会。为了供应顾客的所需所想，社会把创造财富的资源托付给了企业。"[1]

以人为本的市场营销理念是营销管理的实现路径。企业的使命是创造顾客，对创造顾客产生价值的经营活动主要包括"创新"和"营销"，其中创新可以认为是一种"价值创造"，而营销是一种对所创新的实体内容的"价值传播"。价值创造和价值传播构成德鲁克营销管理理念的核心闭环，只有在这两个维度上下功夫，企业才能产生效率和成果。而其他的一切活动围绕这两项活动而开展所提供的支持，只能产生成本。营销被德鲁克认为是企业具有的独一无二的特殊职能，这也是企业区别于其他组织，如学校、政府、教会等机构的重要特征。最早被认为能够清晰地将营销作为企业独特核心职能，并将此付诸行动的是赛勒斯·麦考密克，尽管他曾被大多数人认为发明了收割机，而德鲁克认为他发明了现代营销的基础工具，如市场调研和市场地位概念、定价策略以及为之配套的分期付款信贷等。日本的三井财团、英国玛莎百货、荷兰的飞利浦联合利华和菲亚特等都是凭借自身优秀的市场营销理念，成为行业中的翘楚，抢占了巨大的市场并获得全球意义上的成功。在美国，IBM 成为市场营销方面抢占先机的典范。德鲁克认为对市场营销的理念的错误理解，使市场营销并未从人本视角角度出发，将消费者和顾客的利益放在最重要的位置上。对消费者利益的侵害就是明显的例证。"尽管太多的企业强调市场营销及营销方法，但市场营销依旧停留于'修辞'而非成

[1]〔美〕彼得·德鲁克：《管理：使命、责任、实践（使命篇）》，陈驯译，机械工业出版社 2019 年版，第 73—74 页。

为'现实'，保护消费者利益运动（consumerism）证明了这一点。保护消费者利益运动所要求企业的是实际意义上的'市场营销'，即要求企业必须为消费者的需求，现实性以及价值负责任；它要求企业必须把自己的目标界定为'满足消费者的需求'；它要求企业的回报必须基于对消费者的贡献。"[1]市场营销的核心是基于消费者真正的需求而提供企业的产品和服务，这种需求的满足基于对消费者的敏锐观察以及潜在需求的一种判断。显然在当时的历史环境中，真正的市场营销并没被多数企业所重视，大部分企业还停留在以生产为导向的营销理念的束缚之中。"保护消费者利益行动是'市场营销的耻辱'。但保护消费者运动也是市场营销的良机，它会迫使企业在它们行为和公告中逐步转向'以市场为重心'。"[2]那种传统意义上的推销，正是造成这种尴尬境地的重要原因。消费者的利益没有得到充分保护，消费者的需求没有得到充分尊重，消费者的潜在需求没有得到充分挖掘，以人为本的市场营销就无法实现。德鲁克提出了清晰可行的执行方案："而真正的市场营销就是希尔斯所应用的方法，以顾客为起始参考人口统计学的科学分析，遵循顾客的现实能力和需求以及尊重顾客的价值观，真正的市场营销不会问：'我们想要推销什么？'而是问：'顾客想要购买什么？'真正的市场营销不会说：'这就是我们产品和服务所能做到的！'而是说：'这些都是顾客期待得以满足的需求和价值观'。"[3]

人本视角下的利润观是其营销管理的价值外显。德鲁克以

［1］［美］彼得·德鲁克：《管理：使命、责任、实践（使命篇）》，陈驯译，机械工业出版社2019年版，第77页。

［2］［3］［美］彼得·德鲁克：《管理：使命、责任、实践（使命篇）》，陈驯译，机械工业出版社2019年版，第77—78页。

人为本的利润观是企业存在目的和营销理念的外延,构成了德鲁克人本视角下的营销管理中的重要一环。德鲁克认为利润是结果而不是原因,利润是以人为本的企业存在目的和市场营销所产生的必然结果,也是必要的结果。合理的利润为企业的基本经济功能提供了可持续发展的物质基础和保障。首先,利润是企业在某个有意义的领域做出独一无二(至少是有别他人)的贡献所获得的回报。"而什么才算'有意义'则由市场和顾客说了算。只有企业提供的某种东西被市场接受,顾客认为它有价值,而且愿意为此付钱,企业才能获得利润。而价值向来意味着卓尔不群的领先地位。"[1]德鲁克清晰地阐述了利润产生于顾客的价值认同。其次,德鲁克认为企业实现利润目标是履行社会责任的一种重要表现。企业的首要责任就是经济责任,如果不能保持合理的利润,就不能保持企业可持续的成长。德鲁克甚至将那些不能创造绩效的企业称为有盗窃公共财富之嫌,因为它们浪费了社会资源和国民付出的努力和成本。

(二)人本思想在组织设计中实践:分权代替极权

德鲁克的人本伦理体现在对管理机制和组织结构设计的创新上。德鲁克正是基于不同的人性假设,产生了对管理更为深刻的认识,进而孕育了其具有人本思想的理论和实践。通过对通用汽车公司的深入研究,德鲁克认识到分权制是一种具备人本视角的更人性化的组织结构设计。在这一设计系统中,通过对人的不同动机进行有针对性的分析,采取相应的授权和激励策略,最终最大限度地调动整个组织机构中人的主观能动性。这种人性化

---

[1] [美]彼得·德鲁克:《为成果而管理》,刘雪慰、徐孝民译,机械工业出版社2021年版,第6页。

管理所引发的管理创新，不仅体现在社会创新上，同样也体现在组织创新上。这种有机的视角使人本主义成为组织不断进化、不断完善、不断成长的内在驱动力和养分。

通用汽车作为当时全球最大的企业之一，其庞大的组织结构以及众多的员工，使这一企业的管理和组织结构设计充满了挑战性。在当时，更大的企业规模被认为是一种更好的模式。这种组织设计不可能出现在那些规模较小的公司之内。而现代化的管理理念和管理基础，也不可能产生在还不具备规模的公司中。正如德鲁克所说："通用汽车可能代表的是动物中的大象或者鲸……大象和鲸取得成果很大一部分是基于它们的体积……"[1] 不可否认的是，通用公司作为当时颇具代表性的公司拥有复杂的结构，严密的组织形式，完整的运营体系。

然而这种大型组织不可避免地拥有与其优势一样明显的劣势。首先，大型组织的最高领导者的权力过大，导致专制倾向。组织呈现这样的弊端：只有少数最高领导者拥有较为完整的信息，可以跨越部门的藩篱，全面了解组织并进行掌控，这显然与尽可能避免独裁和权力集中相违背，这给组织带来了风险。其次，大型组织具有抑制人性中的自由和创造的倾向。"而且，每一个大型组织都面临着同样的风险：年长的首脑总是对聪明、进取的下属心存戒备，疑虑重重。他们有时会害怕年轻的下属谋权篡位；更通常的情况是，当下属按照自己的方式做事或采取新方法等情况时，就会表现为对老领导的权威或旧观念的挑战，所以公司必须与这种保守而胆怯的官僚作风作斗

---

[1]　[美]彼得·德鲁克：《公司的概念》，慕凤丽译，机械工业出版社2019年版，序言第38页。

争。"[1]组织应当给这些年轻管理者提供更大的平台，让他们拥有创新和发挥的空间。第三，大型组织面临这样一种现实的悖论，细致的分工使管理人员趋向成为专才，而管理所需要的恰巧是专才基础上的通才，或者至少是复合型人才。这就意味着大型组织无法培养出具有整体观的通才，因为职能和组织结构限制了这种可能性。大型组织的细致的分工和清晰的职能界定，使任何打破这种束缚进行思考都不可能，更不用说在这个基础上的实践。

德鲁克认为分权是为了实现以下目的：分权意味着将权力界限进行清晰的切割，但同时也意味着将责任进行明确的划分。这样的权责对等的边界划分，能使管理者进一步明确其权力空间，消除因权责不清而造成的困惑，最终提高决策效率和所有员工的责任感。对于大型组织中各个部门之间发生的利益冲突，利用分权能够有效避免因利益冲突而引发的纷争，也更能体现组织内部的公平性。这种分权的组织形式将制造更多的管理岗位，有利于管理人员的职业发展，同时使管理人员能够得到更公平的对待，避免了那些大型组织中的内耗和派系纷争。分权制度取代了指令性管理，让所有员工都有机会参与管理的全过程，避免了单一的执行即不了解全过程的盲目服从，群策群力制定公司的策略，使员工和管理者能更充分地承担相应的责任。分权制造了更加公平的竞争机制，增加了组织内部的活力，使组织成员能从更完整的经营单元系统性地观察和了解组织的运作，并明确自己在组织内部的角色和系统中的地位，更好地发挥其职能。分权也为公

---

[1] [美]彼得·德鲁克：《公司的概念》，慕凤丽译，机械工业出版社2019年版，第26页。

司人才梯队和人才储备做好了前期的铺垫和准备，保证了组织未来的可持续发展供给及人才素质的提升。总的来讲，从人本伦理的角度，分权创造了更加公平自由的工作氛围，能更大限度激发组织中个体的活力和责任感。

分权最终带来的是自由与秩序。"我发现每一个员工——至少300～500名一二线管理人员——都享有高度的自由，他们可以拥有他们愿意承担的一切责任。很少有人强调头衔、等级和正式程序。事实上，所有管理者最重视的恰恰是管理人员之间和分部内部'不拘小节'的氛围。"[1] 这样的管理实践，使通用公司避免了其他大型组织那样的官僚困境和低效。"政治理论中有一条基本公理：只有在一个权力规则明确、权力和责任严格分工的体制内，人们才能享有通用汽车公司赋予其最高管理者那样的高度自主。"[2] 这种分权的管理模式是基于员工的责任及其对于公司的良好期望之上，与其他制度过于强调约束不同的是，在通用公司内这种基于责任和自由的管理，创造了完全不同的企业文化。在整个分权的制度配套中，客观的评价标准也起到了至关重要的作用。"这一客观评价体系不仅能使人们无拘无束、和睦相处、同心协力、开诚布公，而且，它也几乎不可避免地通过极力阻止公司采取论资排辈式的管理方式，使联邦式的团队合作自然而然地成为公司的管理模式——至少，通用汽车公司的员工这么认为。"[3] 这种分权的组织及其相应的制度与那些凭空想象脱离实际、僵化教条、停滞不前的行政系统有着本质的区别。这种分权

---

[1][2]［美］彼得·德鲁克:《公司的概念》，慕凤丽译，机械工业出版社2019年版，第48页。

[3]［美］彼得·德鲁克:《公司的概念》，慕凤丽译，机械工业出版社2019年版，第53页。

的组织是一种自组织，是一种活的组织，呈现的是一种具有内部张力的组织形态，在发展中以人的方式解决人的问题。用分权代替极权是德鲁克管理伦理思想中的人本维度在组织设计上的集中体现。这也是后来德鲁克被授予"总统自由勋章"的重要原因之一。

（三）人本思想在目标管理中实践

目标管理是德鲁克人本思想在组织管理中的重要成果和实践。尽管目标管理相关的理论的出现由来已久，但在德鲁克的手中得以完成，并首先呈现在世人面前，这也使其成为德鲁克整个管理思想体系中最耀眼的一颗明珠，对现代管理学体系整体的建构作出了重要的贡献。德鲁克将管理的关注点从行为转移到了管理的结果上，同样意味着他将管理的重心从工作努力——即输入，转移到生产率——即输出上来。知名的管理学家史蒂芬·罗宾斯对德鲁克的目标管理进行了评价："实际上，它（目标管理——引者注）是由彼得·德鲁克在40多年前作为一种运用目标激励，而不是控制人的方法提出的。"2002年7月，美国总统沃克·布什在为德鲁克授予"总统自由勋章"时说道："彼得·德鲁克是世界管理理论的开拓者，并率先提出私有化、目标管理和分权化的概念。"德鲁克的目标管理思想影响了几乎所有现代企业的管理，为世界创造了巨大的财富。

与以往的目标管理并没有给出清晰的概念不同，德鲁克则指出目标管理就是管理目标，也是依据目标进行的管理。通过整体的目标设定激发全体管理者和员工的责任感，并借助以自律为基础的自我管理，在共同的责任使命的感召下进行团队合作。这种共同的目标就是将组织目标与个人目标进行结合，并恰当地寻找出交叉和平衡，这种平衡下的共同目标，可以使组织和员工实现双赢。在实现这个目标过程中个人将会得到激励，组织将实现优化和绩效提升。

首先，基于人本伦理的目标管理，使个人的自我实现和组织的绩效提升实现了平衡。组织目标和个人目标难免存在不一致的情况，或者组织目标的实现过程一定程度上意味着对员工个人发展的抑制和人性的禁锢。而个人的成长发展需要借助组织平台，以及在工作中得以实践，组织的目标是为了履行社会赋予的特殊职能，而社会职能的最终关切又回到人的发展本身。从这一角度看，组织的目标和个人的目标，并不存在必然的逻辑上的矛盾，相反，组织目标和个人目标应该是相容并且辩证统一的。因此，德鲁克将目标管理称为管理"哲学"。"目标管理和自我控制被称为管理'哲学'倒是合理的，因为目标管理与自我控制是基于有关管理工作的概念，以及针对管理者的特殊需要和面临的障碍所做的分析，与有关人类行为和动机的概念相反。"[1]德鲁克管理语境下的目标管理，并不是一种由上至下的机械的、工具化的强制管理，目标管理也不是建立在对人性的扭曲基础之上的一种粗暴、简单、低级的管理工具。组织目标包含多层次和维度，宏观目标如战略目标，微观目标如业绩目标、财务目标、创新目标和人力资源目标等，这些在目标管理和自我控制的核心思想之下，都转化为以激励和引导为手段的个人目标管理。通过定性的标准，结合定量的标准，在上下级达成共识的基础上，强化个人实现目标的责任心和凝聚力。

其次，基于人本伦理的目标管理，让组织管理中人的主体性

---

[1]　[美]彼得·德鲁克：《管理的实践》，齐若兰译，机械工业出版社2019年版，第138页。

和能动性得以彰显。在目标管理中，人的主体性被置于管理的中心位置。管理是人的管理，管理必须面向主体，它只有为管理相关各方从管理主体到管理对象共同接受，使两者形成意识和行动的默契，才能成为主体管理有效性的验证，也才称得上真正的管理。对管理客体来说，以某种强力和约束形式存在的来自管理主体的管理要求，实际是违背自身意志的外在的存在。目标管理中人的主体性恰恰说明，管理主体能够脱离外界束缚和其他客观力量对自身的影响和控制，从而按照自己的意志独立控制和约束自己的行为，使管理意志和管理主体达成真正的统一。在目标管理中，人的能动性是决定其绩效表现的重要变量和决定性因素。组织管理的直接结果就是组织效能，效能取决于组织中个人的绩效表现。人的能动性建立在人的自觉意识不断发展的基础之上，人的自觉意识是随着人类实践活动得以发展，随着人类实践能力的增强而提高的。在长期的生产实践过程中，随着人的认知能力、思维能力、实践能力不断增强，人的自我意识逐步形成，促使人将人和自然界有意识地区分开来，进而对客观世界进行有目的、有意识的改造，使客观世界成为人的对象世界。人的自觉意识也体现出不同的发展维度，一种凸显为对象性的向外扩张倾向，一种表现为主体性的向内自我反思。自觉意识的对外，表现为将管理主体的意志对象化，充分体现了主体的能动性和目的性。目标管理中的目标之所以能够对人形成驱动作用，用于替代强制性管理，这一理论本身就建立在如下的假设之上，即人的主体性对自我意识产生的目的和行为趋势有强化和激励作用。主体通过自我意识而树立的目标，能最大限度激发人的主观能动性。德鲁克强调这种通过自我意识而主动设定目标的管理模式，旨在克服管理主体和管理客体之间的二元对立，使管理主体和管理客体通过目标变成合一的整体。

第三，基于人本伦理的目标管理使人在组织中实现自由。德鲁克认为目标管理通过管理主客体的统一，实现了个人在组织中的自由意志。管理主体通过自觉反思和自我激励，用自由意志实现主体的选择。这种选择实质上是一种自由的体现，它是主体意识自由和主体行动自由的体现。"管理者的工作动机不再是因为别人命令他或说服他去做某件事情，而是因为管理者的任务本身必须达到这样的目标，他不再只是听命行事，而是自己决定必须这么做。换句话说，他以自由人的身份采取行动。"[1]目标管理和自我控制体现出如下的自由：首先，在目标管理和自我控制中最终权威应是主体的自由意志；在目标管理和自我控制中，管理主体以目标为前进的方向，拒绝各种干扰和外力；在目标管理和自我控制中，是管理主体在自我控制的基础上，按照自我律令进行抉择。德鲁克拒斥了将目标管理和自我控制的工具性和功利性无限放大的理念，因为这种理念并未将目标管理视为一种以人为本的管理理念和伦理，而是将其视为一种绩效管理工具。

德鲁克的目标管理思想体现了人的主体性。目标管理思想是主体回归的管理哲学。人的主体性是人与客体相互作用中应具有的能动性，这种能动性主要表现在两个方面：一是人在对自然社会的认识利用和改造方面表现为人的主动性、创造性和选择性，二是人在对自然社会的责任方面表现为人的道德性、理智性和自觉性。

---

[1] [美]彼得·德鲁克：《管理的实践》，齐若兰译，机械工业出版社2019年版，第138页。

二、责任伦理在组织管理中的实践

德鲁克始终将责任视为组织最重要的价值守望，视为绝对的善在组织中的体现。"否定责任就是否定绝对的善，或者说绝对真理的存在。"[1]德鲁克的责任伦理是德鲁克最具道德感召力的管理伦理思想之一，尽管这种责任伦理和道德至上的观点被认为充满了理想主义色彩，甚至有人将德鲁克《公司的概念》一书比作柏拉图的《理想国》。但此后的管理发展和社会道德进步多少证明了德鲁克在管理理念上的时代性。德鲁克的责任伦理思想贯穿于社会管理、组织管理、个人管理的各个维度，其提出的组织需承担社会责任的观点被认为最具代表性，在实践中影响最为深远。

德鲁克认为组织作为社会的功能器官，占用了大量的社会资源，履行社会赋予的特殊职能，对社会产生各种各样的影响，因此社会责任是组织必须面对和审慎考虑的重要议题。"所有机构的管理层都要为各自的'副产品'负责，即管理层必须为机构所组织的合法活动对员工、自然环境以及社会环境所产生的影响负有责任。"[2]随着组织社会的来临，组织承担了越来越多的社会职能，因而对组织的期待，也随着组织能力的不断提升而与日俱增。"人们越来越期待机构能够参与并解决社会问题……那么现在组织机构的使命是什么？机会何在？有限性是什么？"[3]基于这些深刻的洞察及反思，德鲁克提出了一系列对于社会责任的追问，形成了独特的企业社会责任思想。

---

[1]［美］彼得·德鲁克：《工业人的未来》，余向华等译，机械工业出版社2019年版，第101页。

[2][3]［美］彼得·德鲁克：《管理：使命、责任、实践（使命篇）》，陈驯译，机械工业出版社2019年版，第394页。

（一）社会责任引导重塑组织职能

德鲁克并非第一个提出社会责任这一概念的管理学家。在德鲁克之前，社会责任的讨论已经延续了一个多世纪，几乎所有的管理学论述都会涉及社会责任的话题。企业的社会责任思想由美国经济学家约翰·贝茨·克拉克（John Bates Clark）于1916年最早提出，而经济学家霍华德·鲍恩（Howard Bowen）在《企业家的社会责任》一书中进一步对有关社会责任的思想进行深入阐释。这些观点与后来德鲁克的社会责任思想有着明显的区别。

德鲁克的社会责任伦理思想强调重塑组织职能。社会责任视域下的组织管理要求组织解决现实的社会问题。德鲁克认为以前人们讨论的企业社会责任主要集中在如下主题上：首先，企业的社会责任是公共伦理与个人道德之间的制约问题。强调的是组织管理者对自身的道德约束和制约程度，以及为了组织的利益组织内部如何限制组织成员的不道德行为与限制的程度。其核心内容可以归纳为，如何有效避免假公济私。其次，早期的企业社会责任还将注意力集中在雇主对员工承担的义务和责任上。第三，还有一部分社会责任是指企业管理层，对社区事务和社区文化应有的关注和承担的相应责任。例如，具体表现为对一些如博物馆等公共服务的捐赠和支持。总而言之，以往的企业社会责任的着眼点，还是聚焦于管理者或商人本身的社会责任，并将其范围限定为其工作之外或企业行为之外应该或可承担的相应责任。第二次世界大战之后，美国税法修改所引发的对于慈善事业捐赠的热潮，既赋予了企业家更强烈的捐赠动机，又激发了人们对企业承担更多社会义务的期盼。德鲁克讨论的社会责任则聚焦于，组织如何履行好自己的社会功能，并在处理和解决社会问题时发挥自身的力量。而这种期盼和对组织的要求，已经不再限于种族歧视、环境保护等议题。新的社会责任理念已经不再追问"企业对员工应该做什么"或"企业应该如何约束自己"这样的问题，取而代之的是，组织如何对处理社会问题和解决社会弊病承担更多的责任。这种新的社会责任观，要求组织为守护社会良知，解决社会问题作出应有的贡献。

社会责任视域的组织管理要求赋予组织新的意义。德鲁克的组织伦理在组织中的实践重构了组织的意义。首先，组织社会责任的要求证明组织是一种成功的制度和形式，而且组织的成功被寄予厚望。正如德鲁克所说："对企业之社会责任的汹涌如潮般的呼声，并非对企业充满敌意，相反它正好说明了企业制度的成功所引发了新的期望，在许多情况下甚至有点夸大的期望。在很大程度上，对企业之社会责任的要求，正好体现出企业成功所要付出的代价。"在相当长的一段时期内，如在第一次世界大战时期，普遍化的贫穷限制了人们的想象。经济的快速和可持续发展，通常被视为一种例外情况，这与现在普遍对经济发展和所能取得的社会成果持乐观态度正好相反。几乎没有人能想象在之后的一个世纪内全世界的大部分人口能够脱离贫困，即使在那些相对较早进入了工业化时代的国家和地区，甚至当时在一些发达国家消除贫困也被视为一种奢望。"查尔斯·布思曾对当时世界上最富有城市伦敦的贫民状况进行首次有系统的调查与说明，其研究成果在世纪之交出版，可是今天很少有人相信这样的描述。今天只有来自印度加尔各答的恐怖故事才有与其同等的悲惨效果。"[1]没

---

[1]［美］彼得·德鲁克：《管理：使命、责任、实践（使命篇）》，陈驯译，机械工业出版社2019年版，第399页。

有人能预想贫困会大范围消失，直到组织以及组织的社会迅速改变人们的生活境遇。人们开始对各种组织这种新型的社会职能器官产生巨大的信心和依赖感，这些组织既包含企业，又包含了各种社会机构如大学等。大学同样被赋予了这样神圣的使命，正如德鲁克举例说明的，20 世纪 60 年代的学生积极分子反复说道："如果科学能告诉我们如何把人送上月球，那么科学一定能够告诉我们如何创造一个恰当得体的环境，如何把我们从城市毒品中拯救出来，如何让我们的婚姻美满幸福，如何让我们的孩子们喜欢上学。如果科学不能做到这些，那么，唯一的解释就是'价值优先次序出现错误'或是'出现恶意的阴谋'了。"[1] 当人们摆脱了为基本生活苦苦挣扎的困境之后，普遍对那些能够提升生活品质的组织寄予厚望，希望它们能在履行社会职能的基础上承担更大的责任。这体现了人们对组织以及组织管理过分的依赖。其次，对组织社会责任的呼声还用尴尬的方式，证明了组织存在的另一种意义，行使职能以弥补美国民众对政府的不信任和失望。越来越多的社会问题让民众寄希望于政府能够有所作为，然而即使那些强烈拥护政府的人也无法相信政府能将问题完全解决。在当时，美国政府所能履行的职能受到各种挑战，这既源于当时美国政府内部效率的低下和官僚主义的横行，同时也受制于组织的内部运转机制无法进行有效而快速的变化。最后，组织的管理层也有了新的角色。人们要求企业的管理层来继承社会责任的领导地位。这区别于旧的体制下重要的社会的机构和团体，包括贵族和神职人员，他们的领导地位已经名存实亡，社会威望也荡

---

[1]［美］彼得·德鲁克：《管理：使命、责任、实践（使命篇）》，陈驯译，机械工业出版社 2019 年版，第 401 页。

然无存。而组织作为新兴的社会机构如企业、学校、政府机关的管理者，他们不仅掌握了重要的资源，同时还具有相应的社会地位。企业管理者作为社会责任的关键人物，已经将企业的经营如何规避风险和破坏传统的社会价值观和信仰转变为"如今，新的需求主张企业应该为社会创造价值与信仰，为个人创造自由，努力创建美好社会"。[1]

（二）社会责任和权力限度

在德鲁克看来，责任需要进行有目的的管理，通过这种责任的规制划定组织权力的限度。"自柏拉图和亚里士多德以来，政治与社会理论，一直着重在权力的探讨上。可是在后工业社会，社会与组织的原理一定是'责任'。这种组织社会或知识社会，要求组织必须以责任为基础。"[2]在组织中，责任才是行使权力的基础。德鲁克认为要划定组织的权力限度，必须首先划定社会责任的限度。在这个问题上，德鲁克与通用公司前董事长斯隆以及芝加哥大学经济学家米尔顿·弗里德曼发生了两场论战。

德鲁克与斯隆的论战开始于其《公司的概念》一书发表之后。书中提出现代组织如大型企业应该承担更多的责任，来维护公民的自由和公众利益，以避免政治势力和政治权力的滥用。"但是通用汽车公司的经理，尤其是斯隆，反对任何可能给公司带来超出其经济职能的权利、职权和责任的事物。所以，他们拒绝采纳《公司的概念》提出的建议，这些建议认为：公司应当关心那些今天我们称之为'社会责任'的东西。比如说，对设有工

---

[1]［美］彼得·德鲁克：《管理：使命、责任、实践（使命篇）》，陈驯译，机械工业出版社2019年版，第402—403页。

[2]［美］彼得·德鲁克：《后资本主义社会》，傅振焜译，东方出版社2009年版，第71页。

厂的一些城市的健康状况负起责任，但是通用汽车公司的经理们在这些建议面前退缩了，因为在他们看来，这些是对自己权利明显的剥夺，是非法的。"[1]而通用公司内部的一个原则，是得到其他公司普遍认同的，尽管这个原则强调的是权力和责任的对等。然而这个原则的现实应用却显得狭隘且自私。德鲁克提出的工商企业应当受公共利益影响的理念，被通用公司视为一种公然的不敬。尤其是斯隆本人，甚至对德鲁克坦言"我曾经想过好几次要去写一部自传，但总是觉得这样做显得太过自大而最终放弃了，可是你的书迫使我不得不这样做，它让我清醒地认识到自己有义务做出一份公正的记录"。[2]斯隆最终以《我在通用汽车的岁月》一书来反驳德鲁克，并强调了企业应将企业社会责任聚焦在其经济领域，而没有必要承担与其经营职能范围无关的责任或者关心任何局外的事情。德鲁克始终强调当时的社会现实是政府已经没有能力在很多领域发挥作用。"社会福利机构能力有限，不大可能在自身范围之外的事务上采取有效的行动。"[3]其后几十年的社会现实发展证明，通用公司当时所采取的态度是狭隘以及消极的，尽管他们严格遵守了自身的原则或逻辑。"……因为不论是从理论还是实践上说，现代政府都已陷入了无能为力的窘境。我们生活在一个多元化的世界，与以往的任何多元化时代一样，我们不能确定什么人应对什么事负责，我们只知道传统的政

---

[1]　[美]彼得·德鲁克:《公司的概念》，慕凤丽译，机械工业出版社2019年版，第229页。

[2]　[美]彼得·德鲁克:《公司的概念》，慕凤丽译，机械工业出版社2019年版，第230页。

[3]　[美]彼得·德鲁克:《公司的概念》，慕凤丽译，机械工业出版社2019年版，第232页。

治机构（也就是政府）无法满足社会的需求。换句话说，我们只知道我们不知道答案。不过，我们还知道教条主义肯定是错误的答案。"[1]德鲁克认为正是斯隆的这种观点带来了对通用公司自身的限制。这也是通用汽车公司在后来几十年的发展中困难重重的关键原因，也是通用汽车在社会口碑以及公众声誉上急剧下降的罪魁祸首。德鲁克认为如果通用公司接受自己提出的观点，"那么它就不会犯下雇用侦探来调查拉尔夫·纳德及其私生活这样严重的错误"。[2]德鲁克认为正是通用公司这种傲慢的态度以及教条的原则给该公司未来的发展埋下了巨大的隐患。

德鲁克与米尔顿·弗里德曼的论战也成为备受瞩目的事件。弗里德曼作为自由主义的经济学家，认为企业的社会责任主要还是履行其经济责任即创造相应的经济绩效，除此之外企业不应该承担其他的社会责任，他坚决反对任何异于亚当·斯密在《国富论》中的经典观点，不论这种观点是基于企业的社会责任或其他社会道德。弗里德曼认为，做好企业的工作已经够困难了，如果一个企业除了生产消费者所需的产品和服务，赚取利润，为将来承担风险、投资和成长做准备以外，还想涉及其他事物，这家企业便是不忠于自己的社会责任。在弗里德曼眼中，所谓的社会责任不过是一些不切实际的夸夸其谈。他用亚当·斯密的著名论断"我从来不曾看到那些装作为公众利益做事的人，做出多少好事来"来表达和强化他的观点。德鲁克对弗里德曼的观点进行了直接的批判。"显然，人们对社会责任的要求并不像大多数著

---

[1]［美］彼得·德鲁克:《公司的概念》，慕凤丽译，机械工业出版社2019年版，第232页。

[2]［美］彼得·德鲁克:《公司的概念》，慕凤丽译，机械工业出版社2019年版，第231页。

作文章以及演讲中所讨论的那样简单。我们也不可能像芝加哥大学杰出的经济学家米尔顿·弗里德曼鼓吹的那样漠视社会责任。弗里德曼认为企业是个经济机构，因而企业应该坚持其经济使命。他还认为，强调社会责任可能存在破坏经济效益甚至损害整体社会利益的危险。比这个更加危险的是，强调企业的社会责任意味着企业管理者将会篡夺他们所缺乏的合法权威领域的权力。"[1]当然，这些分歧主要来自双方对人性的不同假设。显然，德鲁克是反对纯粹的"经济人"假设的，尽管效率也是德鲁克所追求的，然而公平和自由同样是德鲁克管理伦理中的核心内容。德鲁克始终将人视为管理的终极关怀和守望。因此，德鲁克的人性假设既摒弃了"经济人"忽略人的精神需求的纯粹理性，又摒弃了"社会人"对工作的忽视。而弗里德曼以及其他对组织社会责任持完全否定态度的学者，则将"经济人"假设视为根本的逻辑起点，并将此应用于管理领域。显然，这一逻辑预设的前提存在着问题，据此所做推演也没那么具有说服力。其次，这种分歧主要来自对企业社会责任进行法理性分析的不同视角。德鲁克主要从内部考察企业社会责任的运作机制和法理性，而弗里德曼则从企业外部视角进行分析，得出企业社会责任是外部环境的压力迫使企业作出的抉择。

德鲁克赞同权力和责任存在着密切相关性，认为社会责任与组织的权力划定具有密不可分的关系。不能否认的一个事实是，尽管对于组织的责任与权力的限度存在争议，这却并不影响组织对其引发的负面影响承担相应的责任。尽管是偶发性的事件，只

---

[1] [美]彼得·德鲁克：《管理：使命、责任、实践（使命篇）》，陈驯译，机械工业出版社 2019 年版，第 409 页。

要造成了不良影响，就应当承担相应的责任。即使组织在权力划定时并未考虑类似的事件。从这个意义上讲，责任并非与权力划定是一一对等的，责任与组织造成的社会影响或可能造成的社会影响密切相关。弗里德曼所持的立场代表了当时主流社会对于社会责任的看法，即如果企业不拥有或者不应该拥有某种权力，那么就不应承担这种权力下相应的社会责任，否则就是对权力的篡夺。

德鲁克用实践案例说明，如果对组织提出过分的社会责任要求，只能导致两种结果：一种是破坏原有的权力结构，即完全不负责任；或者导致极权主义，即基于另一种形式的不负责任。德鲁克以美国消费者保护运动的代表人拉尔夫·纳德为例说明，如果大型组织接受纳德所要求的，对于产品与服务之外的多个领域承担责任，就可能导致无限社会责任，以至于忽略企业最根本的社会责任——经济责任。纳德小组1972年关于批判杜邦公司在特拉华州的报告就清晰地证明了这一观点。"该报告甚至只字未提杜邦公司的经济绩效，也不描述杜邦公司在整个通货膨胀时期不惜成本降价销售以供给美国经济所需的基本原材料；相反，该报告尖刻地抨击杜邦公司没有使用其经济力量去帮助该州公民解决许多社会问题，从种族歧视到医疗卫生，再到公立学校等。"[1] 在这个事例中最为讽刺的是，杜邦公司因为"没有承担相应的社会责任，而被冠以对社会责任严重玩忽职守的骂名"。在另一面，传统的左翼人士对杜邦公司的抨击则是"干涉并支配了特拉华州，并且行使非法权力"。纳德小组试图达到的一个目的

---

[1] ［美］彼得·德鲁克：《管理：使命、责任、实践（使命篇）》，陈驯译，机械工业出版社2019年版，第439页。

就是使人们相信，大型组织是社会中最具有优势的机构。

　　而如同米尔顿·弗里德曼坚持免除经济责任之外的其他社会责任的立场，同样存在着极大的危害性。因为数量巨大的社会问题确实存在，而且随着社会的复杂程度越来越高，各种权力真空也客观存在，各种社会组织包括企业不论多么希望划清权力与责任的关系，但往往事与愿违。同时这也意味着各种组织，要清醒地认识到自身的行为可能随时带来的社会危害和风险。否则在这样迅速变化及发展的社会中，相互推诿和迷信过时的教条，只能使社会倒退或无法正常运作。组织扮演着无可替代的社会角色，因此组织必须承担相应的社会责任，这已经成为一致的认识。德鲁克认为组织权力的范围和所承担的责任应该限定在不超出自身绩效领域或者对自身造成负面影响（也包括可预见的影响）的范围之内。德鲁克的这一观点，被随后制定的国际国内准则，例如SA8000及中国2006年颁布的《公司法》所证明，即公司作为组织必须承担相应的社会责任。

（三）社会责任创造商业机会

　　企业的社会责任主要出现在以下两个领域：首先，是组织本身对社会造成的影响和问题；其次，是社会自身造成但无法凭借自身解决的困扰。对于前者来说，组织应该承担的社会责任，就是尽可能避免或者减少带来的负面影响，以及对环境、社会、公众可能造成的伤害，其中也包含对社会价值体系和道德规范可能造成的损害。而对于后者，组织的社会责任尽管不是出于某种特定性的规定，但从德鲁克的伦理视角来看，组织应承担超出职责和使命的适度责任，并按照其能力为社会作出应有的贡献。这是出于组织的责任伦理考量，即使考虑到管理当局本身的利益，这也是完全必要而且合乎逻辑的。组织存在于社会之中，是社会的功能器官，组织的发展也离不开运转正常的功能社会。承担社会责任，能为组织创造新的商业机会。

首先，组织承担社会责任为创造新的商业机会提供外部环境。组织并不是孤立地存在的，组织的发展和新的商业机会，需要一个良好的外部环境，一个健全的企业不能存在于一个病态的社会。现代组织存在的意义，就是履行其社会所赋予的特殊职能。从另一个意义上讲，组织的存在就是社会的一个有机部分。德鲁克用有机的社会观，将组织、社会和个人通过责任联系在一起。组织履行社会责任是在为整个有机系统作贡献，也是在为自己生存创造良好的外部环境。如果这一有机体遭到破坏，存在于有机体中的任何一个部分都会受到损害，无法独善其身。这种负面影响可能是来自整体社会价值观和道德规则的扭曲。如失去诚信，组织则面临高昂的交易成本。而无谓消耗组织的资源和造成不可避免的成本上涨，有可能使潜在的需求化为乌有。整个社会生态是如此的复杂，而蝴蝶效应是无法预测的，因而即使最微小的负面影响，也可能引发难以承受的灾难。德鲁克列举了20世纪40年代末50年代初，福特公司、大型电力公司和哥伦比亚大学的案例，以说明一些微小的负面影响如何成为攻击组织的导火索，最终组织将付出何等沉重的代价。

其次，组织社会责任为创造新的商业机会提供了可能。最初的组织就是在为社会解决各种问题时开创了自己的商业模式。因此，处理各种社会责任问题最好的方法，是将各种社会问题转化为商业机会。例如，陶氏公司就曾敏锐地发觉，空气和水污染等环境问题在未来将普遍存在，因此积极开发了相应的技术，制定了零污染的排放政策，并将废气中的有用物质进行分离循环利用，最终使该公司在这一领域创造了新的商业机会。杜邦的工业毒物实验室敏锐地意识到，它的许多副产品具有很强的毒副作用。为了消除这些可能潜在的风险和负面影响，杜邦公司采取了与其他对此无动于衷的组织完全不同的策略，设立了新的部门用来专门监控工业有毒物质并进行商业开发，开发无毒化合物并对有毒产品进行检测，后来这项业务为公司的各类客户提供了新的服务。最具代表性的还有 IBM 勇于面对社会问题，给员工提供安定的就业保障，废除计时工资制度，大胆创新，为大萧条时代的美国工人带来了安全感和尊严。正是这个行动为 IBM 建立了良好的声誉，激发了员工的潜能，也直接使十年后的 IBM 成为知名的电脑服务供应商。在德鲁克的服务对象中，罗森沃尔德、福特、IBM、奥迪维蒂等知名企业和组织都有将"危机"转化为"商机"的成功实践。

最后，组织的社会责任为创造新的商业机会提供可持续的可能。组织的可持续发展，不仅需要有良好的外部环境和良好的商业模式、经营理念，同时更为重要的是组织拥有良好的价值观和使命愿景。一个组织的价值观和使命愿景，如果不利于整个社会有机体或仅仅将经济绩效视为唯一存在的目的，是无法支撑组织克服未来经营中的各种困扰和障碍，实现长期可持续发展的。短期的目标只能带来短期的行为，战略上的短视只能带来战术上的急功近利。德鲁克认为这是绝对的责任，是管理者不能放弃也不能推卸的责任，假如企业的创新和发展未能获得应有的成果，那么社会就会变得贫困和虚弱。组织自身的良好发展，也能促进社会有机体的良性循环，同时有助于建立良好公正的社会价值和道德体系。从这个意义上讲，德鲁克的社会责任理念，从组织的社会本质、组织管理的伦理底线、组织存在的使命意义三个维度上证明了，组织的社会责任将为创造新的商业机会提供可持续的可能。

三、绩效伦理在非营利性组织中的实践

非营利性组织在整个社会系统中扮演的角色越来越重要，不仅承担了各种社会职能，而且提供了许多社会服务，更重要的是它使社会中的组织形态更加多元化，使组织的存在不再局限于经济目的或政治目的。这已经成为不争的事实，非营利性组织已经成为当今社会不可或缺的重要组成部分。尽管在二战以后，美国的非营利性组织得到飞速的发展，但是在德鲁克之前，很少有人将管理与非营利性组织联系起来。当时民众视角下的"管理"意味着对营利性机构的管理。非营利性组织既是普遍性的存在，又是组织中相对特殊性的存在。当时人们对非营利性组织的管理普遍持消极态度，因为一般的观点认为，"管理"意味着财务上的损益，而非营利性组织恰巧是不考虑损益的。德鲁克敏锐地观察到非营利性组织甚至比一般的企业更需要良好的管理，而且只有通过有效的管理组织才能实现自己的使命。

非营利性组织不仅是"非营利性"的，更重要的是它们还是"非政府性"的。这使得此类组织的管理与传统意义上的企业以及官僚机构有着显著的区别，而非营利组织所提供的最终成果，既不同于企业所提供的产品和服务，也不同于行政支持和公共服务。德鲁克称，"非营利组织是人类改造的机构，其'产品'，可以是一个康复的病人、一个有学习能力的孩子、一个年轻人成长为自尊自重的成年人，也可以是一个被完全改变的人生"。[1]

---

[1]［美］彼得·德鲁克：《非营利组织的管理》，吴振阳等译，机械工业出版社2019年版，序言第24页。

同其他组织不同，非营利性组织在关键经营要素上具有其特殊性，这些要素包括：组织运营的关键驱动，以及组织的核心服务和资金运用的策略。非营利性组织的资源相对更为缺乏，且作为非营利性组织的核心的志愿者的管理与企业的以契约为核心的劳资关系有着显著的不同。这些使非营利性组织的管理与一般的组织形成巨大差异。德鲁克的绩效管理伦理思想，在引导非营利性组织的管理中创造了良好的实践成果。

管理本身的目的并不是为了创造利润。利润只是成功管理所产生的绩效的一种数字化外显。因而管理和利润并没有直接的因果关系，管理的一个根本动机是为了更好地实现组织使命、更有效地行使社会职能和创造更好的绩效。德鲁克绩效管理伦理思想在非营利性组织的如下三个方面展现了其卓有成效的实践。

（一）厘清边际和底线

德鲁克组织管理伦理中的绩效维度，对于非营利性组织确定经营成果的底线起到了至关重要的作用。非营利性组织的组织特性及其所扮演的特殊社会角色，使其有可能超越狭隘的政治影响，而根据公共利益最大化的原则，进行道德判断和运营决策。在另一个方面，非营利性组织的管理和控制，则面临着以上特性带来的负面影响，由于无法准确评估非营利性组织的成果边际和运营底线，对非营利性组织的管理难以复制营利性组织或在政府机构中得到有效实施的经验。因此，德鲁克认为要对非营利性组织进行有效的管理，首先就要对其边界和底线进行梳理和划定。企业有财务"底线"，虽然仅凭盈亏并不足以评价绩效优劣，但至少像盈亏这样的财务指标是客观而具体的。不管企业管理者喜欢与否，利润指标必定会被用来测评其经营绩效。而非营利性组织的主管所面临的决策风险则更大一些：在测评绩效和成果的方法还没有确定之前，就要先确定理想的成果是什么。

德鲁克对非营利性组织的绩效边际进行了分析。确定非营利性组织的绩效就是一项充满挑战的工作。不同的非营利性组织，创办的宗旨各不相同，因而很难用统一的标准去界定非营利性组织的绩效或者绩效要素。不同的组织，可能绩效体现在不同方面，例如体现为如何有效募集资金，并将这些资金覆盖尽可能大的受益群体，并且通过提高资金的使用效率最大限度满足受益群体的诉求；抑或包括对某些弱势群体提供好特殊的关照和服务，包括唤醒大众某方面的意识；或者通过各种赋能提高他们在社会中的生存能力，可持续地改变他们的生存环境和生存条件；也可能是体现为如何将志愿者有效地组织和协调在一起，并通过这样的志愿者群体和网络，跨越地理空间形成某种公益服务的覆盖；也有可能是提供某种对于社会问题的解决服务，比如禁毒问题等。在这种组织中，尽管这种需求的持续增长或真实存在是组织存在的前提，但组织必须明确其绩效不仅是提供治疗等补救动作，更重要的是进行预防。因而绩效还意味着去面向一些新的群体，甚至是那些完全与毒品毫无联系的群体，也必须向他们进行宣传，以降低这种问题可能发生的概率。

对于非营利性组织而言，如果从绩效的维度看待组织的管理，那么意味着非营利性组织必须围绕着它的使命和根本诉求，来设定它的底线和边际。对非营利性组织而言，仅仅被动地去满足现在的需要是远远不够的。真正卓有成效的非营利性组织要能够积极主动地去创造需要。[1]正如很多艺术机构和博物馆，

---

[1] [美]彼得·德鲁克:《非营利组织的管理》，吴振阳等译，机械工业出版社2019年版，第108页。

从它们使命出发，用绩效方式的经营，重点并不在于将收藏品和艺术品进行保管，更重要的是回归其创立的初衷，即通过自身对于艺术品和收藏品的展示，向大众进行文化的传播和美学的教育。从这个意义上讲，艺术馆和博物馆的绩效体现为如何吸引民众，激发他们的热情，用形式多样和生动活泼的方式传播文化内容，用以提高人们的艺术素养。

德鲁克认为非营利性组织在以绩效的维度来划定组织的底线时，需要注意两个方面并避免这两种极端的倾向。首先是鲁莽行事。"高喊组织的理念使命高于一切，但并不能解决实际问题，如果没人来支持组织理念，就不会有任何作用。"[1]组织的底线在于让组织成员明确，哪些是组织坚守的原则，以及提供产品或服务的最低标准。因此其内容是非常具体的，可以量化控制的，必须使组织成员易于理解和执行，同时使所有的利益相关方都能准确理解。组织的使命在执行的层面，通常会将各种行动的标准、准则、数据、结果作为关键要素，如果忽略这些，而将底线停留在理念的层面，势必造成无法将具体的资源和现实行动的成果进行配置，组织的初衷和理念难以落到实处，这意味着组织底线异化为一种理想化的教条。其次，相反的情况同样危险，那就是避重就轻。"选取那些容易实现的成果作为测评绩效的标准，而非选取那些能够推进使命的成果。"[2]由于非营利性组织并不产生利润，其获取的资源大部分来自社会捐赠和其他非经营渠道，就意味着非营利性组织在坚持为自己的使命进行运营时，有可能

---

[1]　[美]彼得·德鲁克:《非营利组织的管理》，吴振阳等译，机械工业出版社2019年版，第108页。

[2]　[美]彼得·德鲁克:《非营利组织的管理》，吴振阳等译，机械工业出版社2019年版，第109页。

不得不接受其他附带条件。例如一笔数目可观的捐赠可能会附带某些条件，尽管这些附加条件听起来并不那么刺耳，甚至有的让人觉得也无伤大雅，但这都会给非营利性组织的原则底线提出挑战。如果接受了这些条件，也就意味着非营利性组织有可能违背自己的初心。这同样为非营利性组织提供了另一方面的积极的动力，那就是要坚守自己的原则，就必须将自己的管理做好，只有这样才能更好得到那些认同自身原则的捐赠和财务支持。因此非营利性组织的底线划分的本质，就是在其无偿经营或不获取收益的情况下，保证组织正常运作所需的物质基础和财务基础并作出权衡，其中坚守底线是长期可持续发展的最佳策略。

从使命和愿景出发，才能使非营利性组织的核心绩效的实现处于正确轨道。非营利性组织底线和边界的界定，还涉及利益相关者的划分。即使是受到共同的使命和愿景感召的利益相关者，对非营利性组织创办的初衷和使命有着不同的解读，他们希望达成的绩效以及对绩效的评价标准也各不相同。同一般性的企业和政府机构不同，非营利性组织的利益相关方在数量和各自需求上存在着巨大的差异。如何让不同的利益相关方，就非营利性组织的长远目标形成共识，并基于这样的共识建立统一的行动方案，是非营利性组织在划定底线时不得不面对的现实问题。在解决这个问题上，必须关注长期目标，因为在短期目标上，所有的利益相关方都会因为各种原因无法统一，互不让步。由于各自立场以及对于绩效标准所持的评价体系不同，只有通过远期的目标，回归到最初，才有可能将他们统一起来。尽管这是一个旷日持久的系统性工程，但是组织的绩效如果不从这里入手，最终将无所获。

非营利性组织划定绩效伦理底线时，也要厘清道德理想和现实运营之间的关系，同时避免因混淆道德理念和经济现实而造成资源错配。每个非营利性组织都有着美好的理念，具有相应的吸引力，让人感到值得为之长期努力，甚至付出巨大的牺牲。非营利性组织在实现这些理念必须进行的管理以及为这些管理划定的绩效标准上，必须面对经济现实，同时应该审慎考虑如何实现是最富有绩效的方式。这些都是围绕绩效需要考虑的关键问题：哪些是我们核心的使命？以及围绕这样的使命，我们拥有哪些资源？运用这些资源的方式是不是最优的解决方案？我们应将有限的资源投入哪些更具有绩效的领域？正如德鲁克所说："我们负担不起持久不懈地追求这一类无法取得预定成果的正义事业。"[1]基于对这些崇高的使命以及美好的理念的追求，人们更倾向于将组织的目标坚持到底，这是自然而然的选择。风险滋生于这样的长期诱惑之中，如果不能用以绩效为核心的方式，来实现美好愿望和组织的使命，即使其本身是合乎道德的，追求的手段也不那么完美。非营利性组织是改变人类的机构，因此其绩效就体现为对于人的本身的改变，可能是直接的，也可能是间接的，但其核心是改变人的潜能和能力。因此，非营利性组织的底线划分必须根据非营利性组织对人设立的目标而确定，同时从绩效维度来不断提升和完善这些目标，这是非营利性组织能持续发展的一个关键因素。"非营利性组织必须根据其所设定的愿景和标准、所创建的价值、作出的承诺以及提高人类能力的绩效来进行自我测评。"[2]非营利性组织要落实具体的管理活动，在划定

---

[1]［美］彼得·德鲁克：《非营利组织的管理》，吴振阳等译，机械工业出版社2019年版，第112页。

[2]［美］彼得·德鲁克：《非营利组织的管理》，吴振阳等译，机械工业出版社2019年版，第113页。

原则底线的情况下，还要确定完成使命和目标的规则。

（二）助力确定规则

对于非营利性组织的管理，德鲁克认为从绩效管理伦理的维度意味着要确定非营利性组织的基本规则：有目的地选择与有目的地放弃。非营利性组织与其他组织一样，容易迷失在组织内部繁杂的日常事务之中，被各种官僚主义裹挟而忽视自己的使命愿景，甚至将组织作为其追求的目标。对于所选择路径的过分自信，以及全局战略视野的缺乏，只会使非营利性组织在偏离使命和遗忘初衷的道路上越走越远。

德鲁克认为非营利性组织的基本原则，就是在进行管理活动时始终围绕着非营利性组织的使命，完成与使命直接相关的活动。只有回归这种使命和绩效的本源，管理者才可能真正从绩效的角度建立起非营利性组织的管理原则，以终为始，由外及内而非由内及外地思考。德鲁克描述的解决护士短缺的例子很好地证明了这样的基本原则：为了降低护士的跳槽率，院方特别制定和实施了一系列安抚护士的政策后，跳槽率不但没有下降反而有所提升。但当院方将注意力重新放到护士真正的职责和使命上即"护理病人"时，并为护士提供专门的文职人员，负责各种杂物和相关的公文作业，让护士能够更专心地护理患者，结果离职率下降了，同时所有的员工包括护士的满意度大幅提升。这样使得医院用较少的人力，完成了更多的护理工作，同时可以承担更高的护士薪酬。

对于非营利性组织行为偏离其核心宗旨，或者已经在低绩效的路上渐行渐远时，如何能够及时发现就成了关键。管理者应该从以下几个方面发现组织内部发出的信号。首先，关注长期的纷争和口角，并分析是否仅仅是个人之间的冲突。这有可能是组织内部低绩效或者偏离宗旨的清晰信号，代表组织内部出现了各种对组织宗旨理解的冲突，或者预示了基于过去建立的组织结构已经不能适应现实的情况，因此必须给予高度关注。其次，关注信息的沟通和传递，是否按照最有效率的方式流转。非营利性组织的管理传递，因为采用相对松散的管理结构，所以信息成了联结各个部分和各个成员的重要链条，如果信息得不到有效的交换和流转，那么非营利性组织的低效率就在所难免。从绩效的维度评估非营利性组织的信息传递，必须让每个成员反复思考两个问题：有效信息的流入以及有效信息的输出，分别意味着我所需要的工作信息是从什么渠道，以什么形式输入到我这里？同时，我如何高效地向我的同事，以何种方式输出他们所需要的工作信息？在如今非营利性组织的结构更加扁平化的趋势下，以往的那种紧密的层级管理结构将不复存在，因此信息无法用以往那种线性流动的方式进行传播。这种扁平结构的优势是减少了中间环节对噪声的放大和有效信息的衰减，同时又意味着每个成员都成为信息转发和扩大的节点，并且都需要担负起对信息传播的责任。这种责任既包含向上汇报的责任，同时又包含向平行的同事和其他相关职能部门进行汇报的义务。最后，以绩效的维度来设计非营利性组织的组织原则，要在责任清晰的情况下建立信任并进行有效授权。因为在非营利性组织中，核心成员大多是无私奉献的志愿者，而志愿者之间的相互运作并非靠组织的强制性权力，而是依靠志愿者之间的相互信任和彼此之间良好的合作关系。这就需要成员之间彼此了解对方的关切和期待，只有通过有效授权，才能建立起对任务和具体工作的责任，这种授权又能强化彼此之间的信任。

对非营利性组织的规则进行确定，还必须对非营利性组织提出具体和更高的工作标准。"对自主性和统一性的矛盾冲突起协调平衡作用的，首先就是清晰明确的高标准。"[1]首先标准必须具有挑战性，尽管在短期内可能无法得以实现，但正是高标准存在，让非营利性组织中的管理者和志愿者能够清晰地看到自身的不足，从而调整前进的方向。而不具有挑战性的标准，显然不具有这样的驱动力，并有可能将组织引导到平庸的恶性循环之中。不但要制定具有挑战性的高标准，还必须使标准明确清晰，易于理解。这是使所有工作人员能够快速了解工作内容、担起工作职责、提升工作绩效的最为基本的内容。有了这些统一的标准，所有的组织成员就能围绕这一标准进行资源的筹划和人力的安排，并围绕着共同的使命和愿景，将各自的责任紧密联系在一起。这些标准不仅用来衡量行为的恰当和绩效的高低，同样对于组织成员的价值观和伦理道德都具有非常重要的规范作用。这种清晰具体的高标准不只是一种文字上的规范，同时还可以是某个具体的事例或模范成员，更能激发组织成员的热情和潜力。通过对这些事例的分享和模范成员的表扬，人们能够增强对于可能取得成就的信心。基于这种清晰的高标准，非营利性组织就能对组织成员和自身的工作进行有效评价。管理者可以据此对下级进行辅导和支持，工作人员能够进行自我评价。无论是来自他人，还是来自自我的反馈和评价，都是对志愿者的一种激励，在没有金钱报酬作为回馈的情况下，这种对于绩效的反馈就是重要的回报之一。

用绩效伦理帮助非营利性组织确定规则，同时还有一个更基本的规则就是必须要求组织成员，特别是管理层，经常改变视

---

[1] [美]彼得·德鲁克：《非营利组织的管理》，吴振阳等译，机械工业出版社2019年版，第120页。

角。管理者应当学习从组织外的角度观察组织，以及看待组织的绩效和组织存在的宗旨和目的。在组织内部，所有的行为只会产生成本，而绩效来自组织外部。组织成员只有脱离内部纷繁复杂的困扰，而从外部客观地观察组织绩效的来源和组织运作的情况，才有可能提升组织的绩效。从另一个角度看，不但要跨越到组织外部，同时还要走到组织的更深处和直接与被服务对象接触的一线，只有在真正的现场才能体会到绩效的产生和绩效的品质。只有通过这样的换位思考和转换思维定式，才能真正发现非营利性组织运营中的绩效短板和长处，而管理的要义正是取长补短。

（三）推动决策执行

德鲁克提出非营利性组织以绩效为伦理思想的管理核心，不仅体现为划定组织的底线，确定执行的规则，还要落实到具体执行中的有效决策。管理就是决策。组织的成败也在于决策。由于非营利性组织的经营目标和经营成果不同于一般的企业和政府机构，且各种非营利性组织的使命和愿景各不相同，不具有普遍的、可借鉴的模式和指导绩效的核心指标，这就要求管理者能够根据各种不同的管理场景和任务目标进行有效的决策。

首先，必须把握非营利性组织决策的本质是什么。德鲁克举例：女童子军组织意识到该地区的种族构成比例正在发生急剧变化，而面临是不是将不同种族的孩子编成不同的团队问题。如果单纯从经济角度和筹措资金的可行性来讲，出现这种种族隔离的童子军团似乎就顺理成章，然而一旦将决策的本质认真地加以思考，那么问题便迎刃而解。决策是为了解决问题或者创造机会，决策不是用新的问题去掩盖旧的问题，也不是用少数人的机会去剥夺或者替代其他多数人的机会。如果从绩效考虑决策的话，决策意味着必须履行组织初创时的使命，同时决策总是要承担风险的。制定决策，要忽略那些琐碎的不影响最终结果的细节，只将最重要的事项置于决策者的视线。

非营利性组织的管理决策成为绩效维度考量的重点。决策中必须权衡的，就是机会与风险的平衡。如果给我们带来的机会大于风险，那么决策可行，其中"机会"在所有评估要素中占据优先地位。在决策可行的状况下，我们要从以下几个维度考虑风险：首先，是我们能够承受的风险。即这种风险不会对我们的决策产生致命性的打击，同时这种风险带来的问题，通过我们的努力能够用较低的成本得以解决，而且造成的损害也被控制在有限的范围之内。其次，是带来无可挽回的损失的风险。这种风险造成的后果，严重影响使命的完成，将造成无可挽回的损失。最后，是无可避免的风险。尽管决策带来的风险巨大，但我们不得不面对和承担这种风险。通过这种对于决策评估的方式，人们能够清晰判断采取的行动将会带来的收益和损失。

另一个从绩效维度必须考虑的决策要素，就是决策中需要不同的意见。正如德鲁克所说，在重大事务的决策中应该避免一边倒的意见一致，当面临这种情况时可以先搁置一下，等每个人都充分思考后再来决策。重大的决策有风险，应该有争议，如果大家都一致赞成，只能说明思考得还不够充分，或者根本没有认真思考。"通过有效的讨论来充分理解问题的实质是非常必要的，因此需要不同意见并进行辩论。如果在一片喝彩声中做出决策，所做的决策必然是肤浅的，不会触及问题的实质。我们需要不同意见，但也必须使之富有建设性。"[1]从这个角度去评价决策的

---

[1] [美]彼得·德鲁克.《非营利组织的管理》，吴振阳等译，机械工业出版社2019年版，第126页。

过程是否富有绩效，首先必须遵从这样的前提假设，即在组织中不存在完美的意见，每种意见都是针对同一个主题所阐释的不同侧面。因此每种意见都值得被尊重和倾听，且必须假设无论哪一个意见都有其正确的因素。当然我们必须仔细分析每种意见能解决哪个具体问题，并把不同意见间的碰撞当作相互沟通、相互包容、相互尊重和达成共识的重要方法。

尊重和包容，甚至鼓励不同意见的决策方式，在非营利性组织中显得尤为重要，这不仅有效避免了由于错误决策而给组织带来的风险，同时对非营利性组织预防内部分歧、缓解内部冲突起着至关重要的作用。非营利性组织成员一般是基于共同的美好信念和对组织的信仰而凝聚在一起，因此如果由于刻意避免纷争和不信任而实施简单和草率的决策，将会掩盖这些足以使非营利性组织最终走向分裂和不信任的问题。而开诚布公地进行各种不同意见的沟通和交流，有利于非营利性组织的管理，排除那些琐碎细节的干扰，使其集中注意力，投入真正的核心决策。当所有的利益相关方能认识到各自观点的差异及其局限性，这就意味着解决矛盾的认识基础已经建立，而且也容易将这些矛盾是否需要在组织内进行解决，或者对这些矛盾与最初的使命、愿景之间有无直接的因果关系进行理性而客观的分析。只有在这种不同意见的相互碰撞和相互平衡中，才能使那些富有建设性的、创新性的敢于突破固有思维禁锢的理念、方法和意见脱颖而出，这也是创新和变革产生的土壤。

决策的失败并不体现在决策的本身上，而反映在由决策所引发的行动结果上。因此，从绩效的维度评判决策的成败，就必须将决策后的行动纳入决策体系中。事实上，思维和行动尽管在管理上被人为地割裂开来了，但本质上它们都属于管理活动，是互为因果且不宜分开的。从这个意义上讲，要防止决策的失败，体现在行动上就必须避开以下几个误区：首先，避免在决策方案的推销上浪费过多的时间。西方的决策机制过于追求效率，希望在短暂的时间内作出决策，然后再将这种决策的结果通过游说、展示、沟通等方式"贩卖"给组织其他成员。而这种"贩卖"往往耗时过久，等这种决策被所有人接受时，决策的时效性已经丧失。德鲁克认为，"在这一点上，我们可以向日本人学习，他们在做决策前总是先构建行动纲领。在日本的组织中，在作出决策之前，都要向受到决策影响的每个组织成员，尤其是那些将要去实施决策的组织成员，去咨询与决策有关的一些问题"。[1]这些方法帮助日本的组织在管理中，当决策被推出之后，就能立即得到执行。另一个常见的误区是盲目扩大新的决策所执行的范围。应该有意识地进行甄别，在何种范围内进行执行才是恰当的。在多数情况下，新的决策都需要一个尝试和完善的过程，审慎的执行者会在局部范围内进行决策试点，以验证其有效性并在实践中逐步完善，最后才进行大范围实践。第三个误区是决策的执行过程被忽视。执行过程需要同决策本身一样严格制定，并采取有效的措施使其能够在监督下得到有效的贯彻。最后一个误区也是最具普遍性的，即忽视前提假设的改变。在决策执行过程中要随时深入一线了解当初决策的前提假设，考察决策的重要依据是否已经改变。"决策是把目前的资源投向充满变数的未来。根据基本的概率统计理论，这意味着决策失误的概率将大于正确的概率，

---

[1]　[美]彼得·德鲁克：《非营利组织的管理》，吴振阳等译，机械工业出版社2019年版，第130页。

至少它们是需要调整的。"[1]对于决策后期的调整和补充，以及出现意外状况时的补救措施，都应该成为决策的一部分。非营利性组织向企业或其他机构学习，认清组织的有限性，不会犯错以及不能犯错，在现实中显然是一种非理性的苛求。管理者基于绩效的伦理思想应该考虑的是，如何在决策中有效规避风险，以及当风险发生时如何调整并使其回到正确的轨道。

---

[1] [美]彼得·德鲁克：《非营利组织的管理》，吴振阳等译，机械工业出版社2019年版，第132页。

第四章　德鲁克个人管理伦理思想

第一节　德鲁克的人性观

一、人性的残缺与完善

德鲁克的个人管理伦理思想，是建立在对于人性的洞察和假设之上的价值判断。德鲁克从更宽阔的视野，更多维视角对人性进行了反思和批判，吸收继承传统西方哲学中的人性论观点，并融合现代管理学的人性假设，在此基础上形成其独特的人性观和人性假设。德鲁克管理伦理思想的人性观超越了传统的自利和利他，以及善恶两极分立的简单划分，从纯粹概念的思辨，提升到人的本质的发现，实现了人性实体观到人性实践观的跨越。德鲁克的个人管理伦理思想的内核存在于人性的不完美和追求自我完善之间。

（一）人的不完美性

德鲁克认为，人的不完美性使管理有了存在的必要性。

正是因为人的不完美，人类社会才需要管理。如果这个世界中的每个人都是完美的，管理显然没有存在的意义。人的不完美性是自由的根基，自由是管理得以实现的根基，一个不自由的人是不可能成为管理者或者被管理者的。

德鲁克认为人类的完美性将导致专制和极权，进而必将导致管理的不可能。如果人类中的某一个个体被视为完美无缺，那么这种假设的前提就意味着背弃了人类拥有选择的权力和必须承担不可回避的责任，这势必导致专制和极权。在这个意义上，那些宣扬人类完美的各种极端学说，从本质上是否定自由的。同时，那些抛弃伦理责任的观点，显然也是抛弃自由的。这也从另一个角度解释了专制和极权主义，来自那些对人类完美性的错误认识，或者说是出于对人类确定可以实现完美这一假设的滥用。因为完美的人必将更接近于真理，或者他掌握一种确定的方法可以达成真理。那么任何人都不能与之对抗，因为任何人不能与真理对抗。

德鲁克认为人的不完美性是自由得以生发的土壤和思想基础。德鲁克指出，自由的概念源自基督教关于人类天性的解读，在基督教语境下的"原罪"用另一种方式说明了人天生就是不完美的。"自由的唯一基础是基督教关于人类天性的概念：人都是不完美的、软弱的，人都是罪人，是注定要化为尘埃的尘埃；然而，上帝按照自己的形象创造了人，人必须为自己的行动负责。只有当我们看到人类不完美和非永恒是其本质且不可改变的时候，自由在哲学意义上才是自然和必需的。"[1] 德鲁克提出了以下观点：首先，自由的前提是人类能够反思自身的非永恒性和不完美性；其次，只有当人类能够为自身的行为承担不可回避的责

---

[1]〔美〕彼得·德鲁克：《工业人的未来》，余向华等译，机械工业出版社2019年版，第104页。

任时，人类才能享有真正意义上的自由；最后，只有在以上两点的基础上自由才可能真正实现。德鲁克指出违背以上观点，意味着在某种意义上对自由进行了否定。而这也将推导出：任何将人类视为完美的观点，从本质上都是否定自由的。

（二）人的自我完善

德鲁克指出人性追求自我完善是管理得以实现的重要驱动。这种人性本质是驱动管理得以发挥作用，并且促使管理不断发展的内在动力。如果将人的不完美性作为某种外部约束的话，人的自我完善正是对这种约束的突破和修正。

德鲁克人性自我完善的观点受到卢梭的影响。从对非理性绝对主义的分析，到提出人性自我完善的思想，卢梭论证了在人自我完善的进程中，人类在原始自然状态下理性和自由的发展，演变为理性和自由的丧失，最终过渡到通过内在伦理道德和外在社会契约可实现的理性和自由，展示了人类在人的自我完善的驱动下，螺旋上升、有机发展的过程。这些观点对德鲁克的个人管理伦理思想产生了重要的影响。

德鲁克认同卢梭关于理性主义的观点。德鲁克从卢梭关于自由和理性主义以及极权主义之间的关系研究中获得了启发。德鲁克甚至认为，极权主义同时也可以被称为理性主义的自由主义。德鲁克认为极权主义的另一个根源，就是理性主义的自由主义。"在启蒙运动中，卢梭从理性主义迈出了关键的一步，他将理性主义称为公开的非理性和反理性的极权主义。"[1]近代西方的极权主义运动，几乎每一次都是由自由主义发展而来。尽管理性

---

［1］［美］彼得·德鲁克.《工业人的未来》，徐向华等译，机械工业出版社2019年版，第138页。

主义在启蒙运动中曾经被认为是一个伟大的发现，即人类理性是绝对的。以此为基础理性主义构建了其后的自由主义者的各种信条，同时理性主义的哲学还建立了这样的观点：它能赋予完美无缺的绝对理性。因此，极权主义哲学的种子包含在每一次自由主义的运动之中，其主要表现是自由主义通过各种途径演进成为绝对主义。德鲁克认为："自由主义者就其客观信念而言就是绝对主义者。"[1]尽管理性主义者和自由主义者个人都有良好的初衷，他们主观上都反对极权主义及其附带的一切。德鲁克分析认为，他们尽管有良好的初衷却成了暴政的牺牲品，这主要是由于理性主义者缺乏采取政治行动的实际能力而仅停留在思想的批判上，更致命的弱点是他们太善于"破"而无法"立"。他们无法从消极的批判中挣脱出来，转向具有建设性的重构。毫无节制的批判和反对现存的所有体制，甚至将之摧毁，但又没有能力创建新的体系来代替，这势必导致比原有旧秩序更糟糕的境遇出现。他认为，启蒙运动、法国革命及其继承者，直到我们今天的理性主义的自由主义者，均与自由截然对立。[2]这种理性主义的自由主义在西方的历史上比比皆是，其例证可以在传统的欧洲大陆的许多国家中发现。这些共同的失败，绝非偶然，其根本原因是这种理性主义的自由主义是一种自我矛盾的存在，持有这种观点的人称自己是绝对理性的，尽管这种绝对理性的存在就是非理性的；他们的逻辑基础是永远也无法得到证明的，根据这种逻辑演绎出的绝对理性，也必然是虚无缥缈的。最终他们不仅是否定了

---

[1]　[美]彼得·德鲁克：《工业人的未来》，余向华等译，机械工业出版社2019年版，第132页。

[2]　[美]彼得·德鲁克：《工业人的未来》，余向华等译，机械工业出版社2019年版，第130页。

人类的自由，同时也遮蔽了人的理性，而无法避免的结果就是通过武力或专制实现其信条。

德鲁克与卢梭都将自我完善的人性视为自由和理性的根基。卢梭认为，尽管对人与动物之间的差别存在着许多不同解读，人类存在着以下特殊品质："这个品质是：自我完善的能力。这个能力，在环境的帮助下，可以使其他的能力不断发展；这个能力既存在在我们种类中间，也存在在个人身上。"[1]而这种能力是需要通过某种外因才能得到发展的："人的可完善性、社会道德和他的种种潜在能力是不可能靠它们本身发展的，而必须有几种或迟或早终将发生的外因的综合作用才能发展；没有这些外因的推动，原始人将永远停留在原来那个样子。"[2]不同于霍布斯将人的天性视为邪恶的，强调建立一种必要的秩序，才能保证人类远离战争灭亡，卢梭认为："人天生是善良的。"[3]而这里的善良是指人的天性并非好斗而是温和的，同时这种善良并不是伦理意义上的"善"和"道德"的。"野蛮人一吃饱了肚子，就和大自然相安无事，对他的同类也十分友好。"[4]而人的自我完善能力让人在原始状态通过联合围捕，以及群居和语言的形成促进了人类社会的发展，人的理性能力也得到了极大的提高。之后随着冶金和农耕技术和文明的发展，人们以谋求生存为主的经济活动，被

---

[1] [法]卢梭：《论人与人之间不平等的起因和基础》，李平沤译，商务印书馆2015年版，第60页。

[2] [法]卢梭：《论人与人之间不平等的起因和基础》，李平沤译，商务印书馆2015年版，第85页。

[3] [法]卢梭：《论人与人之间不平等的起因和基础》，李平沤译，商务印书馆2015年版，第135页。

[4] [法]卢梭：《论人与人之间不平等的起因和基础》，李平沤译，商务印书馆2015年版，第137页。

以生产为主的经济合作所取代。土地和财产成为社会地位的评价标准，人类开始脱离自然状态，社会和秩序逐步显现，用契约建立起来的强力机构被用于保护统治者的利益和财产。人类通过自我完善，从自由状态向人类社会过渡，从初级的原始氏族文明向高度发展的工业文明飞奔，这期间人的理性随着人类智慧的发展和完善逐步得到充分发挥，个别的人类也从原本自由的状态，成为其他人类的主人。人的这种自我完善能力使人类文明得到充分发展，却使人与人之间的不平等愈演愈烈，社会各个阶级之间的矛盾日益加剧，贫富差距逐渐扩大。"后来的种种进步，表面上看起来是使个人走向完善，但实际上却使整个人类走向堕落。"[1] 而如何破解这样的困局，卢梭在《社会契约论》中进行了解答。卢梭肯定了人的自我完善性对人类社会发展和对理性和自由构建所起到的作用；同时还指明了人的自我完善性的过度使用，从某种意义上也将促使人类走向堕落。卢梭最终并未否定这种自我完善性的道德意义和实践意义，也并未像伏尔泰等人那样主张返回原始丛林，更不赞成人类永远停留在自然状态。因为卢梭认为在这种自然状态下人的潜质是无法进行自我完善的。卢梭指出这种自我完善最终必将实现，途径是通过教育以及内在道德的重建；同时人类通过自发自觉的社会契约来履行社会道德和伦理意志，实现道德共同体对个体道德的超越。

二、超越实体人性观的实践人性观

在德鲁克的著作中可以看到"经济人""工业人""完整人"等

---

[1] ［法］卢梭：《论人与人之间不平等的起因和基础》，李平沤译，商务印书馆2015年版，第95页。

各种关于人的描述。德鲁克作为人本主义管理和经验主义管理的代表人物，其管理理论最主要的特征之一就是其中无处不在的人本主义精神。德鲁克的管理思想蕴含了丰富的人本主义精神，冲击了传统的世俗观念，并将组织及管理都视为人的本质的外显，把组织发展以及管理演进作为人自我完善和自我实现的过程。德鲁克的人性观超越了传统的静态、抽象的人性观。德鲁克伦理思想体现出的人性观，是在实践中建立起来的人性观。通过这种实践人性观，他把组织及其演进理解为人的不断自我理解和自我实现的过程。

（一）与马斯洛的人性观之争

德鲁克管理思想最为明显的特征是其厚重的人本主义色彩，这体现在德鲁克整个管理体系和管理理论上。另一位人本主义管理学的奠基人马斯洛与德鲁克虽然曾经是多年的挚友，但是由于不同的人性观，两人却成为引人注目的论敌。两人曾经同时在本宁顿学院任职，并在 1944 年成为好友后开启了两人多年的论战。通过他们亦敌亦友之间的论战，可以深入地了解德鲁克的人性观和人性假设，以及这种人性观对其管理伦理思想的深刻影响。

德鲁克与马斯洛一见如故，同样灾难深重的少年经历，以及对人的生存境遇的关注，使德鲁克和马斯洛成为挚友。德鲁克和马斯洛的管理思想都浸润着浓重的存在主义色彩，关注人的存在和人的独特性，追求人的自我价值和自我实现。这也是两人管理思想共同的基础：管理终极目的是关注人，管理应该始终围绕着人，通过管理实现人性的意义。

德鲁克的管理伦理思想来自对于人性的假设。从小就深受奥地利传统人文思想影响的德鲁克，在青年时代就非常善于观察，并充满了对人性的关注和洞察。德鲁克将生产力与人性，以及由不同人性假设所带来的管理动机，进行了紧密的关联。他认为，生产力提升背后的决定因素是管理者和员工的态度，结论就是生产力是一种态度，员工的工作动机决定了员工的生产力。而不同于德鲁克强调人本主义与实际管理的密切关系，以及效率和人性的关联，马斯洛关心的则是人的精神存在的问题。在当时的学术环境中，马斯洛相比于德鲁克显然是一个更受欢迎的学者，他更能将定义及其理论演绎得精致而又具有说服力。德鲁克认为人性是一种社会关系的总和，是在人所处的环境以及其成长过程中，受到各种外界和后天影响所逐渐生发出来的，而人的各种实践性活动对于人性起到了至关重要的塑造作用；与此不同，马斯洛的人性观则认为，人本主义是一种对于"自我感知"和"自我存在"的确认，而这种确认的证明就是：人先天所具有的不同需要以及这些需要的层次。

德鲁克的管理伦理思想自始至终贯穿着一条人本主义的主线。德鲁克在其最重要的管理学著作《管理的实践》中系统性地说明了他的人本主义管理伦理思想在管理中的实践。德鲁克开宗明义地指明管理也是人，管理是以人为主轴的事业。基于对人的关注以及对劳动本身的洞察，德鲁克提出：必须将人在管理中的地位，从管理的以成本为中心转向以人力资源为中心。人，才是组织绩效中的决定性因素。人，将各种管理要素整合起来并创造出更高的生产效率和生产价值。人的想象力、判断力和创造力才促成了各项管理要素加总大于其代数之和的转换。因为，只有人才能把如何提升绩效的数理函数，转换成对人的正确领导。从某种意义上讲，管理存在的价值正在于其能放大组织内部所有成员的长处，并避开人的不足。德鲁克一再强调，管理的任务就是让一群人有效地发挥长处，尽量避开其短处，从而让他们共同做出成绩。

从德鲁克提出的一系列关于"人"的概念入手，从"灵性人""知识人""经济人""工业人""英雄人""完整的人"一直到"自由与平等的人"，可以了解他管理思想的演变过程。德鲁克始终强调人是有道德感和社会性的"动物"，必须把工作中的人当作人来看待，必须重视人性，设法让工作的设计和安排符合人的特质。人力作为一种资源能为企业所使用，然而作为人，唯有这个人本身才能充分利用自我发挥所长。马斯洛最欣赏德鲁克的一句话是："组织就是人的努力。"

马斯洛在以下几个方面对德鲁克的目标管理中有"责任心的工人"之人性假设提出了质疑和挑战。马斯洛直言不讳地指出：首先，德鲁克所提出的负有责任心的工人，显然有悖于人的自然特性。马斯洛指出德鲁克缺乏必要的科学心理学、临床心理学和社会心理学的知识。马斯洛认为德鲁克关于人性的假设是完全出于直觉得出的结论，并把德鲁克与"第三势力"的心理学家相提并论。马斯洛认为人的个体差异是巨大的，也是客观存在的，忽略人性中存在的非理性因素和病态，是不符合实际的假设，而基于这种假设建立起的关于人的责任心的期望，则注定是一种脱离现实的"完美的理想"。马斯洛进一步指出尽管德鲁克的目标管理体现了人本主义管理的魅力，但也可能过于完美，而注定成为仅仅存在于虚幻之中的浪漫主义乌托邦。在现实的管理环境下，使用工具理性加上行为激励，对绝大部分管理者而言可能是更为行之有效的策略。

德鲁克提出的有关责任心工人的假说，却从另外一个层面反映了德鲁克的人性观。德鲁克始终认为工作就是一种对人的激励。人性不是孤立而抽象地存在着，人性存在于人的社会实践之中。人需要从自身的认识中反思自我，更需要从其社会环境中，从其对象物的反馈中寻求自我确证。这种在事实中的自我感知和自我确证，正是人性中自我超越的动机，是最具有激励作用的部分。德鲁克的这种观念在《公司的概念》中就已经萌芽。德鲁克认为公司应该尽其所能培养有责任心的员工，并积极创建可以进行自我管理的工业社区。在《新社会》一书中，德鲁克提出工人会换位思考，才能更好地履行自己的职责。在《后资本主义社会》一书中，德鲁克系统地回顾了这一理念，并强调了日本实现的经济奇迹背后，与当时他提出的管理理念以及倡导的管理实践不谋而合。

与马斯洛对德鲁克的直接批评不同，德鲁克用传统欧洲大陆的那种优雅的方式进行了回应。德鲁克并未直接回应马斯洛对他的批评，仅在很小的社交范围内谈论了他的不同观点。在公开的著作中，德鲁克清晰地表达了他的人性观，认为人性是一个具有相对性的概念，即人性的对立面是人性的缺失。非人性不是作为一个独立的命题而单独存在的，非人性意味着人性的缺失。因此，非人性是一个相对的概念。

德鲁克眼中的有责任心的工人，在马斯洛的理论中是以超越性动机的状态存在的。马斯洛将这种超越性动机的状态描述为自我实现者的主要动机，典型的行为是渴求存在的价值和意义，以及对真理正义的追求。马斯洛认为人履行自我约束和承担更多的责任，是一种对人性自我超越的需要，是一种追求完善和圆满的需要。尽管马斯洛认为这种需要本身并不强烈，但是如果缺失则会导致某种病态。

德鲁克认为马斯洛的相关理论过分地强调了心理学层面的人性，以及在这种人性假设下对人行为的解读。德鲁克认为马斯洛这种对于人性的形成机制的描述，是抽象化和片面化的，人性和人的行为在大多数场景中，不一定存在必然的因果关系。相反，人的大多数行为，都是对外在因素以及环境刺激的一种必然反应。管理中的各个要素之间存在着某种必然的联系，这些联系并不是非此即彼的关系，也不是必然的因果关系，而是实际存在的相关性。德鲁克认为管理的关键在于如何发现这些相关性的运作机制，以及如何妥善处理在这些相关性中产生的矛盾。人性所能驱动的内因对人的行为能起到相应的驱动作用，但这仅仅限于作为人的内在反应。管理更关注如何在具体的工作环境中建立管理场景和管理氛围，显然过分强调人性的内驱动作用是对管理的作用机制所作出的狭隘性的曲解。

德鲁克认为马斯洛提倡的人性理论，以及在其理论基础上建立起的管理理论，不过是另一种意义上的科学管理，或者说是更精致的工具理性。其本质是通过心理学的技术来控制被管理者，尽管他们营造了这样的假象，即被管理者并不是不愿意接受工作的懒惰者，然而他们也非常清晰地表达了这种心理操纵的基本前提假设，即只有管理者才能手握真理，并可以发号施令，而接受命令者显然处于被动和无力的境地。德鲁克在对道格拉斯·麦格雷戈的 X 和 Y 理论评述中，更直接地认为人的行为主要还是受到外界刺激而产生，比如工作的环境和组织内部之间的关系、制度以及相关的客观因素。总之，如果有 A 管理方式和 B 管理方式，那么相对应的就会产生 A 行为模式和 B 行为模式，而不是 A 人性和 D 人性。

德鲁克对于马斯洛的经典需要层次理论也提出了质疑和挑

战。德鲁克认为马斯洛提出的需要层次，以及各个层次递次满足的关系是有悖于事实的，例如：某项低层次的需要被满足后，其所能创造的回报和所产生的刺激效果，将迅速减少直至消失。事实证明，人在需要得到满足之后也不会满意，而且即使人获得了某种需要上的满足或者满意，也不能证明这些需要满足与组织的绩效之间有任何直接的因果关系或者必然的相关性。因此，需要层次理论本身与组织绩效之间的关联，存在着逻辑上的无法自洽。或者说需要层次理论对于人在静态环境中的需要，或许能够提供一个尚能自圆其说的结构框架，但其无法说明该理论如何能够应用在管理实践中，并难以证明其与组织绩效直接的关联。如果连关联都无法确认，那么两者之间的因果性更需要存疑，又如何有效地评价该理论产生的实际效果呢？德鲁克对于马斯洛的另外一个质疑，则体现在人性的现实存在性上。马斯洛的很多著作，都缺少现实实践作为理论支撑。作为一种纯学理上的探究，在现实的管理实践中这样的人性假设会将我们带入柏拉图式的理想国或者乌托邦之中。个体的自由发展，绝不是脱离现实生活的原始丛林中的野蛮生长，而是在人的对象世界中与人和人的对象之间的和谐共生。

德鲁克始终认为人性存在于现实的管理实践中，存在于组织创造绩效的活动中，存在于管理者追求效率最大化的创新中。组织结构以及管理的外部环境以及管理的系统，最终决定了被管理者的态度动机和行为。心理学意义上的人性，包含人的非理性维度和崇高的理性维度，但缺失了人性中的实践维度。德鲁克认为人的本质是其社会关系的总和，由人构成的组织是人和人之间社会关系总和的特定产物，组织和组织之间的组合构成社会的基本单元，而人的某些个体性的需求，是在其所处的不同组织环境中逐步形成的。因此，德鲁克对于马斯洛提倡的复杂的心理学理论，以及那些并未经过广泛实践的心理学应用工具表示了明确的拒斥。德鲁克认为如果经理人过分地将注意力转移到自己内部情绪和复杂的心理活动上，那么经理人必定将忽视那些本应该重视的管理绩效和管理行动。在心理学还没有成为一个正式的学科之前，优秀的管理学家早就已经实践管理工作，并取得卓越的成果。

德鲁克坚持认为人性不是孤立和抽象的存在，人性是一种社会性的存在。而马斯洛表达的人性，更多的是一种精神和心理学层面的存在。德鲁克一直质疑马斯洛的问题是，脱离社会现实的人性如何可能？这才是德鲁克与马斯洛最大的分歧。在德鲁克的组织管理思想中，管理所追求的并非哲学意义上的纯粹人性，而是通过管理使人与物形成辩证的统一，最终使人性与效率形成完美的平衡。这与马斯洛的管理理念中将抽象的客观实在和人分离开，单纯地讨论心理学意义上的人性有着本质上的区别。马斯洛意义上的人性是不完整的人性，只触及人性中的自然性和意识性，而将人性中的社会性完全抛弃。

德鲁克对于科学管理的理念并非完全拒斥，而是进行了扬弃。弗雷德里克·泰勒的科学主义管理学成为人本主义者攻击的主要对象，原因在于其过分地将工具理性扩大化，以及对于效率的狂热追求，其中展现出的种种对于人性的压制和非道德的管理行为，几乎变成了对科学管理的注脚。但不论从何种角度来讲，如果没有更为精确的效率衡量和评估，管理能起到的实际效用便很难令人信服。但走到极端则会将本应该成为博雅技艺的管理，简单理解为非人性的效率评估。人本主义在管理中的复兴正是建立在这种基础之上。

　　尽管德鲁克与马斯洛存在着各种理论上的分歧，并展开了激烈的论战，但他们的相同点和共识与他们的分歧一样多。首先，他们都是人性论的存在主义论者。德鲁克和马斯洛都对人本主义管理作出了巨大的贡献，从某种意义上讲，他们都是人本主义坚定的捍卫者。正是通过他们的努力，管理理论才逐步摆脱了泰勒科学管理的强大魔力，使人性的光辉成为管理的终极守望和管理的目的所在。他们都坚持这样的信念：人性不应该被高速发展的工业文明以及随着工业文明而发展的工具理性所湮灭。马斯洛的著作《良好精神状态的管理》一直被视为人本主义管理学的开篇之作，其中提出了最具人本主义精神的开明管理思想、组织协同思想、权利分享以及持续改善等重要的人本主义管理观念。德鲁克和马斯洛运用不同的观点证明了同一个观点：管理的核心就是人。传统的理性逻辑在人本主义框架下就变成了对人的非理性。他们分别用自己的声音召唤管理中人性的力量，替代那些去除人性的强制和约束，通过人自我实现的过程进行宣誓：人仅仅作为手段和工具的时代即将结束。

　　德鲁克的管理伦理建立在其人性观的基础之上，他始终认为管理就是人，组织也是人。因此，组织及其管理的本质是人的主体化精神在管理这一介质中的外在化和对象化。这就让人能够理解为什么在德鲁克的管理思想中，对管理及管理对象组织的研究没有套用传统的自然科学的方式。德鲁克认同管理学的研究对象是个别的仅仅发生在一定时间内的事件，适合运用个别化方法进行研究，他认为应该将管理视为一门人文学科，其最佳的理解方式是感受、领悟、解释。

　　（二）作为社会性存在的实践人性观

　　德鲁克始终强调人是管理命题的核心。

　　管理的本质正是为了赋予人以社会功能。康德认为理性生物之所以叫作人，是因为他们的本质属性突出了他们作为目的的自身，也就是他们不能仅仅被视为手段。如上文所提及的马斯洛对于德鲁克的批评之一，就是在德鲁克的人性假设中，人是积极和愿意承担责任的。尽管德鲁克也承认人是复杂的多面体，存在着正向和负面的情绪，但这都是由外部环境和内部因素共同作用之下而形成的结果，而那种将人和人性视为一成不变、自私自利、完全理性的人性观，显然只是经济学家为了简化其研究函数而对人性的简单化处理。德鲁克关于人性的观点，从始至终地体现在他所有的管理思想和管理实践中。德鲁克的这种实践人性观在某种程度上印证了马克思的观点：人的本质不是单个人所固有的抽象物，在其现实性上它是一切社会关系的总和。

　　德鲁克的管理伦理思想与同时代的其他管理思想有着本质的不同。管理丛林中的其他管理学派，大多把人性的某一个侧面作为假设，这种人性假设的片面性源于古希腊哲学和基督教的影响。在当时这种背景下，主流的管理思想将其理论建立在一个绝对不变的理念基础之上。这也解释了为什么德鲁克在当时的管理学界显得与众不同，格格不入。德鲁克打破传统管理哲学中的绝对理念以及宗教影响，广泛地融合了现象学、诠释学、存在主义和实用主义的观点，并立足于实践的人性观，对当时建立在抽象、片面的人性假设基础上的各种管理理论提出了全新的挑战。德鲁克对于传统管理理论的挑战，建立在其不同的人性论的基础之上。如何在不同的管理理论之间，打破原有实体人性论的桎梏？只有从实践人性论出发的具体实践活动，才能实现对传统管理理论的扬弃和超越。德鲁克的实践人性观，是在管理实践活动中，在管理组织架构中，在组织的人际关系中通过实践而逐步萌芽和生成的，并且在自我否定中不断完善和前进，充分体现了其具体和发展的特性。相对于实体人性的不变性、抽象性、单一性，在实践人性基础上建立起的管理则必然具有完整性、发展性、创新性。这正是德鲁克管理思想的灵魂所在，也体现了德鲁克管理思想的独特之处，即管理的完整性、创新性和发展性。他在管理过程中进一步对其实践人性进行完善。德鲁克在实践人性基础上建立起的管理伦理思想，汲取了传统管理思想中的精华，将其中的效率和人本的内容有机融合，避免了过于追求功利和工具理性最大化的弊端，实现了对传统管理理论的超越。

德鲁克的实践人性观的显著特征是体现了实践中人的整体性。德鲁克的实践人性观在很多方面与马克思对人的本质的论述存在着相同之处。德鲁克管理伦理思想中蕴含的这种人性的整体性，不仅是对象客体与实践主体的辩证统一，同时也体现了实践活动的辩证统一是人特有的存在方式。劳动是人类最重要的实践活动之一，人的整体性和实存性在其中得以显现。人性只有在实践活动中，才能突破主体与客体的理性与非理性，让精神与物质的割裂在实践活动中达到辩证的统一。德鲁克关注的人性整体性包含以下内容：首先，人性是生物性、社会性和生成性辩证统一的整体性存在。"人直接地是自然存在物。人作为自然存在物，而且作为有生命的自然存在物，一方面具有自然力、生命力，是能动的自然存在物；这些力量作为天赋和才能、作为欲望存在于人身上；另一方面人作为自然的、肉体的、感性的、对象性的存在物，同动植物一样，是受动的、受制约的和受限制的存在物。"[1] 人的生物性使人具有了生物的本

---

[1]　[德]马克思：《1844年经济学哲学手稿》，人民出版社2014年版，第103页。

能，也使人性中的有限性、不完美性天然地存在，这也使人追求完美的无限欲望成为人类发展和进步的动力。如马克思所说："但是，人不仅仅是自然存在物，而且是人的自然存在物，就是说，是自为地存在着的存在物，因而是类存在物。"[1]人通过社会性实践而与其他生物区别开来。德鲁克强调实践人性的生成性。人性始终处于动态的成长和发生之中，这是人性中最为灵动和具有生命力的所在。德鲁克认为基于这种人性中的生成性，管理所能开发的最重要的资源和资本，就是人本身。人，能够反省和进行自我否定，这是人区别于其他非人资源的最大特征。实践人性中的生物性、社会性与生成性，是德鲁克实践人性思想中最根本的人性假设，是其实践管理伦理思想的根基。德鲁克管理哲学中的人性，既具有生物性，也具有社会性，既能触碰到人类自然情感的深处，又能与人的世俗需求相融通。作为德鲁克管理伦理思想基础的实践人性，是完整的人性，反映在其管理思想上，体现出其管理思想的完整性。实体人性观建立在既定性和抽象性的基础上，因而难以避免其僵化和片面的事实。这两种人性观以及所发展出的管理理论，难以相互理解，这也是德鲁克与马斯洛等之间的论战经久不息的根本原因。

德鲁克管理伦理思想的实践性建立在其实践人性论的基础之上。因为德鲁克实践人性观的完整性、发展性和创新性，他的管理实践理论同样具有上述的实践特征。在管理实践的整体性上，德鲁克在代表作《管理的实践》中清晰地指出，"尽管如此，本书仍然是第一本真正的'管理'著作，是第一本视管理为整体，

---

[1]　[德]马克思：《1844年经济学哲学手稿》，人民出版社2014年版，第104页。

率先说明管理是企业的特殊功能、管理者肩负了明确责任的管理书籍"。[1]德鲁克站在宏观的视野将管理视为一门学科。"过去的管理书籍,甚至今天大多数管理书籍,都只探讨管理的某个方面。的确,他们通常只看到企业的内在:组织、政策、组织内部的人际关系、组织中的权威……由此可见,本书在30年前,就开创了今天我们所谓的管理'学科'。这样的发展并非偶然,也绝不是靠运气,而是本书的使命和初衷。"[2]而德鲁克此时已经具备了独特的管理思想和管理理念,这得益于他基于实践人性观对于人性的完整性的实践。"它必须是一个真正的整体;大于或至少不等同于它的所有部分的总和,它的产出大于所有投入的总和……因而,企业绝不能成为一个机械的资源汇集体。利用资源组成一家企业,若仅仅将资源按逻辑顺序汇集在一起,然后打开资本的开关,如19世纪经济学家所笃信的那样(也如许多学究式经济学家的后继者所仍然相信的那样),是不够的,它需要资源的嬗变。而这种变化是不可能来自诸如资本之类无生命的资源的,它需要管理。"[3]

　　德鲁克的实践人性论的假设,源于切斯特·巴纳德的启发。正如德鲁克指出的,"在我们称为'组织心理学'和'组织发展'的领域,巴纳德和玛丽·帕克·福利特(Mary Park Follett)的著作提供了最佳指引,无人能出其右"。[4]可见德鲁克对巴纳德

---

　　[1][4][美]彼得·德鲁克:《管理的实践》,齐若兰译,机械工业出版社2019年版,序言第23页。

　　[2][美]彼得·德鲁克:《管理的实践》,齐若兰译,机械工业出版社2019年版,序言第24页。

　　[3][美]彼得·德鲁克:《管理的实践》,齐若兰译,机械工业出版社2019年版,第12页。

组织和人性理论研究给予了极高评价。巴纳德的人性观也是德鲁克组织管理理论的基石。"一方面是认为人的行动是普遍的社会力量的体现，个人仅仅是一种被动的存在，否定选择的自由与意志的自由，以组织与社会主义为基本立场的哲学。这种哲学以普遍存在的事实，即社会存在决定人们的行为与思想的事实为基础。而另一方面还存在着承认选择与意志的自由。把个人视为独立的存在，而物质的，社会的环境降为次要的，附属的条件的哲学。这种哲学以行为与思想的另一种事实为基础。"[1]人的主动性与被动性是巴纳德最为关注的人性的两个维度。这种将人性进行不同层面的剖析和解构的思维范式，对德鲁克产生了深远影响。

德鲁克管理伦理思想框架下的管理整体性是多维度和全方位的，它体现在德鲁克经常提到的三个管理维度上：第一，管理绩效的完整性。关注员工并使他们获得发展或成功，承担社会责任，只有形成了社会、组织和个人之间的管理平衡，真正意义上的管理才能建立。第二，管理时空的整体性。"管理者必须将目前的现况和长远的未来都一并纳入考虑……事实上，眼前的'经济成果'是虚幻的，是通过资本支出而达到的成果。每当无法同时满足眼前的利益和长远的利益，或至少在长短期之间求得平衡时，就会危害或摧毁企业的生财资源——资本。"[2]德鲁克强调管理就是跨时空的整体，管理者必须兼顾现在与未来。第三，管理过程中人的完整性。人不仅是经济

---

[1]　[日]三户公：《管理学与现代社会》，李爱文译，经济科学出版社2000年版，第12—13页。

[2]　[美]彼得·德鲁克：《管理的实践》，齐若兰译，机械工业出版社2019年版，第14页。

活动的受益者，同时还是所有改造自然活动的创造者。"人们也清楚，能够增大的资源只能是人力资源，所有其他的资源都受机械法则的制约。人们可以更好地利用这些资源，或者较差地利用这些资源，但是这些资源绝不会产生出比投入的总量更大的产出。相反，在将非人力资源汇集在一起的过程中，始终存在着一个如何将由于摩擦等原因造成的不可避免的产出损耗控制在最低限度的问题。在人类所有能够运用的资源中，只有人才能成长和发展。只有中世纪伟大的政论作家约翰·福蒂斯丘爵士（Sir John Fortescue）所谓的'有意识的大众行为'——自由人的有指导的、目的一致的、共同努力的——才能创造出一个真正的整体。的确，自从柏拉图以来，'美好社会'的定义就是能让整体大于部分的总和。"[1] 这种整体性的把握还需要深刻地理解组织和社会的构成，以及组织和社会的活动，其本质都是人的活动。管理本身就是在完整的人的活动时空中进行合理的协调、控制，以期达到最高的效用或者善的结果。正如德鲁克经常提到的，只能雇佣整个的人，而不能雇佣人体的某一部分。

德鲁克管理思想中的实践人性观念直接催生了其以实践为核心的管理伦理思想和管理理论，以实践人性论为基础的管理与实体人性论基础上的管理模式的不同之处，体现在以下几个方面：整体性是实践人性论基础上的管理思想的核心；创新性是实践人性论基础上管理思想的动力特征；发展性是实践人性论管理思想的路径特征。德鲁克的实践人性观在人的自然性、发展性、

---

[1]　[美]彼得·德鲁克：《管理的实践》，齐若兰译，机械工业出版社2019年版，第12页。

创新性和社会性的多个维度上达成有机统一，使人的这种整体性在管理活动中得到集中表达。

第二节　个人管理伦理思想内涵

一、效能：个人管理伦理的目标

德鲁克的个人管理伦理思想中，效能（effectiveness）是个人管理中，特别是管理者的自我管理中最为重要的伦理目标。个人管理的效能不同于一般意义上社会管理中的效率（efficiency）。德鲁克认为在个人管理中效能意味着如何做正确的事（to get the right done），而一般的管理效率则更关注于如何把事情做正确（to do things right）。在这个意义上，德鲁克否定了这样一种被认为是"天经地义"的假设，即管理者都是卓有成效的。个人管理的价值目标包含两个层次，它们是递进的关系，首先能够选择正确的目标，其次是按照这个目标选择正确的方法和手段加以实现。静态地研究个人管理时，"效能"和"效率"的区别是细微的，然而将个人放入组织中，把个人管理的场景置于复杂、多变、模糊的组织环境中，那么这种情况下的个人管理的复杂程度就会指数级地放大，如果再将组织管理活动置于社会错综复杂环境中，那么这种管理复杂度就在原有基础上进一步被放大。在这种场景中，目标选择和手段选择的差异将被快速放大，因此德鲁克认为管理效能和管理效率的区别就变得显而易见了。同时，他认为在伦理意义上，效能更强调"目的善"优于"手段善"的价值诉求。

德鲁克认为管理者经常面对这样的悖论，即在同一价值目标下，组织的效率和个人的效率常常是不相容的。原因在于：首先，组织是以个人集合的形式而存在的，组织目标的实现依赖于作为组织成员的个人努力，以支持组织达到其目标和社会功能，因此组织具有统合个人协作的技术性特征；其次，组织同时因特定的目标而存在，作为一种由人组成的社会实体，其目的是履行或实现某种特定的社会目标，承担某种特定的社会功能。因此，组织是一种社会性的存在。而在这种整体性的存在中，组织中技术维度的逻辑与组织作为社会存在维度的逻辑是完全不同的，同时组织的目标和个人的目标也有所不同。因此，需要用个人管理的效能思想整合其中的矛盾和冲突，德鲁克认为，个人的效能并不是与生俱来的天赋（nature），而是后天培养出来的习惯（nurture）。效能是个人管理建立在价值追求上后天习得的道德原则和行为规范。

德鲁克的效能观将组织与个人在管理中的悖论和矛盾进行了平衡和消解，并说明了效能体现的几个维度：效能是人的自我完善和自我实现，效能是人性和效率的完美统一，效能通过做正确的事，引导把事情做正确。

（一）做正确的事和把事情做正确

德鲁克提倡的管理效能是"做正确的事"和"把事情做正确"的统一，体现了管理实践中管理目的和管理手段之间的有机平衡。

追求"把事情做正确"是一条管理手段效率提升的演进之路。无论是农业社会的自然效率观，还是在工业社会的机械效率观，都存在着不可避免的缺陷。农业社会的自然效率观，呈现出当时生产力低下、意识形态僵化的生产效率特点，在那一时期管理效率的提升主要是基于不断细化的社会分工。正如恩格斯论述的原始人类社会的三次大分工：第一次大分工，发生在原始社会的中期，原始族群在长期的迁徙和狩猎中学会了驯化和圈养动物，因此农业和畜牧业相互分离。第二次大分工，则发生在原始社会的中后期，随着各种劳动工具的发明创造以及铁器在日常生活中的广泛使用，手工业得以独立存在。最后一次大分工，发生在奴隶社会形成的初期，随着人类活动在地理意义上的不断扩大，物品交换需求日益增加，专职从事商品交换和买卖的商人出现，商业得以与其他行业分离并独立存在。这三次大的分工，导致了奴隶社会的空前发展。农业、畜牧业、手工业以及商业在各自领域中均出现了人类历史上从未有的繁荣。而随着人类生产技术的不断进步，伴随着近代的科技革命，西方社会迅速地进入了工业社会。工业社会极其关注生产效率的提高，但工业文明下人的物质追求，即使在蓬勃发展的市场经济环境下，也很难得到完全满足。管理效率的研究和提升成为那个时代管理学家的首要任务。管理思想史的学者丹尼尔·雷恩（Daniel Wren）认为，工业革命发展到了一个全新的复杂的、不平衡的阶段，技术进步、能源变化和劳动力关系的发展相互作用，强烈要求用系统化管理实践来推动这些因素发挥协调作用。而随之而来的是借助科技及工具理性不断提高管理效率。尽管借助于数字化、标准化和程序化的工具理性人们极大地提升了管理效率，然而将效率异化为工具理性的应用，也使效率变成了唯工具论的单向度话语。在进入德鲁克意指的知识社会时，人类将面临前所未有的挑战，工具理性已经不能解决全球化和后工业化面临的问题，而人类管理效率的提升似乎也遇到了前所未有的瓶颈。德鲁克所说的效能，正是在这种背景下提出的一种新的效率伦理。特别是对于知识社会中最主要的知识管理者而言，这是一种全新的伦理观念和思想范式。如何在管理中有效使用资源和配置资源是德鲁克关注的焦点。"全能的专家就好像无所不能的天才一样不可能出现。相反，我们必须学会更好地利用具有一技之长的人才。而这就意味着提高效能。一个人如果不能增加某种资源的供给，那么就必须提高这种资源的产出。效能就是提高能力和资源知识资源产出的手段。"[1]如何激发知识管理者的效能，取决于对效能这一新的绩效评价标准的全面的理解。"对知识劳动者的激励取决于他们的效能，以及实现效能的能力。如果知识劳动者在工作中缺乏效能，那么他们对工作和贡献的承诺随之就丧失了意义，而知识劳动者就成了敷衍塞责的趋炎附势者。"[2]

　　把"事情做正确"体现在德鲁克管理理念中，强调管理目的的合理性和主导性，用管理活动主体在目标上预设的未来结果来引导和控制管理的动态要素，从而避免由于缺乏主体性的引导而造成价值扭曲和价值错误，进而用实践理性来规范工具理性。"对于体力劳动，我们只讲效率。也就是说，具有正确做事的能力，而不是叫别人正确做事的能力。"[3]"而知识劳动者的生产率就意味着叫别人正确做事的能力，也就是意味着发挥效能。"随着工业社会的不断演进，如果在错误的目标上不断提升效率，无疑是一种极大的浪费。因此在提升效率的基础上，尤其是对于知识工作者和管理人员，工作的复杂性和创新性已经无法满足社会进步和组织绩效的要求，特别是管理者自我管理的要求。这种新

　　[1]［美］彼得·德鲁克:《个人的管理》，沈国华译，上海财经大学出版社2003年版，第104—105页。
　　[2]［美］彼得·德鲁克:《个人的管理》，沈国华译，上海财经大学出版社2003年版，第89页。
　　[3]［美］彼得·德鲁克:《个人的管理》，沈国华译，上海财经大学出版社2003年版，第87页。

的要求不仅反映在产出的数量和时间周期上，而且反映在所能产生的成果上，以及这种成果带来的综合价值上。这种价值既包含经济价值和科学价值，又包含更重要的社会价值和伦理价值。德鲁克认为只有基于完整人性假设而出发的管理，通过具有高度综合知识和能力的人才能实现高效能的追求。"发挥效能是知识管理者的职责。无论知识劳动者是在企业、医院、政府机构，或在工会、大学、军队里供职，他们之所以被赋予叫别人做正确的事的职责，这仅仅是因为他们被认为能够发挥效能。"[1]效能已经被认为是管理者在自我管理中不可或缺的存在，因为工具理性的肆虐已经使人和管理都走向了异化。"我们再也不能把发挥效能看做是理所当然的事情，而且再也不能忽视它了。从工业工程到质量控制，我们为体力劳动开发的一整套强制性考核和检验方法并不适用于知识劳动。几乎没有什么东西能比一个能迅速为伪劣产品制作美丽蓝图的工程部门更加令上帝扫兴，更加缺乏生产效率的了。对正确的事情产生影响，才能使知识劳动具有效能。这是任何考核体力劳动的指标都无法考核的内容。"[2]

德鲁克的效能观强调了管理目的和管理手段在一定条件下的相互转换，以及两者之间的辩证关系。脱离了管理目的的管理手段是不可能称为手段的，同时一定的管理手段必定预设了某种确证了的管理目标。德鲁克的管理效能就是在"管理目的—管理手段—管理目的"的循环中，螺旋上升，循环往复，有序递进的一个发展历程。

---

[1]［美］彼得·德鲁克：《个人的管理》，沈国华译，上海财经大学出版社2003年版，第86页。

[2]［美］彼得·德鲁克：《个人的管理》，沈国华译，上海财经大学出版社2003年版，第88页。

（二）人性和效率的完美结合

德鲁克的效能观念是一种人性和效率的完美结合，这成为德鲁克管理学最显著的特点。德鲁克基于经验主义的研究范式，主张管理的过程旨在通过实践来消除主体与客体、理性与非理性、人性与效率之间的不相容和矛盾，通过组织和人的实践过程中的自我否定和自我完善而形成辩证的统一。德鲁克所属的经验主义学派从根本上反对当时所谓主流的管理学派提倡的对理性和机械逻辑的滥用。

管理的首要目的就是提升效率。正如德鲁克曾追问的，在以工作或任务为主的管理环境下，如果管理不能有所成就，那就算管理者能与人和谐相处、愉快交谈又有什么意义呢？德鲁克对泰勒的科学管理的赞同是显而易见的，他认为泰勒有关科学管理的具体理论和方法具有非常强的实用性，同时期美国企业生产效率的倍增以及工人收入的普遍增加就是最明显的例证。不仅如此，科学管理使产品价格大幅下降，而企业的销售收入和利润却提高了，这直接改变了消费者和工人的生活境况。德鲁克的著述对泰勒科学管理中对于效率极致追求的理论和实践推崇有加，高度赞扬了泰勒对效率的追求以及科学管理在管理效率上作出的开创性贡献。德鲁克提出的"有责任心的工人"假设，同泰勒的寄希望于产生一场"完全的心理革命"有诸多相通之处，德鲁克清晰地指出了科学管理对于效率的追求。

德鲁克承认科学管理对效率的追求是一个具有前瞻性的见解，同时也指出了该见解的弱点。科学管理尽管取得了世界性的成功，但仍然没有成功地解决管理工人和工作的问题。德鲁克认为科学管理理论存在两个盲点：一个是工程方面的，一个是哲学方面的。德鲁克结合自己的管理理论，在效率的基础上提出了效能的概念，其中隐含着对泰勒的管理效率的一种扬弃。20世纪末，泰勒的科学管理在管理学界重新掀起研究的热潮，伴随着管理理论的重构，管理学者清晰地认识到，过分追求管理效率必然适得其反，而管理的终极目标应该同时关注人性和效率的平衡。德鲁克在《新生产力的挑战》中清晰地表达了这种对泰勒主义的扬弃，学界也将其称为新的管理主义，它借鉴了古典泰勒主义管理的部分内容，也结合了德鲁克经验主义的方法论和研究范式。德鲁克对效率的追求以建立在人本主义基础上的理性作为逻辑起点，致力于消除工具理性带来的非理性。在泰勒理论的基础上，德鲁克提出了自己的效能观，这与泰勒提倡的效率有着本质的区别，德鲁克的效能观不仅关注体力劳动者的效率，更关注经理人和知识管理者自我管理的效能。

德鲁克倡导的效能包含这样的理念，这是一种非古典的人本主义管理伦理思想，其核心是将人性与效率视为管理相辅相成的两个维度。这种建立在整体人性观基础上的效能观包含了人性和效率、竞争和协作、古典和创新，在德鲁克的管理世界中这些方面并不存在天然的互斥。相反，正是在矛盾体现的张力中，管理效能才成为可能。德鲁克的效能观，跨越不同管理学之间的人性假设，打破了传统管理哲学中的绝对理念以及宗教影响，运用经验主义和历史哲学的研究方法对组织和组织中的个人进行研究，广泛地融合了现象学、诠释学、存在主义和实用主义的观点，立足于实践人性观，对建立在抽象片面的人性假设基础上的效率思想，提出了全新的挑战。德鲁克的效能观建立在不同的人性假设基础之上，打破原有实体人性论的桎梏，并证明只有从实践人性论出发的具体实践活动，才能实现效能对于效率的扬弃和超越。德鲁克的效能观，是在管理实践活动中，在管理组织架构中，在组织的人际关系中通过实践而逐步生成的，并且在自我否定中不断完善和前进，充分体现了其具体和发展的特性。相对于效率观的不变性、抽象性、单一性，在实践人性基础上建立起的效能观则具有完整性、发展性、创新性。这正是德鲁克管理伦理思想的灵魂所在。在这种实践人性论假设基础上建立起的效能观，实现了效能对效率的超越，人性和效率的完美结合，直接催生了德鲁克对于管理学最重要的贡献之一的目标管理思想。

德鲁克的目标管理在人性的基础上通过确立组织绩效目标建立相应的管理规范，在其目标实施过程中，增强员工的自我控制和参与式管理，从而实现最终的效能。这突破了传统的管理范式中将人与任务，管理的主体和客体割裂开来的困境，使人的发展逻辑与工作的管理逻辑有机融合，让人能在目标的完成中寻找价值、发现价值、实现价值，在组织绩效的实现过程中促成员工的自我完善和自我实现。效能观使管理在效率和人的发展之间实现了有机融合、相辅相成。

（三）效能：人的自我完善和自我实现

在德鲁克的视域，效能意味着人的自我完善。德鲁克认为科学管理的本质在于追求更高的效率，但这种管理思想存在着天然的局限性，在之前的管理场景中，其更多地被使用在简单的体力劳动的效率管理之中，而这种思维方式和方法论在知识社会很难适用。德鲁克关注的是效能而非效率，特别是针对管理者或者有管理职能的知识工作者。"在知识劳动者中间，高智力是很普遍的现象，这些人不但不缺乏想象力，而且学问往往也很高。一个人的效能与其智力、想象力或学问之间似乎只有很小的相关关系。有才气的人常常明显缺乏效能。他们不能明白非凡的悟性并非就是成就。他们绝不会认识到，悟性只有通过不懈的努力工作才能产生效能。"[1]在取得效能的过程中，人需要不断地进行自我完善，仅仅拥有天赋和其他的一些必要的资源是远远不够的。"智力、想像力和学问都是一些基础资源。它们只有在发挥效能以后才能转化为成果，而它们本身则仅仅提供了取得成果的可能性。"[2]德鲁克认为通过自我完善提升效能需要刻意练习，意味着管理者必须为了实现效能提升，养成必要的行为习惯。效能是一种习惯，习惯必须靠后天获得，习惯是可以培养的，就像学生学习乘法口诀一样，通过不断重复，直至变成一种无需思考的条件反射，一种根深蒂固的习惯为止。德鲁克指出这种自我完善的过程，是管理者通过自律，使其管理意志得到不断凝练和升华的过程。为了剖析自我完善的过程，德鲁克在其后期的重要著作《卓有成效的管理者》中阐明了自我完善的路径：首先，实现效能的提升，管理者需要在绩效和成果上把注意力聚焦于对所服务的机构或者组织有所贡献。这里的效能具体体现在自己的工作、人际关系以及所采用的管理手段等方面。德鲁克特别强调管理者只有重视贡献，才能看到整体的效能，同时也使管理者能将目光投向组织外部。其次，充分地了解自己的优势和价值观，是另一种实现自我完善的重要方式。德鲁克首先说明如何通过回馈分析法，使管理者清晰地了解自己的长处，同时考虑什么是不需要做的事情。高效能的管理者，应该将注意力聚焦在需要较高能力和技能的领域。另外，掌控自己的时间也意味着另一种有效完善自我的方式。通过供给管理这种丝毫没有弹性且没有替代

---

[1] [美]彼得·德鲁克：《个人的管理》，沈国华译，上海财经大学出版社2003年版，第86页。

[2] [美]彼得·德鲁克：《个人的管理》，沈国华译，上海财经大学出版社2003年版，第87页。

品的最稀缺的资源，管理者可以将自己的限制因素尽可能减少或削弱。最后，有效决策意味着选择了正确的目标和手段。高效能的管理者必须回避所谓折中的决策，因为折中使管理者无法辨别错误的折中和正确的折中之间的区别，同时还要注意对决策的执行和反馈。

在德鲁克的视域，效能意味着自我实现。自我实现是马斯洛理论中人的需要的最高维度。尽管，德鲁克并不认同马斯洛提出的"人的不同层次需要是依次递进"的观点，但德鲁克将人的自我实现视为值得追求的价值目标。首先，自我实现意味着重视实际贡献。"讲效能的人必然重视贡献。他们不会只看到自己的工作，而是把目光盯住目标。他们会自问：'我所能作出的贡献是否对我所供职的机构的业绩和成果产生意义深远的影响？'"[1]其次，这种自我实现建立在责任的基础上。"在人类历史中，大多数人都别无选择。他们的任务要么是大自然强加在他们身上，要么是他们的主人命令他们接受的。他们执行任务的方式在很大程度上也是这样的。但是，预期的结果也是这样的——这种结果没有任何悬念。然而，'做自己的事'不是真正的自由。它只是许可。它不会产生成效。它不会起什么作用。但是，如果以'我应做出什么样的贡献'为出发点，我们就拥有了自由。这种自由是建立在责任的基础上的。"[2]最后，这种自我实现促进了组织和人的共同发展。德鲁克认为管理者的自我实现体现在其效能提升的过程与结果中。德鲁克在其代表作《卓有成效的管理者》

---

[1]［美］彼得·德鲁克：《个人的管理》，沈国华译，上海财经大学出版社2003年版，第109页。

[2]［美］彼得·德鲁克：《21世纪的管理挑战》，朱雁斌译，机械工业出版社2019年版，第210页。

一书中首先将卓有成效的经理人对组织负有的责任作了清晰的界定，阐述了经理人在组织中担任的角色以及必须承担的责任。"组织是一个抽象概念。在数学上，它必然被表示为一个点，也就是说，既没有面积也没有体积。再大的组织也无法与它所在的现实环境相提并论。显然，组织内部不存在成果，一切成果都存在于组织外部……在任何组织内部发生的只是努力和成本。"[1]在当今的知识社会，德鲁克坚信组织已经成为个人自我实现的重要平台，而组织的绩效也需要个人的自我实现。从这个意义上探究管理效能，已经不仅是个人层面和组织层面的课题，而应该站在整个社会的角度进行考察，如此才能使德鲁克建立"自由的功能社会"的价值主张得以实现。

德鲁克的效能观，强调把人的不完美以及人类对完美的追求和自我实现联系起来。管理的困境在于管理的主体和客体，即人本身是不完美而又追求完美，既是理性的又是非理性的，人的生物性力量是有限的而人的思想边界却是无限的。人既追求精准也能容忍模糊，既渴望有序又排斥严格的逻辑。人既是特殊的个体又是具有普遍性的存在，既是管理的主体又是被管理的客体，具有生物性特征又具有超生物的灵性，既是感性的又是超越感性的，既追求完美又惧怕完美。正如德鲁克所说，反复实践才能实现或接近实现效能，而对于效能的追求正是解决这些矛盾或价值冲突的过程。

二、自律：个人管理伦理的路径

德鲁克追寻的是建立自由的功能社会，是因为他认为"我们

---

[1] [美]彼得·德鲁克：《个人的管理》，沈国华译，上海财经大学出版社2003年版，第98—99页。

知道，自由并非人类生存的'初始'状态"。[1]正如陀思妥耶夫斯基小说中的宗教裁判所裁判官在反驳耶稣时所说的："人宁可做幸福的奴隶，也不愿做需承担责任的自由人。"[2]德鲁克赞同自由是可能的，而且自由也是值得人类追求的。"然而，自由确是人类生存的'自然'状态，它既非人类历史的初始状态，亦非人心理上的直觉或情感选择。它是哲学先验意义上天然、必需和不可避免的一种状态——尽管其依据的只是一个关于人类天性的哲学概念。自由不仅仅是一种可能，而且基于每一个人都必须在善与恶中做出选择的信仰，它也是不可避免的。"[3]德鲁克同样认为，人性的不完美是自由的基础，实现自由就必须负责任地自律。德鲁克个人管理伦理中的自律不仅包含康德所强调的意志自由中的理性自律，而且包括自主、自觉和自控的内涵，具有现实理性实践中的本质内容，是对康德纯粹概念意义上的"自律"的超越。

自主是管理意志和管理主体的统一，自觉是自我应然对自我实然的超越，自控是自律对他律的超越。在德鲁克所强调的自觉过程中，管理主体将自身视为反思的客体，在这个意义上消融了主客的二元对立，奠定了自律的意识基础。自主是指管理的主体能够挣脱外界束缚和其他客观力量对自身的影响和控制，从而独立地按照自己的意志控制和约束自己的行为，使管理意志和管理主体实现合一。在德鲁克的视域，人虽然不完美，但通过自控实现了应然存在的状态对于实然存在状态的超越，其中包括对主体

---

[1][2][美]彼得·德鲁克:《工业人的未来》，余向华等译，机械工业出版社2019年版，第103页。

[3][美]彼得·德鲁克:《工业人的未来》，余向华等译，机械工业出版社2019年版，第104页。

实然存在的需求的超越、对实然管理基本范式的超越、对主体实
然人性假设的超越、对组织实然状态的超越。

德鲁克作为经验学派的主要代表人物，认为自律相对于其伦
理原则来讲，更具有实践意义。因为自律建立在人的自由意志的
基础之上，自由意志是一种人具备的纯粹的理性实践能力。德鲁
克认为自律是在实践理性的道德活动中得以实现的，因为自律不
能在知识层面加以证实，而需要用行动加以证实。

（一）自觉，主体自我意识的向内反思

德鲁克管理伦理思想中的自律是建立在认识论基础上的主
体自觉。这种自觉是指在自我管理中，对于人本身作为管理的能
动主体的本质的自主认识和反思。主体自觉意识是人之为人的
重要特征。在管理中人通过自觉活动，将自身与管理对象区分开
来，使自身成为管理实践的主体，而管理对象成为自身管理实践
的客体。自我管理意味着严格的自律，德鲁克很早就意识到这是
对知识工作者的全新挑战。"1.他们需要问：'我是谁？我的优势
是什么？我如何工作？'2.他们需要问：'我属于哪里？'3.他们
需要问：'我能做出什么贡献？'"[1]不仅如此："为了能够有效地
自我管理，最后你需要知道：'我的价值观是什么？'"[2]德鲁克
作为一名存在主义者意识到管理者既作为管理的主体存在，也作
为管理的客体存在。正如马克思在《政治学经济学批判》一书中
指出的，人双重地存在着，主观上作为他自身而存在，客观上又
存在于自己生存的这些自然无机条件之中。马克思这一思想阐

[1]［美］彼得·德鲁克：《21世纪的管理挑战》，朱雁斌译，机械工业出版社2019
年版，第186页。
[2]［美］彼得·德鲁克：《德鲁克管理思想精要》，李维安等译，机械工业出版社
2019年版，第231页。

明了人具有双重性。从客体的向度上，人不可避免地存在于他赖以生存的各种自然社会关系之中，即人是一种实然的存在；从主体的向度上，人是为自身而存在着的存在物。

人的自觉意识是随着人类实践活动得以发展，伴随着人类实践能力的提高而提高的。在远古时期，由于人的实践能力低下，人类还不能将自身与自然界有意识地进行区分，往往用天人合一来解释人与自然的关系。随着人的认知能力、思维能力、实践能力不断增强，人开始有意识、有目的地进行劳动，并按照人类意志改造世界。从这时开始，人才有意识地将自身与自然界区分开来，并逐步体现出主体的自觉意识。在管理中，人的自觉意识也展现出不同的发展维度，一种凸显为对象性的向外扩张的倾向，一种表现为主体性的向内的自我反思。

对象性的向外表现是将管理主体的意志对象化。不同于其他的生物与外界自然的关系，是纯粹的生理需要和生存需要。有机物与外界主要保持着机体对环境的依存，并不有意识地向外展现自身意志，仅仅寻求对环境和自然的和谐共存或者有条件的适应，最终接受自然法则的安排。而人类则通过主观能动性来改造世界，并实现与自然的共存。人类通过自己的意志来规划和设计满足自身需要的环境，并根据这些需要有意识、有目的地对自然进行改造。在这一过程中，人类觉察到自己作为主体的力量，强化自身的主体意识。随着管理的出现，人的这种主体自觉意识同样表现为管理对象性的向外扩张。从现代管理起步的科学管理时代，管理将思考和行动进行了分离。这种倾向延续到组织理论阶段、管理的社会人时代，一直到现代管理理论时代。这种管理主体性意识不断向外强化扩张，管理主体与被管理对象之间的区隔愈加明显。管理理论始终将管理者的意志聚焦在如何加强对管理对象的影响和控制上，从而形成了管理者和被管理者隔阂不断加深的二元对立。在管理理论丛林之中，管理过程学派通过操纵有组织的群体中的人，使事情得以完成，其核心观点将管理视为一种过程，其管理对象是有组织的群体中的人；而管理行为学派强调用心理学和社会学的相关理论知识来对管理中的人进行管控，其核心还是通过对管理对象的控制来完成任务；管理决策理论学派聚焦于决策由谁作出，如何在决策中确定行动路径，以及决策的过程上；管理社会系统学派以及数理学派也均有明显的将主体与对象进一步分割的趋势。纵观哈罗德·孔茨提出的管理丛林中的各大学派，尽管其理论基础和方法有所不同，但这种主客体分离并无二致，并且这种趋势愈发明显。因此，主体自觉意识和对象意识的逐步强化，也是带来这一结果的重要原因。管理中会面临一系列的悖论：人的主体性是不可剥夺的，可管理却将人变成客体，一个与人的本性对立的管理会成功吗？人不喜欢被控制，但管理就是要控制人们，如何避免管理主客体之间无休止的恶性博弈？德鲁克的管理伦理思想尽管也无法彻底改变管理主体与管理对象分离的趋势，但却更强调管理者向内的自我反省。这种反省强调的是通过对对象的感性认识，对自我进行反思、自省，目的在于更好地进行自我完善，推动管理实践能力的进一步提升。管理中的客体不同于自然界中的一般对象物，管理中的客体有可能是人化了的无机对象，也有可能是与管理主体一样的人。这就要求人在进行自我管理和管理对象的过程中，对人化的对象和作为管理客体的人都有深入了解，并对其生成和在管理过程中的对象化过程有深刻认识，才能真正使管理成为按照管理目标和管理主体意志实现管理主体对象化的过程。只有不断地自我反省，才能达成自觉的过程。这种向内反思在时空维度上，将现实的主体与历史的主体进行对照，将实践活动的主体与反思这种实践活动的主体相对照，从而将自身作为自身的对象化客体进行反思。将管理活动这种动态性的实践，通过思想片段的形式进行细密切割并在静态中储存，从而有目的、有意识、有针对性地进行比较分析，有利于更清晰地认知主体的自由意志、行为模式，从而更好地完善主体。

德鲁克强调的是通过这一自觉的过程，管理主体将自身视为管理主体的反思客体，从而消融了主客的二元对立，并由此奠定了自律的意识基础。这种对外意识扩张、对内自我反省的有机互动和相互平衡，可以使管理者的主体自觉意识更好地为管理实践提供主观上的动力，以及为前进方向防错纠偏，也使管理者的主体本质以及这种本质力量通过自我管理得以加强，为管理者的自律奠定意识基础。

（二）自主，从他律到自律的转化

自主是指管理的主体能够挣脱外界束缚和其他客观力量对自身的影响和控制，从而独立地按照自己的意志控制和约束自己的行为，使管理意志和管理主体实现合一。管理是人的管理，管理必须面向主体。管理只有被各相关方，从管理主体到管理对象共同接受，并形成意识和行动上的默契，管理主客体的真正统一才能成为主体管理有效性的验证，也才称得上真正的管理。对管理客体来说，以某种强力和约束形式存在着的，来自管理主体的管理要求，实际在某种形式上违背了管理客体自身的意志。而从管理主体到管理客体，这一管理对象间的转化是管理主体的自身管理意识的发展过程，也可以概括为无律—他律—自律—自由的过程。对这一过程进行分析，有助于把握管理自律的本质。

人是其所有社会关系的总和。人从出生伊始就处于各种特定的社会关系和管理关系之中。人在幼年时期并未形成真正的自我主体意识，属于自我管理的无律时期，其对自我的管理大多数属于对成人的模仿和诱导下的无意识行为，这时候孩童的意识和行为处于并无关联的分离状态。如果在这一阶段不进行正确的引导，自我行为和自我管理长期分离，无律就会成为其人格异化后的自然状态，将对孩童的成长造成不可逆转的损害。当人在社会活动中能够逐步接受社会的影响，通过自我认知能力的成长和道德观念的形成，开始在自我管理中对外界权威以及价值力量表现出服从和接受，这一阶段便进入了自我管理的他律阶段。在他律时期，主体行为与其自我管理意识体现出一致性，这种主体行为主要表现为对外部力量的顺从，而非出于行为主体自愿自发形成的自主意识的主动控制。此时的表现并非出于行为主体自动自发的自律行为，或者仅仅部分是取决于自我意识的规制，处于他律阶段的行为还是被动的、功利的。这一时期人的自主意识并没有完全成熟，因此这种管理主体的力量是区别于自律的外部和异己的存在，但已经处于从他律到自律的过渡进程。随着自主意识逐步走向成熟，人开始进入真正的自律阶段。在这一阶段，人的自主意识和行为已经成为完全融合的整体，此时的主体已经将原有那些包括社会道德规范在内的外部力量，内化为自身的主体意识，形成自我意识与自我认知、自我理性和自我情感的高度统一。此刻的主体获得外部力量与自主意识有机结合后的真正自主的能力，展现出的自律是出于对自主之外的外部世界的内部化和对象化。此时的自律真正体现出为自然界立法的自主意识。此时的自律已经处于完全的核心地位，运用自己的理性去设定自己的目标，并用意志执行自己的计划，这种律令排除了其他干扰，成为指引行动的根本性的规范准则。此时的自律已经克服了他律带来的外部约束，以及对自由意志的限制。自律成为真正的自由。

德鲁克语境中的自主，是主体自身在自觉反思的基础上，对主体行为进行自愿选择的自由意志。这种选择实质上是一种自由的体现，是从主体意识自由到主体行动自由的体现，也是人类实现自由的基本途径。无论是在康德的实践理性中，还是在约翰·斯图尔特·密尔的伦理学中，自主都占据了重要的地位。在康德的实践理性中，人的实践理性行为必定是来自主体的自主行为，而只有主体才能够通过自由意志为自我立法。理性自由对于人类来讲或许是不可触及的，但这种由于人的不完美造成的缺憾，以及受个人欲求影响的理性判断所造成的非理性的主体是属于现象世界的。这种善的理性意志正是主体的真正本体，因此理性就是作为目的而存在的，而非手段。对于康德而言，道德主体的自我立法，说明了主体自身将自由意志当作目的。而在密尔的理论中幸福的要素之一就是自主。自主不仅是一种自我意识，更是一种内在价值的体现。一个自主的人不仅拥有正确选择与决断的能力，同时还具备将这种抉择付诸行动的现实能力。这种现实能力不仅包含生活的控制力，还包括对心理动机和生存状态的调整能力。德鲁克自我管理伦理的自主主体不同于康德的实践理性中的反思主体。德鲁克认为自我管理伦理思想中的自主具有以下特征：首先，在自我管理中最终权威和裁决者应是主体的自主意识和自主意志；其次，自主的主体可以拒绝接受他人作为权威而发布的律令；最后，自主是主体在所有可以作出的自我立法中作出的抉择。德鲁克所说的自主并非康德式的纯粹理性道德立法。在康德那里合理性臣服于道德权威，是缺乏实质性内容"偶然性的心理逻辑事件"。在现实的自我管理中，个体作为社会性的存在，自主的主体一定会受到社会关系包括个人情感偏好、责任等感性因素的影响，而这些因素都会影响到人的选择，这些选择并不应该被视作非理性的因素。恰恰是在这些纷杂的因素中，人所作出的决定才应当被视为真正的理性自主的。

德鲁克的经验主义观点认为所有的自律都源于自主的自发自愿，而非出于不切实际的虚幻想象。德鲁克强调的自主是主体根据其所受的外部影响和自我的价值准则，在现实路径中选择的可以实施并能被他人接受的一种自我约束。这一过程体现出主体能够在自律原则中作出选择，并且能依据选择作出自我管理的抉择。德鲁克自我管理伦理思想中的自主是指有效的自我实践，而不仅是康德意义上的自我立法。

（三）自控，主体应然对主体实然的超越

德鲁克认为的自律是通过在自觉和自主基础上的自控最终实现的。自控也是德鲁克目标管理理论中不可或缺的一部分。目标管理是德鲁克最重要的管理学成就之一。正如雷恩在《管理思想史》中描述的："虽然许多人都撰写过关于组织目标的必要性的著作，但德鲁克是公开发表这一概念的第一人，并创造了'目标管理'（MBO）这一词汇。根据德鲁克的说法：'管理者的工作，应该基于为了实现企业目标而完成的任务之上……管理者应该受他所要完成的目标的指挥和控制，而不是受制于老板。'要用目标管理取代被驱动的管理，控制应该来自我控制而不是上级的控制。"[1]在目标管理这一概念中，不少人存在着误解，认为德鲁克的目标管理是单一的。实际上，德鲁克的目标管理是附

---

[1] [美]丹尼尔·雷恩、[美]阿瑟·贝德安，《管理思想史》，孙建敏等译，中国人民大学出版社 2014 年版，第 486 页。

加自我控制的，因此，在德鲁克的目标管理思想中，目标管理与自我控制两者是不可分离的整体。

在德鲁克的视域，人不断追求完美，正是通过自控实现了人的应然状态对实然状态的超越。这种超越正是基于：对自身不完美这一现实的不满足，并希望实现更为理想的状态。这种不满足感并非先验的，而是在现实生活中通过人的理性实践逐步产生的。

这种超越主要体现在以下几个方面：

首先，是对主体实然存在需求的超越。德鲁克基本同意马斯洛的需要理论，即人的需要是呈梯次从低层次向高层次逐层发展和上升的，这主要建立在人不满足原则以及需要渐进原则的基础之上，低层次的需要得到满足后，才能用高层次的需要去激励或驱动行为，渐进原则强调了人的几种基本需要是以阶梯形式前进排列的。通过对低层次需要的不断满足，人最终会向追求自我实现的需要迈进，而此刻低层次需要会被放在次要位置，这也就是马斯洛所说的"人的自然升华"以及"峰值体验"。人通过对这种需要的不断满足，最终实现自我的不断完善。而在这些需要满足的过程中，人的自我控制和自我驱动是最重要的激励动机。

其次，是对实然管理基本范式的超越。德鲁克时期的大部分管理理论，强调如何有效地控制被管理者。从科学管理时代开始到社会人时代，虽然各个理论的方式和方法不同，但这些管理理论主要还是致力于通过对被管理者的控制来实现管理的价值目标，区别仅仅在于控制的方式和工具不同。在这种管理范式下，管理者和被管理者是对立的，人是不自由和被压抑的。而德鲁克强调的自控通过参与式的管理制度，在目标管理中把组织目标转化成个人目标，并且通过个人的自控来实现，这是一种全新的管理范式。通过给予被管理者更强的激励和驱动，在员工的自控模式下，每个人都可以将实际的工作成果与预设的目标进行比较，进而客观地评价自己的工作绩效，激发自我改善的意愿，最终实现预设的管理目标。

第三，是对主体实然人性假设的超越。德鲁克的自控建立在其实践人性假设的基础上，本质上就区别于同时代的其他管理思想的人性假设。管理丛林中的其他学派，大多把人性的某一个侧面作为假设，将其管理的理论建立在一个绝对不变的理念基础上，而这个绝对不变的理念正是对人性的某种片面的抽象。德鲁克打破了传统管理哲学中的绝对理念以及宗教影响，广泛地吸收了现象学、诠释学、存在主义和实用主义的观点，并立足于实践的人性观对当时建立在抽象片面的人性假设基础上的各种管理理论，提出了全新的挑战。相对于实体人性的不变性、抽象性、单一性，在实践人性基础上建立起的管理则具有完整性、发展性、创新性。德鲁克在实践人性观基础上建立起的管理思想和理论，实现了对传统管理理论的扬弃和超越，也体现了对实然人性假设的超越。

最后，德鲁克的自控实现了对组织实然状态的超越。德鲁克的自控思想推动了其后广为人知的授权制的发展。原有的组织理论下的组织，通过授权赋予其成员更多的职能和自主权。而自控则是增加授权的首要途径，通过授权可以给予组织中相对弱势的人更多权力，以减少组织成员由于无力感而造成的组织功能弱化。而且通过授权可以提升组织成员的内在工作动机，有效缓解组织中的消极因素，增强组织活力并激发组织的生命力。通过由自控建立起来的授权机制，组织成员将营造一个更加开放、透明、合作的组织氛围，而身处其中的个体也能获得更好的成长、激励，伴随着的是组织的共同发展。同时，这种自控和自控所引发的授权机制将使个人在组织中的尊严和影响力得到极大提升，激发组织成员主动提升自我效能，进而推动组织绩效的突破。授权使组织结构和权力结构重组并形成最优配置，释放人的潜能和善意，最终实现对组织实然状态的超越。

第三节 个人管理伦理的实践

德鲁克始终将构建"自由的功能社会"作为其管理宗旨和价值目标。从这一目标出发，德鲁克走上了管理之路。他敏锐地意识到当时的西方社会已经进入组织社会这一现实，数量庞大的组织特别是企业成为社会的重要器官。构建自由的功能社会，意味着通过管理让这些组织充满活力，令其充分行使社会职能。而在组织中，构成组织的个人，已经逐步由传统劳动者转变为知识工作者，他们在以下两个方面不同于以往的任何劳动者："首先，知识劳动者拥有属于自己的生产资料，而且这种生产资料便于流动。其次，他们（而且有越来越多的妇女）的工作寿命可能长于任何用人组织。"[1]进入知识社会，知识工作者成为自我管理者。管理从社会管理到组织管理，管理的范围已经自然延展到个人管理。"在所有发达国家，社会已经成为一个由各种组织构成的社会。个人的成效越来越取决于其在组织中的工作是否能取得成效，是否能成为卓有成效的管理者。现代社会及其运转的成效，

---

[1]［美］彼得·德鲁克:《个人的管理》,沈国华译,上海财经大学出版社2003年版,第5页。

也许还包括其生存的能力，也越来越取决于各类组织中管理者的成效。卓有成效的管理者正迅速成为社会的一项关键资源，而能够成为卓有成效的管理者已成为个人获得成功的主要标志。"[1]基于不同的人性假设，效能和自律成为德鲁克个人管理伦理的重要组成部分，这指导了德鲁克个人管理伦理的实践，并取得成效。

一、使卓有成效成为习惯

在德鲁克之前，很少有学者将自我管理的有效性作为研究对象，德鲁克的自我管理研究则拓展了这种传统的管理学边界。

首先，诸多学者将目光聚焦在管理者的任务以及如何进行管理上，却少有人关心管理者如何管理自我以及让个人管理能够克服人的惰性和资源限制，有效地将资源转化为成果。在没有进入知识社会之前，对体力劳动者而言，管理更关注的是生产率，即如何"把事情做正确"。进入知识社会之后，随着知识工作者的数量与日俱增，德鲁克认为管理者必须将注意力转换到如何"做正确的事情"上。

其次，德鲁克指出尽管一般认为管理者普遍资质较高，想象力丰富并具有较高的知识水准，然而事实证明一个人的有效性与他的智力、想象力或知识之间，没有太大的关联，有才能的人往往可能最为无效，因为他们没有认识到才能本身并不是成果。德鲁克同时也承认："管理者能否管理好别人从来就没有被真正验证过，但管理者却完全可以管理好自己。实际上，让自身成效不高的管理者管好他们的同事与下属，那几乎是不可能的事。管理

---

[1] ［美］彼得·德鲁克：《卓有成效的管理者》，许是祥译，机械工业出版社2019年版，序言第24—25页。

工作在很大程度上是要言传身教的,如果管理者不懂得如何在工作中做到卓有成效,就会给其他人树立错误的榜样。"[1]优秀的自我管理者已经成为组织管理和社会管理能够取得成果的关键要素。"今天我们已经不能再想当然地假定,凡是管理者都一定是有效的……关于体力工作,我们已有一套完整的衡量方法和制度,从工程设计到质量控制,但是这种衡量方法和制度,并不能适用于知识工作……我们无法对知识工作者进行严密和细致的督导……自觉地做出贡献,自觉地追求工作效益。"[2]德鲁克个人管理伦理集中体现为,如何让管理伦理通过不断的实践,将追求个人管理的成效变成一种习惯。

(一)有限中的无限

德鲁克的管理思想建立在人的有限性和不完美的人性假设基础上。因此,管理也必然存在着有限性和不完美。管理体现了人类的一般认知能力,是人类在特定历史时期以及有限的资源和认知能力的前提下产生的,并非脱离人而单独存在的抽象理念和概念,管理理论的产生、发展和应用都必须在人类社会之中才能实现。管理不是无限的,不是无所不能的。从这个意义上讲,任何管理理论都必然具有有限性。纵观管理发展的历程和轨迹,不难得出以下结论:管理随着人类历史的进程而不断向前发展和嬗变,从无到有,由低到高,从简单到复杂。只要人类社会不断向前发展,管理的发展也将是无限的。但在人类现实的发展进程和所处的各个历史阶段中,管理不可避免地具有其局限性和有限性。

---

[1]〔美〕彼得·德鲁克:《卓有成效的管理者》,许是祥译,机械工业出版社2019年版,序言第23页。

[2]〔美〕彼得·德鲁克:《卓有成效的管理者》,许是祥译,机械工业出版社2019年版,第4—5页。

人类无法构建和实践自身不能认识的管理范式和图景。德鲁克在其个人管理伦理思想的实践中，对于如何突破管理的有限性、追求管理效能的无限性提出了从以下两方面进行实践的建议。

首先，是掌控自己的时间。根据德鲁克的观察，有效的管理者并不是一开始就着手进行具体的工作，而往往会从时间的安排和分配上下手。他们并不以计划为起点，而是将时间盘点作为起点。时间是一种最为稀缺的生活和生产要素，它具有毫无压缩性和不可替代性的特性，是管理者必须优先关注的、最稀缺的资源。"时间的供给，丝毫没有弹性。不管时间的需求有多大，供给绝不可能增加。时间的供需没有价格可资调节，也无法绘制边际效应曲线。而且，时间稍纵即逝，根本无法贮存，昨天的时间过去了，永远不再回来。所以，时间永远是最短缺的。"[1]几乎所有管理者都了解时间的稀缺性，承认时间的有限性。"有效的管理者知道时间是一项限制因素。任何生产程序的产出量都会受到最稀有的资源制约，而在我们称之为工作成就的生产程序里，最稀有的资源就是时间。"[2]然而这并不妨碍人们对时间的浪费和缺乏管理。人的主观能动作用始终未能克服人类自身的惰性，时间管理的无效性随着人类社会的进步和人类科技的发展愈演愈烈。在数字化、信息化高歌猛进的时代，人的注意力被各种泛滥的信息所分散，时间的浪费俨然成了对管理者而言最为现实的限制因素。

德鲁克认为时间带给管理者的压力是全方位的。首先，大部分的时间被无效的社交和无效的沟通所浪费。尽管这些琐事似

---

[1][2] ［美］彼得·德鲁克：《卓有成效的管理者》，许是祥译，机械工业出版社2019年版，第29页。

乎显得既紧急又重要，然而却产生不出任何绩效和成果。而且这种时间被浪费的现象，似乎随着职务的上升同比例上升。其次，即使能掌握的小部分时间，通常也是无效的。"但是，即使是只想获得最低程度的有效性，管理者在绝大部分任务上也需要相当多的整块时间，如果每一次所花的时间少于这个极限，事情就做不好，所花的时间就是浪费，再做就得从头开始。"[1]在现实的管理环境中，管理者需要与其他工作协同者建立关系来进行有效的沟通，这需要大量的时间。管理者同时必须着眼于整个组织和全局，将目光从眼前的局部工作转到宏观的整体绩效上，将向内审视转变为向外洞察，这也需要大量的时间。管理者处于组织之中，每天面临各种决策，特别是人事决策必须经过审慎的考虑。"人事决策都是费时的决策。原因很简单：上帝造人时并没有想到让他们成为组织的'资源'。任何人很难完全合乎组织要求的条件，而人又不是可以随意'修整'，随意'更改'的。最多，人不过是'大致符合要求'，而我们开展工作又必须用人（没有别的资源可以代替人）。所以在人事决策上，就需要较长的时间思考和判断了。"[2]作为自我管理的重要部分，管理者首先必须接受时空限制所带来的有限性，在认识到这种有限性和必然性时，才能通过管理寻求增加时间效能。与传统的体力工作者相比，知识工作者会将更多的时间用在思考和脑力活动中。"东欧斯拉夫人有句谚语：'用脚走不通的路，用头可以走得通。'这句谚语，我们不妨把它视为'能量守恒定律'的一种颇为新奇的解释，但它

---

[1]［美］彼得·德鲁克：《卓有成效的管理者》，许是祥译，机械工业出版社2019年版，第33页。

[2]［美］彼得·德鲁克：《卓有成效的管理者》，许是祥译，机械工业出版社2019年版，第39页。

也有'时间守恒定律'的意味，意思就是说：一件工作，用'脚'的时间越少（体力劳动），则需要用'头'的时间肯定越多（脑力劳动），我们为了使一般工人、机械操作员以及一般职员的工作变得更容易，就必须要求知识工作者承担更多工作。我们的工作是脱离不开脑力劳动的，必须把脑力劳动放回到工作中去，而且必须让脑力劳动占更大的分量。"[1]这也直接导致管理者将更多的时间花在用脑力劳动替代体力劳动上，进而创造更高的绩效，而且这一趋势已经成为事实并愈演愈烈。

另外，创新和变革也要求管理者必须花费大量的时间。因为，在短时间内一个人就只能在原有的思维模式中重复那些熟悉的事情，即只能思考或决定那些曾经做过的事情，那么他的明天只是今天的重复。基于以上原因，不论是来自组织的压力，还是来自管理者个人的需求，管理者都必须能够在有限的时间尽可能地提升效能，追求管理的无限。"但是人却往往最不善于管理自己的时间。人类像其他生物一样，生理上有自己的'生物钟'……但是心理学实验却证明，人的时间感觉是最不可靠的。把人关在黑房间里，很快他就会丧失对于时间的感觉。即使是在黑暗中，绝大多数人也能保持空间的感觉。但是禁闭室内的人，即使有灯光，也无法估计时间的长短。他们有时对时间估计过长，有时又估计过短"。[2]因此，德鲁克得出结论，如果不借助管理，只依靠本能，管理者是无法有效进行时间管理的。"有些管理者常自诩记忆力很强，我有时请他们把自己使用的时间的过程

---

[1]　[美]彼得·德鲁克：《卓有成效的管理者》，许是祥译，机械工业出版社2019年版，第39页。

[2]　[美]彼得·德鲁克：《卓有成效的管理者》，许是祥译，机械工业出版社2019年版，第30页。

凭记忆做一下估计，并且写下来。然后，我把他们这份东西暂时保存起来。与此同时我又请他们随时记录他们实际耗用的时间。几个星期或几个月后，我把他们原来的估计拿出来，跟他们实际的记录相对照，却发现两者之间相去甚远。"[1]

德鲁克提出了行之有效的解决方案。首先，要诊断自己的时间。第一步，是记录时间所使用的情况。第二步，是要将不产生绩效和浪费时间的活动分析出来，然后在工作清单上将它们排除。德鲁克在这里提到了以下三个问题：第一，要确定哪些事情根本不做也不影响最终的成果；第二，哪些活动可以由他人代劳而不影响效果；第三，管理者通过自省和寻求反馈，寻找出如何减少浪费别人的时间。

管理者在时间诊断的基础上就可以消除浪费时间的活动。首先，要避免重复出现的危机；其次，要健全组织，避免无谓的会议；最后，要保持信息功能的健全和沟通的效率。通过诊断时间和消除不必要的时间浪费，德鲁克进一步建议：统一安排可以自由支配的时间，以确保时间用在最重要的成果上，核心就是将所有可以支配的零碎时间集中起来。"'认识你自己'这句充满智慧的哲言，对我们一般人来说，真是太难理解了。可是，'认识你的时间'却是任何人只要肯做就能做到的，这是通向贡献和有效性之路。"[2]

其次，是要事优先。要事优先与掌控自己的时间，是在管理的有限性中追求效能的无限性的两大支柱。管理者的终极目标

---

[1]［美］彼得·德鲁克：《卓有成效的管理者》，许是祥译，机械工业出版社2019年版，第30页。

[2]［美］彼得·德鲁克：《卓有成效的管理者》，许是祥译，机械工业出版社2019年版，第60页。

是突破管理的有限性，并追求管理者自身和组织的绩效。"卓有成效，如果有什么秘诀的话，那就是善于集中精力，卓有成效的管理者，总是把重要的事情放在前面先做（first things first），而且一次只做好一件事（do one thing at a time）。"这是因为除了时间因素的有限性外，人作为生物体其注意力和精力都是有限的。如何才能突破人的生理有限性，追求管理效能的无限性？管理者将有限的注意力和精力聚焦在重要的机会上是获得成果的唯一途径。"人是一种'多功能工具'。但是，要有效利用人类的才能，最好的办法，莫过于集中个人所有的才能于一件要务上。"[1]要想在有限的时间和精力中取得最大成效，管理者必须有目的地予以放弃，"管理者专心一志，第一项原则是要摆脱已经不再有价值的过去"。[2]有效地摆脱过去无价值的工作以及失败都是人们容易接受的，而最难的是如何摆脱昨天的成功。因为"可是昨天的成功，却可能留下无尽的影响，远超出成功的有效期"。[3]这正如强化理论反映的管理现实："过去的成功和活动，往往会演变成'经营管理上的自我主义的资产'并且是神圣不可侵犯的"。德鲁克认为这种所谓过去的成功，是管理者最需要用反思的精神去检讨和批判的，否则"组织的血液都将流失"。追求管理效能，还在于如何把握未来的机会。至于如何决定优先次序，尽管看起来是一项非常复杂的管理统筹和理性计算的过程，德鲁克则给出了简洁的答案，这些原则着眼于在有限的资源中寻求无限的效

---

[1] [美]彼得·德鲁克：《卓有成效的管理者》，许是祥译，机械工业出版社2019年版，第120页。

[2] [美]彼得·德鲁克：《卓有成效的管理者》，许是祥译，机械工业出版社2019年版，第123页。

[3] [美]彼得·德鲁克：《卓有成效的管理者》，许是祥译，机械工业出版社2019年版，第124页。

能。"以下几条可帮助确定优先次序的重要原则，每条都与勇气
密切相关：重将来而不重过去；重视机会，不能只看到困难；选
择自己的方向而不盲从；目标要高要有新意，不能只求安全和容
易。"只有这样才能将有限的精力，集中于未来的机会而不是解
决旧问题上。而解决旧的问题，充其量就是恢复到昨日的平衡而
已。在有限和无限之间，只有善于自律，集中精力，全神贯注，
并且要有足够的勇气面对挑战，"管理者才能成为时间和任务的
'主宰'，而不是成为它们的奴隶"。[1]

（二）自我否定中的肯定

德鲁克的管理伦理是其管理体系中管理主体运作的逻辑起
点和原生平台。德鲁克的管理伦理指导其重构了管理学，为其将
管理学建设成为一个完整的学科，起到至关重要的作用。德鲁克
管理思想中全面渗透着其伦理思想，这既是德鲁克管理思想的独
特性，也反映了管理思想发展的必然性。在德鲁克的个人管理伦
理中，管理者和组织通过自我否定和自我批评而形成自我肯定。
"人都免不了一死，纵然他有再大的贡献，其贡献也因此有一定的
限度。而一个组织，大体言之，正是克服这种限度的工具。组织
如果不能持续存在，就是失败……一个组织如果仅能维持今天的
视野、今天的优点和今天的成就，它就一定会丧失适应力。"[2]德
鲁克的这种自我否定，体现了反对绝对存在和永恒主义的思想，
认为只有通过这种自我否定实现自我扬弃，才能形成新的自我肯
定。这种自否定使旧的管理范式向新的管理方式进行转变，同时

---

[1] [美]彼得·德鲁克:《卓有成效的管理者》,许是祥译,机械工业出版社2019
年版, 第134页。

[2] [美]彼得·德鲁克:《卓有成效的管理者》,许是祥译,机械工业出版社2019
年版, 第67页。

也使旧的管理思想和新的管理思想予以连接。

首先，德鲁克自我管理中的创新思想，就孕育在自我否定之中。德鲁克创新思想具有独特性和系统性理念，其本质是对于传统的机械论思维方式的批判和否定，这种批判和否定结合了系统性思维方式，重新建构了其创新思想和理论。德鲁克强调尽管整体是由部分组成的，但整体不仅仅是部分之和。德鲁克批判了以下的观点：集合以及构成集合的要素，可以简单通过切割或重组其要素的方式进行把握。在这种自我否定之后，他重新建构了在创新中的集合与集合中的要素等概念，并赋予它们各自以初始性、绝对性和主体性。这是对原有的整体概念及其关联性的批判和旧的创新思想的否定。德鲁克认识到，把整体进行切割变为零散的要素之后，其内在的关联性便被阻断和破坏，而部分就是相对于整体产生的概念。受熊彼特的影响，德鲁克的创新思想中具有一种动态不平衡而形成的张力，这种张力如同自组织内部的张力，引发新事物的发展和生成。德鲁克在对其创新思想予以自我批判和否定的过程中，完成了从一般的现代主义思维方式向后现代主义思维方式的过渡。

德鲁克的创新思想具有完整的系统性。首先，德鲁克将创新视为一项有目的、有计划、系统性的要素重新组合的过程。德鲁克对创新者的基本素养也进行了批判，认为创新并非那些天才或者出现在好莱坞式剧情中的人物的专利，那些只是基于大众流行心理而制造的某种虚幻的形象。在以绩效为核心的创新中，那些具有某些浪漫主义色彩和冒险精神的创新者更是务实的实干家。他们将大部分的注意力花在对现实运营的密切关注以及经济行为的预测中，因为创新并不意味着盲目地冒险，虽然创新需要克服某些不确定性和模糊性，而且高回报的运营行为和经济活动往往伴随着较高的风险。而真正的创新者能够有效地管控不确定性和降低那些无谓的风险概率,同时他们将注意力聚焦在如何有效地创造机会和把握机会上。德鲁克认为创新者是在风险和机遇中有效地管控前者,而尽可能地放大后者的佼佼者。正如他所说的,成功的创新者都相当保守,他们不得不如此。他们不是"专注于冒险",而是"专注于机遇"。[1]

其次,德鲁克提出的"我能贡献什么?"也建立在这种批评和否定之上。德鲁克对这样的管理者进行了批判:"他们重视勤奋,但忽略成果。他们耿耿于怀的是:所服务的组织和上司是否亏待了他们,是否该为他们做些什么。他们最在意的是'应有'的权威,结果是做事没有成效。"德鲁克认为管理者进行自我管理,首先就要对绩效观进行批判和反思,"一个人如果只知道埋头苦干,如果老是强调自己的职权,那不论其职位有多高,也只能算是别人的'下属'。反过来说,一个重视贡献的人,一个注意对成果负责的人,即使他位卑职小,也应该算是'高层管理人员',因为他能对整个机构的运营绩效负责"。[2]如果管理者不能自问可以作出什么贡献,他就不可能对现在的工作状态进行有效的自我否定和自我批判,甚至有可能偏离目标并对"贡献"一词给出狭隘的解释。经过批判和扬弃,德鲁克提出了"贡献"所体现的三个方面:"直接成果;树立新的价值观以及对这些价值观的重新确认;培养与开发明天所需要的人才。"[3]直接成果是生存和发展的必

---

[1]〔美〕彼得·德鲁克:《创新与企业家精神》,蔡文燕译,机械工业出版社2019年版,第168页。

[2]〔美〕彼得·德鲁克:《卓有成效的管理者》,许是祥译,机械工业出版社2019年版,第62页。

[3]〔美〕彼得·德鲁克:《卓有成效的管理者》,许是祥译,机械工业出版社2019年版,第65页。

要物质基础以及外部环境，而对于组织来讲，它必须具有自己独特的灵魂；而价值观是组织提出的价值主张，用以避免组织的混乱、瘫痪和解体。这种价值观的承诺通常会以非常具体的形式被感知。"其价值观的承诺也许是指建立一种技术权威，也许是指为了社会大众寻求最好的商品和服务，并以最低的价格和最高的质量来供应。"[1]自我管理要求勇于对贡献有所承诺，这就意味着是对有效性的承诺。没有这些承诺，管理者就没有明确地承担自己的责任，也就意味着对组织和其他同事的伤害。同时，管理者在进行自我管理时，还应该规避"以错的方法做错的事情"。即当管理者的职权发生变化时，其作出的贡献和承诺也会随之改变，而如果继续用既往的方式，处理曾经正确的工作，难免会陷入"用力做错事"的困境。在自我管理中通过自我否定的形式，消除那些低效能的无用功，转而重视贡献的管理者能够有效掌握各项工作的协调性和关联性。德鲁克强调重视贡献，才能使管理者的视线从内部事物、内部工作和内部关系转移到外部事务和组织的成果上。总之，重视贡献，就是重视有效性。

德鲁克强调的自我否定和自我批判是自我管理的核心，是管理者不断取得进步的重要方式。通过认识到人的有限性，正确评估自己在管理实践中的缺陷和不足，主动调整管理者自身在整个管理生态中的角色和关系，才能使管理伦理思想和管理实践形成最佳的运行组合。将管理价值发展的条件、需求、目标、行为和结果串联成一个符合以人为本要求的管理逻辑，能够体现管理者追求效能过程中的自我尊严、自由意志和完整的人性。

---

[1]［美］彼得·德鲁克：《卓有成效的管理者》，许是祥译，机械工业出版社2019年版，第66页。

（三）平凡人的不平凡

在德鲁克的自我管理伦理实践中，管理者不断通过自律和追求效能，进行自我完善和超越，实现人的价值和意义。"套句贝弗里奇爵士（Lord Beveridge）的话，组织的目的是'让平凡的人做不平凡的事'。没有任何组织能完全依赖天才，天才总是非常罕见。而且不可预测。但是能不能让普通人展现超凡的绩效，激发每个人潜在的优点，并运用这些优点，协助组织其他成员表现得更好，换句话说，能否取长补短，是组织的一大考验。"[1]德鲁克不仅将人的存在、人的自由、价值追求视为人类共同的价值理想和终极关怀，而且一直强调管理的终极意义在于通过实践改善人的生活。"我们已经界定组织的目的是为'让平凡的人做不平凡的事'，不过我们还没有讨论如何让平凡的人变成不平凡的人。"[2]在协助组织完成目标的过程中，管理者通过挖掘自身的内在精神动力，对自身精神世界予以重新认识和反思，审视、思考、规范自己的管理和行为，并借此实现个人的尊严和人性的完善。德鲁克将"平凡人中的不平凡"作为价值指引，试图通过组织中的个人和管理者的反省、解析、矫正和重构，寻找人性完善的另一条管理提升之路。

德鲁克认为实现平凡人的不平凡，首先，在自我管理中应当发掘自我的优势，即用其所长。"今天的组织需要的是由平凡人来做不平凡的事业。这正是有效的管理者所应自勉的目标……有效的管理者的自我提高，是个人的真正发展。这种自我提高应该包

---

［1］［美］彼得·德鲁克:《管理的实践》，齐若兰译，机械工业出版社2018年版，第147页。

［2］［美］彼得·德鲁克:《管理的实践》，齐若兰译，机械工业出版社2018年版，第161页。

括从技术性细节的工作态度、价值观、品格等各个方面，包括从履行工作程序到承担各项义务等各个领域。有效的管理者的自我提高，是组织发展的关键所在……管理者有效性的发展，其实是对组织目标和方向的挑战。有了这种挑战精神，我们就能转移视线：由专注于问题转而重视机会，由只见人之所短而能用人所长。"[1]

用人所长要充分发掘自身相对的优势。人对自我的认知经常会陷入困顿迷茫，这是人的自我性和自主性的相互分裂导致的。人有自我调节的功能和自我追求完善的倾向，因此人可以克服这种分裂而实现自主性和自我性的统一。这种自我反思和自我认知来自外部的社会环境，同时也来自人将自身作为管理的客体而进行的自我批判和否定。在自我管理的过程中，管理者通常会有目的或有意识地按照价值标准和行为规范，对自身进行反思纠错，以期达到发展和突破。这一过程既是人自我觉悟的过程，又是人性本身内在驱动的自发自愿的过程。人会根据自我的能力内容和能力的高低进行分析，结合既有的评价标准展开验证和对照，并将这一对照和评价的结果总结为一般的结论和观念，消除各种缺失和偏差，同时发现各种优势和特长，对这些正反两面的对照带来的管理结果和影响进行审慎的评估。面对各种反思和评估的结果，德鲁克强调管理者应善用自己的优势创造机会。一味地将目光聚集在各种缺陷和错位，很难实现个人价值的最大化，甚至会妨碍个人特长的发挥。德鲁克强调，有效的管理者会顺应自己的个性特点，不会勉强自己，注意的是自己的绩效，自己的成果，从而发展出自己的工作方式来。当管理者进行自我反

---

[1]［美］彼得·德鲁克：《卓有成效的管理者》，许是祥译，机械工业出版社2019年版，第201页。

思和评估时，将不得不面对重新调整和更新自我的价值坐标和行为坐标的问题，这并不意味着盲目地去追寻潮流和陷入不切实际的幻想。这一过程恰恰体现了人对自身不断完善的追求，自我能力边际的探索，结合现实情况并与社会环境和管理环境协同一致，这些为自己优势的明确和重构提供了基础。这一复杂的过程包括自身对一切合理的、先进的、科学的技能和特性进行筛选和沉淀，既顺应管理世界内生性结构和时代历史特征，又坚持自我追求与卓越价值理性追求相结合，让科学和人文的管理二重性形成辩证的统一，在自我否定中完成自我的蜕变。德鲁克强调发现自己的优势，而目的在于运用自己的优势。"如何用人之长，不仅有个态度问题，而且有一个敢不敢去实践的问题。用人之长，可以从实践中获得改进。"[1]

用人所长还要求管理者善于发掘他人的优势并加以运用。"如果他在任用一个人时只想避免短处，那他所领导的组织最终必将是平平庸庸的。所谓'样样皆通'者，即只有长处，没有短处的人（也可用其他词来描述这类人，如'完人''个性成熟''个性完美'或'通才'），实际上可能一无是处。才干越高的人，其缺点也往往越多。"[2]管理者的自我管理也在于提升用人所长的能力，如果管理者不能识人所长，或因其所长而忌惮可能对自身造成的威胁，只能说明管理者本身的虚弱、无能和短视。"美国钢铁工业之父卡内基的墓志铭说得最为透彻：'这里躺着的人，知道选用比自己能力更强的人来为他工作。'当然，卡内基先生

---

[1] ［美］彼得·德鲁克：《卓有成效的管理者》，许是祥译，机械工业出版社2019年版，第116页。

[2] ［美］彼得·德鲁克：《卓有成效的管理者》，许是祥译，机械工业出版社2019年版，第86页。

所用的人之所以能力都比他本人强，是因为卡内基能够看到他们的长处，在工作上运用他们的长处。他们只是在某方面有才干，而适于某项特定的工作。卡内基就是他们的卓有成效的管理者。"[1]优秀的管理者用人所长唯一的合理理由就是其工作绩效和对组织的贡献，而其他与工作绩效没有直接相关性的领域，或者仅仅是管理者的个人偏好，都不应该作为对他人进行管理的行动依据。且管理者必须明白人具有天赋的同时必然伴随着局限性和限制性。"所谓的'完美的人'或'成熟的个性'，这些说法其实都忽视了人最特殊的天赋：人本能地会将其一切资源都用于某项活动、某个领域，以期取得某个方面的成就。换言之，类似'完美的人'的说法是忽视了人的卓越性。因为卓越通常只能表现在某一个方面，最多也只能表现在个别的几个方面。"[2]正如人际关系专家的一句俗语："你要雇用一个人的手，就得雇用他整个的人。"一个人不可能只有长处，他必然也有短处。要避免因人设事。如果管理者不能做到因事用人，往往会将"一位最不至于出差错的平庸者"也就是"仅合乎最低要求的人"放在重要的岗位上。而因事用人则避免了职位的要求与现有人力之间的差距而造成的失调。这样也能避免以管理者的喜好为组织提供人才。始终保持以绩效和工作任务为评估基点而非以人为重心，对于工作绩效的评价来说也更加客观和合理。如此，组织中各种人才也将形成合理互补，避免了由于过分趋同而造成的决策失误。

德鲁克进一步提出了四点建议来帮助管理者避免在设置职

---

[1] [美]彼得·德鲁克：《卓有成效的管理者》，许是祥译，机械工业出版社2019年版，第86页。

[2] [美]彼得·德鲁克：《卓有成效的管理者》，许是祥译，机械工业出版社2019年版，第87页。

务时步入误区。首先，不能设计一个常人不可能胜任的职务，即一旦发现职务设置不当，就必须重新设计，而不能寄希望于再去设法寻找天才来担任该职务。其次，职位要求要严格，涵盖职能要广。要使职务的设置有利于将任务有关的所有优势集中起来并转化为实际的工作成果，而要避免将职务设计得过于烦琐和具体。第三，当管理者考虑用人时必须首先评估候选人的实际能力和特质，而这种评价要基于寻找被评价者的优势和长处，并且不能局限于这个职位。德鲁克批判了那种绝大多数组织使用的考评办法。他认为这些方法"其实最初是由临床与变态心理学家出于自己的目的而设计的。医生的目的在于治病，医生重视的是病人的毛病，而不是病人的优点。凡是医生都有一种想法：健康的人是不会来找他的。所以，以临床心理学家或变态心理学家的立场来说，找毛病是诊断疾病的一个过程"。[1]因此，这种制度破坏了上下级之间的融洽关系和团结，同时这些考评也不能作为有效的参考，经常被束之高阁。最后，德鲁克强调卓有成效的管理者，在用人所长的同时，必须容人所短。卓有成效的管理者，在用人时应该重视机会，而不是只是着眼于存在的问题。这显然也意味着管理者对下属负有某种道德义务，即帮助下属提升水平，有责任帮助下属成长和发展。德鲁克还建设性地提出了管理者如何充分发挥上司的长处，这也是非常重要的。"管理上司其实不难，但只有有效的管理者才能了解其中的奥妙，就在于运用上司的长处。"[2]首先运用上司的长处，不能唯命是从，而应该从正

---

　　[1][美]彼得·德鲁克：《卓有成效的管理者》，许是祥译，机械工业出版社2019年版，第99页。

　　[2][美]彼得·德鲁克：《卓有成效的管理者》，许是祥译，机械工业出版社2019年版，第110页。

确的事情着手，并以上司能够接受的方式向其提出建议。上司作为和下属一样的人，必定也有其所长和所短，如果能协助上司发挥其所长，更好地完成其工作，下属也将随之而受益。

总而言之，管理者的任务不是去改变人，管理者的任务在于运用每个人的才干，就像"塔兰特寓言"[1]所说的，管理者的任务就是让个人的才智、健康以及抱负充分得以发挥，从而使组织整体效益得到成倍的增长。德鲁克也强调了这种管理伦理必须经历的实践。"但是，无论个人资质、个性和态度如何，只有通过实践才能完成任务，虽然实践的过程可能单调乏味。实践不需要天分，只需要行动；重要的是做事，而不是讨论……真正的领导力能够提升个人意愿到更高的境界，提升个人绩效到更高的标准，锻炼一个人的性格，让他超越原来的限制。"[2]德鲁克全方位地阐述了管理者如何有效地发挥下属所长，协助上级发挥其所长，并着眼于自我优势的充分发挥。在管理的对上、对下、对己三个维度上进行实践和提升，最终实现"平凡人完成不平凡的事业，使平凡人成为不平凡者"。

二、自律之上的目标管理

在德鲁克所有的管理学理论成果中，目标管理最具有创新性，影响最为深远。目标管理不仅在现实的管理实践中被大部分

---

[1] 塔兰特是古罗马的钱币。该寓言说的是，一个主人在外出前分别给他三个仆人几个塔兰特，其中两个仆人拿着钱去做生意，各赚了几个塔兰特，而另一个仆人却将主人给的钱埋在地下，以防遗失。等主人回来后，前两个仆人得到了奖赏，而后一个仆人却受到了惩罚。

[2] ［美］彼得·德鲁克：《管理的实践》，齐若兰译，机械工业出版社2018年版，第162页。

组织广泛应用，而且已经成为现代管理学理论体系不可或缺的根基。许多知名学者给予德鲁克提出的目标管理理论高度评价。德鲁克将管理的关注点从行为转移到了结果，意味着他将管理的重心，从工作努力即输入，转移到生产率即输出上来。知名的管理学家史蒂芬·P.罗宾斯指出，目标管理由彼得·德鲁克作为一种运用目标激励，而不是控制人的管理方法提出。《经济学人》杂志也认为勇于提出新观念，突破旧知识的限制，是德鲁克最为伟大和成功之处。目标管理理论正是建立在德鲁克的个人管理伦理基础之上的伟大成果。

德鲁克认为自律带来的效能还体现为 MBOSC 概念不能少的"SC"。德鲁克的目标管理思想广为人知，在各种文件和资料中被缩写为 MBO。深入研究德鲁克的原著，发现德鲁克提出的目标管理概念与通常人们理解的目标管理存在着本质上的区别。德鲁克笔下的目标管理始终是与自我控制紧密联系在一起的。德鲁克首次提出目标管理的相关概念是在《管理的实践》一书中，该书的第 11 章的标题就是"目标管理与自我控制"，即德鲁克所提及的目标管理应该是目标管理加自我控制，而其缩写应该为 MBOSC，即 management by objectives and self-control 而非 management by objectives。MBO 这个缩写确实是德鲁克在其著作中使用过的，这也是读者和其他管理学者最容易产生迷惑的地方，不管出于何种动机而对 MBOSC 进行的解读，至少可以理解为是对德鲁克创造这一概念初衷的误解。针对这一普遍存在的困惑，《管理：使命、责任、实践》的翻译者陈驯先生进行了专门研究并得出以下结论："实际上，在这篇文章中，联系上下文，细心读者可以发现这个缩写的全称应该是 'Management by objectives and self-control'，原文多处（比如 78 页，79 页，80 页，

92 页，95 页）显示如此。不仅字面如此，整篇文章的内容主旨也应该是指向 Management by objectives and self-control，而非只针对 management by objectives。Management by objectives and self-control 这个用法应该是一个整体概念，不宜分为'目标管理'和'自我控制'。但是，究竟为什么只用 MBO 作为缩写？最有可能的解释是当时大家讨论这个话题时的习惯用法，也有可能是德鲁克自己口语的习惯所致，毕竟 MBO 显然比 MBOSC 要方便多了。"[1]

目标管理的精髓在于，用自律代替他律。目标管理通过上下级的沟通，共同参与完成具体工作目标的制定，目标管理的本质是一种激发人的主观能动性的、参与式的管理设计和理念。"目标管理和自我控制被称为管理'哲学'倒是合理的，因为目标管理与自我控制是基于有关管理工作的概念，以及针对管理者的特殊需要和面临的障碍所做的分析，与有关人类行为和动机的概念相关。"[2]如果将目标管理和自我控制，简单地缩减为纯粹的目标管理，那么意味着目标管理是一种由上至下的机械的、工具化的强制管理，是建立在对人性的扭曲的基础上的一种粗暴、简单、低级的管理工具。正如德鲁克对一些所谓的哲学进行的批判："管理圈子里最近越来越喜欢大肆讨论'哲学'这个名词，我曾经看过一份由一位副总裁署名的论文，题目是《处理申购单的哲学》（据我了解此处所谓的哲学是指申购时应该采用三联单）。"德鲁克拒斥了将目标管理和自我控制的工具性和功利性

---

[1] ［美］彼得·德鲁克：《管理：使命、责任、实践（使命篇）》，陈驯译，机械工业出版社 2010 年版，序言第 32 页。译者序澄清了这一问题。

[2] ［美］彼得·德鲁克：《管理的实践》，齐若兰译，机械工业出版社2018年版，第 138 页。

无限放大的错误理念，因为这种理念并未将目标管理视为一种管理哲学，而仅仅将其视为一种绩效管理工具。在这种工具中，绩效指标发挥了重要的管理驱动作用。而绩效指标的制定则更能体现出管理主体对被管理者的强制倾向。如果仅仅作为一种绩效管理工具，其有效性的评价标准必然会归结于是否简单、易操作，是否可以得到即时效果。而这种将目标管理定义为绩效考核工具的假设的前提，必定是绩效目标都是清晰并可以进行数量描述的定量指标。而事实上组织的目标是多维度、多层次的，在组织宏观维度有战略目标，在部门中观维度有业绩目标、财务目标、创新目标和人力资源目标等，即使在个人维度也包含了不同能力方面的目标以及个人成长目标。在这些目标中，绝大部分是以定性的标准存在和进行评估的，是无法用精准的数量标准去进行评估的。通常这种定量的目标是作为定性目标的具体分解和支撑而存在的，但不能用定量目标的集合代替定性目标。将具有主观能动性的建立在自律基础上的目标管理与自我控制等同于简单粗暴的指标体系控制，这与德鲁克创建这一概念的初衷大相径庭。而为什么现在主流的管理思想对于目标管理都存在着如此一致地去自我控制化，这仅仅是对德鲁克目标管理概念的一种简单误解吗？这本身也值得深思。

德鲁克管理伦理思想下的目标管理蕴含了自律创造效能的假设。自律，是建立在认识论基础上的主体自觉。这种自觉是指在自我管理中对于自身作为管理的能动主体的本质的自觉认识和反思。古希腊哲学对德鲁克的影响是深刻的。目的论思想是德鲁克目标管理的又一重要思想来源。目的论思想是建立在人的自觉意识的基础上的。人的自觉意识随着人类实践活动而得以发展，伴随着人类实践能力的提高而提高。在长期的生产实践过程中，随着人的认知能力、思维能力、实践能力不断增强，人的自我意识逐步形成，促使人将人和自然界有意识地区分开来，进而对客观世界进行有目的、有意识的改造，使客观世界成为人的对象世界。人的自觉意识也体现在不同的发展维度，一种凸显为对象性的向外扩张，一种表现为主体性的向内自我反思。自觉意识的对外，表现为将管理主体的意志对象化，充分体现了主体的能动性和目的性。人摆脱了纯粹适应自然法则的原始生存阶段，开始有意识地向外展示自身的目的和意志，按照自己的意志和目的来改造对象世界。人通过对目的性的强化，进一步增强了自身的主体意识。目标管理中的目标之所以能够对人产生驱动，进而替代强制性管理，这隐含的假设如下：人的主体性对自我意识产生的目的和行为趋势有强化和激励作用。主体通过自我意识而树立的目标，能最大限度地激发人的主观能动性。德鲁克提出的这种通过自我意识而主动设定目标的管理模式，旨在克服管理主体和管理客体之间的二元对立，使管理主体和管理客体通过目标变成合一的整体。管理主体和管理客体都是实现管理目标的核心要素，在对目标的追求和实现过程中，可以实现人性对立面的融合，破除管理主客体之间的对立，让被剥夺的人的主体性得到复归。

其次，德鲁克管理伦理思想下的目标管理指出了自律是创造效能的现实途径。"目标管理和自我控制适用于不同层次和职能的每一位管理者，也适用于不同规模的所有企业。由于目标管理和自我控制将企业的客观需求转变为个人的目标，因此能确保经营绩效。"[1]在德鲁克的目标管理和自我控制的思想中，"自律"

---

[1] [美]彼得·德鲁克：《管理的实践》，齐若兰译，机械工业出版社2018年版，第138页。

是"他律"之后的更高的管理形式，是实现管理主客体有机融合的真正管理，也是实现效能的现实途径。管理是人的管理，管理必须面向主体，它只有为管理相关各方，从管理主体到管理对象共同承认并接受，形成意识和行动的默契，管理与主客体才能达到统一，才能成为主体管理有效性的证据，也才可能被称为真正的管理。对管理客体来说，以某种强力和约束形式存在的来自管理主体的管理要求，实际是违背自身意志的外在的存在。自律的管理恰恰说明管理主体能够脱离外界束缚和其他客观力量对自身的影响和控制，从而独立地按照自己的意志控制和约束自己的行为。当管理处于他律阶段时，主体行为与其自我管理意识体现出一致性，但这种主体行为主要表现为对外部力量的顺从，而并非受行为主体自愿自发形成的自主意识的主动控制。此时被管理者行为主要是受到外部环境的影响，或出于避免惩罚或者不受群体中的他者排斥或谴责而做出的被动的行为。此时的自律并非出自行为主体自动自发的自律行为，或者仅仅是部分受到自我意识的规制，处于管理"他律"阶段的行为还是被动的和功利的。而当管理进入自律阶段，管理中的人的自主意识和行为已经成为完全融合的一体，此时的主体已经将原有那些，包括组织的强制力和社会的道德约束等外部力量，内化于自身的主体意识之中，形成自我意识与自我认知、自我理性和自我情感的高度统一。此刻的主体已经内化所有外部力量，具有了真正自主的力量，此时展现出的自律，反映了外部世界的内在化和对象化的统一。

德鲁克提出了以下几种具体方式。首先，通过测评进行自我控制。目标管理与以往管理最大的区别在于，管理者能够通过自主意识调节和控制自己的工作行为，进而实现控制绩效的最终目标。这种管理思想背后的假设，是基于更为主动和积极的工作动机。达标仅是最基本的要求，而超越标准才是真正优秀的表现，因此要会按照理想和价值判断制定更高的目标来进行挑战。企业也同样遵循组织的使命、愿景来设定组织目标，当这两个目标在一定区域内形成交集，目标管理和自我控制需要的目标区间就确定了。德鲁克管理思想中的控制并不是固定的教条，德鲁克对于控制的基础有着清晰的论述："因为'控制'的意思很含糊，一方面代表一个人管理自我和管理工作的能力，另一方面也意味着一个人受到另外一个人的支配。就第一层意义而言，目标是'控制'的基础，而在第二层意义中，目标却绝非'控制'的基础，因为如此一来，会失掉其本来的目的。"[1]因此为了实现绩效，管理者不仅需要了解管理目标，而且必须能够根据目标评估自己的管理行为和管理成果。德鲁克强调这种评估必须简洁，或可以激励他人。"绩效评估方式不一定都是严谨精确的量化指标，但却必须清楚、简单而合理，而且必须和目标相关，能够将员工的注意力和努力引导到正确的方向上，同时还必须很好衡量，至少大家知道误差范围有多大。"[2]其次，正确地使用相关工具。德鲁克指出，应当正确使用报告程序和表格等必要的管理工具，"因为当报告和程序被误用时，就不再是管理工具，而成了邪恶的统治手段"。德鲁克提出了必须注意的三个事项。第一，厘清正确的行为和程序之间的关系。"一般人普遍相信程序是道德规范的工具，其实不然。企业制定程序时，根据的完全是经济法则，程序绝对不会规定应该做什么，只会规定怎么做才能最快速完成。我

---

[1] ［美］彼得·德鲁克：《管理的实践》，齐若兰译，机械工业出版社2018年版，第132页。

[2] ［美］彼得·德鲁克：《管理的实践》，齐若兰译，机械工业出版社2018年版，第133页。

们永远也不能靠制定程序来规范行为；相反，正确的行为也绝不可能靠程序来建立。"[1]因此，在德鲁克看来，"管理程序即管理正义"这种观点显然是站不住脚的。第二，厘清程序和判断之间的关系。按照德鲁克的理念，程序只有在不需要管理的场景中才能体现其作用，而程序的产生要经过往复多次的判断和检验。西方管理学形成了对工具理性的迷信，夸大了各种程序和制式表格的管理价值。"当我们试图用程序来规范例外状况时，就是这种迷信危害最严重的时候。"[2]最后，避免将报告和程序作为控制下属的工具。这种管理工具最大的作用应该是能节约时间并充分调动人的积极性，否则这就是一种恶的工具。管理者没有时间将自己的注意力聚焦在最能够创造绩效的核心工作上，却浪费大量时间在报表的处理上，最终将导致管理的低效。德鲁克强调说："企业应该只采用达到关键领域的绩效所必需的报告和程序。意图'控制'每件事情，就等于控制不了任何事情，而试图控制不相干的事情，总是会误导方向。"[3]

最后，德鲁克认为目标管理和自我控制代表了合法的自由。德鲁克的管理伦理思想中始终深藏着追求自由的种子。德鲁克认为管理主体在自觉反思的基础上，对主体行为进行自愿选择体现了自由意志。这种选择实质上是一种自由的体现，体现了主体意识自由到主体行动自由。这也是人类实现自由的基本途径之一。"管理者的工作动机不再是因为别人命令他或说服他去做某件事情，而是因为管理者的任务本身必须达到这样的目标：他不

---

[1][2]〔美〕彼得·德鲁克：《管理的实践》，齐若兰译，机械工业出版社2019年版，第135页。

[3]〔美〕彼得·德鲁克：《管理的实践》，齐若兰译，机械工业出版社2019年版，第137页。

再只是听命行事，而是自己决定必须这么做。换句话说，他以自由人的身份采取行动。"[1]目标管理和自我控制体现出以下方面的自由：首先，在目标管理和自我控制中，主体的自由意志应是最终权威；其次，在目标管理和自我控制中，管理主体以目标为前进的方向，拒绝各种干扰和外力；最后，在目标管理和自我控制中，管理主体在自我控制的基础上，按照自我律令作出抉择。在自律创造自由的观念中，德鲁克吸纳了康德自律和自由的纯粹理性批判的精髓。德鲁克强调的目标管理和自我控制，是根据其所受的外部影响和自我的价值准则，在现实路径中选择的可以实施并能被他人所接受的一种自我约束。这一过程体现出主体能够在自律原则中作出选择，并且能根据选择的依据作出自我管理的抉择。这里的自主是指有效的自我实践，而不只是康德意义上的自我立法。德鲁克的目标管理和自我控制，不同于康德的实践理性中的纯粹精神反思，而是体现在现实的管理活动之中。在现实的管理场景中，个体作为组织中的存在，必然受到组织价值观的影响，也可能受到组织中其他个体的影响，这使其拥有了可选择性和任意性，但恰恰是在这些纷杂的因素中，人的决定才被视为基于真正的理性的自由作出的。"目标管理和自我控制也代表了真正的自由，合法的自由。"[2]

[1][2] ［美］彼得·德鲁克：《管理的实践》，齐若兰译，机械工业出版社2019年版，第138页。

第五章　德鲁克管理伦理思想评价和启示

第一节　德鲁克管理伦理思想的贡献

一、建构社会、组织、个人三位一体的管理伦理体系

德鲁克的管理伦理思想作用于其整个管理理论，并渗透在社会管理、组织管理和个人管理的各个方面。在德鲁克管理伦理思想的统摄下，德鲁克的管理理论具有鲜明的价值目标导向和价值整体性。

社会管理伦理构建了伦理的"骨架"，组织管理伦理支撑起社会管理伦理并成为"器官"，个人管理伦理是伦理体系的"血肉"，三者共同构成德鲁克管理伦理系统这个有机的整体。

（一）社会管理伦理构建其伦理体系框架

德鲁克意识到传统的社会管理伦理，由于过分强调工具理性会促成人性的异化或者引发极权主义对于人性的毁灭的趋势，无法指引社会管理朝着正确的方向前行。社会管理可能朝着一个错误的方向渐行渐远，使人在社会中的主体性地位边缘化，社会管理沦为财产和利益分配的中介。德鲁克的管理伦理始于对社

会管理价值目标的终极思考和探索，由于当时西方社会中的人已成为"被动和从属"的角色，人文精神及人文关怀处于边缘化的境地，功利主义大行其道，无限放大的工具理性和实证主义"扭曲"了社会管理的意义。社会管理由于缺少最基本的价值目标，已经沦为"机巧计算"和"厚黑博弈"的勾结渠道和裁决平台。而德鲁克以自由是社会管理伦理核心的价值根基，公平是社会管理伦理重要的价值平衡，效率是社会管理伦理必然的价值路径构建了独特的社会管理伦理思想，推动实现理想中的自由的功能社会。

自由是社会管理伦理核心的价值根基。德鲁克将他对于理想社会的希望，寄托在建立自由的功能社会上，这是基于当时工业社会逐步取代重商主义社会的转型时期背景提出的，既有他对当时社会现实的一部分的实然性表达，也反映了他对未来工业社会美好前景的应然性希望。德鲁克的社会管理思想的核心，是希望在功能性社会中实现真正的自由。从另外一个角度看，在德鲁克的视野中，自由人是构建功能社会的真正主体，以自由作为前提，才有可能建立功能正常的社会。德鲁克始终秉持这样的原则：信奉自由、法律和正义，强调职责和工作，理解人的独特性和有限性。

公平是社会管理伦理重要的价值平衡。德鲁克致力于通过管理实现自由与公平，繁荣与和谐，理想与现实之间的最佳平衡。正如德鲁克在其第一部著作《经济人的末日》中所说："终会有一种新秩序，再次建立在欧洲传统的根本价值，也就是'自由和平等'的基础上。"[1]在德鲁克的社会管理伦理思想中，公平是

---

[1]〔美〕彼得·德鲁克：《经济人的末日》，洪世明、赵志恒译，上海译文出版社2015年版，第11页。

贯穿始终的伦理原则。这源于德鲁克深厚的奥地利学术传统的思想背景及其家庭环境熏陶。在其社会管理伦理思想中，无论是早期对纳粹极权主义的反抗，对工业社会的社会管理建构，还是对未来知识社会的憧憬和期望，他始终将人的价值、人的境遇、人的尊严作为关注的核心，将自己视为传统的人文价值和正义良知的守护者，致力于通过管理实现自由与公平、繁荣与和谐、理想与现实之间的最佳平衡。

效率是社会管理伦理的价值路径。正如德鲁克对于自由的功能社会的解读所提及的："他们不会明白每一项福利都是从社会的生产中征收而来的，而要提高整个社会的福利，就必须提高生产率及工作效率。"[1]德鲁克社会管理伦理思想中的效率融合了自由、平等、正义等其他的社会价值观。德鲁克认为，将发挥社会功能的生活作为首要的目标，是对效率的一种误解，必须澄清效率的目的，以及为了达成这种目的必须付出的代价，才能在这样的基础上讨论效率问题。"如果我们不能搞清楚效率是为了何种目的，效率的达成又要付出何种代价，那么功能的效率本身就毫无意义。"[2]德鲁克的效率伦理思想，具有鲜明的人文主义哲学意蕴，辩证地吸收了功利主义的核心思想，扬弃了功利主义最大化的观点，融合了罗尔斯正义论中的价值内涵。德鲁克的社会管理伦理的效率观，是追求目的善和手段善的统一，兼顾了效率和公平的平衡，追求社会效率与个人效率的一致。

---

[1]［美］彼得·德鲁克:《新社会》,石晓军、覃筱等译,机械工业出版社2019年版,第382页。

[2]［美］彼得·德鲁克:《工业人的未来》,余向华等译,机械工业出版社2019年版,第27页。

（二）组织管理伦理支撑伦理体系主干

德鲁克敏锐地觉察到在工业化进程中，传统社会已经逐步过渡为组织社会。组织正成为社会最重要的功能器官。要实现"自由的功能社会"，必须将目光聚焦在构成社会的基本经济和政治单位的组织上。组织作为最有活力的单位之一，在社会中以拟人的形式存在，拥有着社会赋予的合法权利和自由。作为一种新的经济、文化和信息的载体，组织成为人类物质文明和精神文明的集合体。组织已经跨越民族、国家、地理的限制，成为连接世界的新纽带。同时，组织改变了人们的意识形态，创造了一种新的竞争、合作机制。然而经济组织在发展的过程中，受各种意识形态的影响，以及天然具有的牟利属性，伴随着功利主义扩大化，组织逐渐脱离人类文明的价值守望，异化为纯粹的经济和政治工具。组织作为人类最有活力的物质和精神集合体，应当展现人的本质和人的终极关切。德鲁克将其管理伦理思想从社会管理扩展到组织管理，自由、公平和效率的社会管理伦理原则，在组织管理伦理中体现为人本、责任和绩效的伦理内涵。

德鲁克的人本管理伦理在其组织管理伦理思想中成为重要的前提。首先，主要体现为对于其他伦理思想的统筹性，即用人本管理伦理思想将属于分散状态的各种伦理要素整合起来，使各种管理伦理在道德上具有一致性；其次，人本伦理思想提供的清晰指向性，使所有伦理思想都能按照以人为本的方向汇聚、延展，按照一定的目标体现组织管理的价值功能和运行趋势；最后，人本伦理思想还为其他伦理思想提供锚定性，为其他管理思想划定基本范畴和框架，建立合理的秩序空间。"人"才是其他管理思想的主线和逻辑的展开起点，并且是企业管理的终极价值和守望所在。

德鲁克的责任管理伦理，是组织管理中重要的价值基础和价值中枢。德鲁克的所有价值目标都是围绕着建立"自由的功能社会"而展开的。在德鲁克看来自由的基础是责任。承担相应的责任是实现自由的根本路径，权力的根基也在于责任。管理则是正常功能社会的一项重要职能。从这个维度解读，德鲁克的建立"自由的功能社会"实际上是以"负责任的管理"为基础的。而德鲁克所提出的管理使命也是出于对人类终极的价值守望和生命意义的一种责任意识。1999 年 1 月 18 日，接近 90 岁高龄的德鲁克在回答"我最重要的贡献是什么"这个问题时，写下了这段话："我着眼于人和权力、价值观、结构和规范研究管理学，而在所有这些之上，我聚焦于'责任'，那意味着我是把管理学当作一门真正的'博雅技艺'来看待的。"[1]

德鲁克的绩效管理伦理是组织管理中最重要的价值核心。德鲁克组织管理伦理中的绩效观，体现了管理的自然属性和社会属性的辩证统一。从价值论的视角出发，阐释了绩效是组织生存和发展的价值目标；从本体论的意义上，展示了实践和创新是绩效的本质内涵；从认识论的角度上，阐释了从异化到人化的绩效观的转变。这充分体现了德鲁克组织管理伦理思想中对于管理的价值目标理解，即绩效不单单体现了物质性的经营成果所外显的"绩"，同时还包含了鲜明的人文内涵和哲学意义，即在功能社会中产生的社会总福利和总效益的"效"。"'管理热潮已经结束，管理绩效的时代已经到来！'这样的预测是正确的，它将成为未

---

　　[1]　[美]彼得·德鲁克:《管理新现实》，吴振阳等译，机械工业出版社 2019 年版，序言第 9 页。

来管理发展的口号。"[1]

（三）个人管理伦理激活伦理体系血肉

德鲁克的个人管理伦理思想是其社会管理伦理和组织管理伦理思想的延续和升华。德鲁克认为管理是以人为中心，以人为目的，同时又是实现人的自我完善的重要手段。人类理性的光辉，并不会沉寂于自我封闭的框架之中，而是通过管理走出自身与世界发生感性活动，在客体上实现人的本质，最终创造出人类的文明。从这种意义上讲，在管理伦理原则指引下的管理，是人类的理性和生命意义的自证行为。人类理性与管理世界具有发展的统一性和一贯性。

而在如今的世界中由于日益加剧的竞争和利益对抗，管理运行更多的是依靠工具、方法、技巧，忽略生命的意义和人类的理性，习以为常地在缺失人性的场域建构管理世界。其中的原因有工具理性的肆虐，也有历史传统的束缚，同时也有人性扭曲和道德缺失，但企图单凭工具理性和强权体制构建去人化的管理世界或机械化的管理世界，显然是不可能的。德鲁克的管理伦理确认了人的主体地位以及人类理性的价值，并据此发展管理中的自我意识、自我认知，重新构想管理假设，通过拓展人类深入思考的维度，强化坚守道德操守的底线，以期创造新的人类文明和管理世界。他希望通过个人管理伦理重新建构人的思辨精神和道德良知，承认人能够捍卫和传承人类精神家园中的正义和良善，拒绝成为邪恶或强权的附庸。在个人管理伦理的内涵中，自律创造自由，效能产生效率。

---

[1] ［美］彼得·德鲁克：《管理：使命、责任、实践（使命篇）》，陈驯译，机械工业出版社 2019 年版，第 12 页。

在德鲁克个人管理伦理中，自律创造自由。德鲁克追寻的是建立自由的功能社会，是因为"自由并非人类的'初始'状态"。[1]正如陀思妥耶夫斯基小说中的宗教裁判所裁判官的观点："人宁可做幸福的奴隶，也不愿做需承担责任的自由人。"[2]德鲁克始终认为自由是可能的，而且自由也是值得人类追求的。"然而，自由确是人类生存的'自然'状态，它既非人类历史的初始状态，亦非人类心理上的直觉或情感选择。它是哲学先验意义上天然、必需和不可避免的一种状态——尽管其依据只是一个关于人类天性的哲学概念。自由不仅仅是一种可能，而且基于每一个人都必须在善与恶中做出选择的信仰，它也是不可避免的。"[3]德鲁克同样认为，人性的不完美是自由的基础，实现自由就必须负责任地自律。

在德鲁克个人管理伦理中，效能是人的自我完善和自我实现，效能是人性和效率的完美统一，效能是正确的价值判断。德鲁克用他的效能观着手化解组织效率和个人效率之间的矛盾。首先，组织是以个人集合的形式而存在的，组织目标的实现必须依赖作为组织成员的个人，以支持其达到组织目标，进而实现组织的社会功能，因此组织具有统合个人协作的技术性；其次，组织同时因其特定的目标而存在，作为一种由人组成的社会实体，目的是履行或实现某种特定的社会目标，承担某种特定的社会功能，因此组织也是一种社会性的存在。而在这种整体性的存在中，组织内部运转所需的技术逻辑，与组织作为社会存在的逻辑

---

[1][2]［美］彼得·德鲁克:《工业人的未来》，余向华等译，机械工业出版社2019年版，第103页。

[3]［美］彼得·德鲁克:《工业人的未来》，余向华等译，机械工业出版社2019年版，第104页。

是完全不同的，组织的目标和个人的目标也有所不同，这样在管理中管理者就必须面对这样的悖论：组织的效率和个人的效率是不相容的，效率和人性是不相容的。而德鲁克在效能观中，有效地将组织和个人的悖论转变为组织和个人的相互成就。

德鲁克自诩为那个时代的旁观者，同时又是传统的价值观念的坚守者，珍视传统，同时兼顾创新，追求自由和效率是其最为根本的原则和主张。在这伦理价值原则的统摄下，效率、自由、公平用来构建自由的功能社会，人本、责任、绩效用来推动组织成为功能健全的社会器官，效能、自律用来激励人的自我完善与自我实现。

二、科学和人性平衡的管理伦理赋能管理实践

德鲁克的管理伦理思想辩证地吸收了科学性与人性，并作用于管理实践之中。管理在主体性上，是人的意志、欲求、价值取向的综合体现，同时也是人的自我认定；而在其客体上，则体现了对人类行为和思想的指引、规制对人类发展蓝图的勾画，用客观世界反映人的本质存在。德鲁克管理伦理下的管理科学性和科学范式蕴含了人性的光辉和人文精神。管理科学性的根本目的，是实现组织的特定社会功能和价值目标，进而实现人的自由。从这种意义上讲，管理的科学性中本就应最大限度地容纳人性。德鲁克自幼深受欧洲传统文化的熏陶，传统的知识分子家庭背景以及青年时期在欧洲的学习生活历程，使其传承了欧洲深厚的人文主义精神，也由此形成了独特的管理伦理思想，使其管理思想散发迷人的人文气息和以人为本的价值守望，在管理实践中无时无刻不渗透着对人的存在意义的追寻和对人的生活境遇的关切。

（一）寓人性于科学

德鲁克管理思想的科学性中浸润着浓厚的人文精神。在工业化价值理性的主导下，管理异化为抽象的工具理性，尽管其中夹杂着人性的碎片，但其本质上已经背离人性的完整性，将人性压缩成单向度、抽象、片面的样式。在这样的管理世界中人文方面的内容都被边缘化和虚无化。即使部分行为科学曾涉及人与管理之间的关系，但仍将其视为诸多工具要素中的一种。随着科学技术的发展，管理走向物化、虚化和异化的特征已经裹挟了人的最基本的感性和行为，就此整个管理世界成为脱离人性的一个抽象的概念世界。德鲁克则将科学性与人性的二重性进行有机融合，对弗雷德里克·泰勒的科学管理思想与埃尔顿·梅奥的人际关系学说两者予以批判性地融通，最终形成兼容并蓄的人本管理伦理。

在德鲁克的视域，管理的科学化和对于效率的合理追求是管理伦理的题中应有之义。泰勒的科学管理思想给德鲁克管理思想带来了很大启发。德鲁克认为，管理的科学性，一个方面促成了美国工业时代的强大，从简单到复杂的美国社会转型期间，管理帮助人们把握了机遇和挑战。如：层出不穷的新兴技术，茁壮成长的广大市场，来自劳动者的不满和压力，缺乏系统的管理，每一个层面和每一个角度都急迫地需要通过管理来改变，尽管当时人们对管理应该是什么和将会是什么并没有清晰的概念。科学管理提供了解决方案，迅速在学界和企业界得到认可，使人们看到了管理的有效性。德鲁克也在此基础上融合了其他管理要素，逐步完整地构建了管理这门学科。更重要的是，德鲁克不像其他学者，将泰勒视为简单的工作分析的倡导者，而将泰勒的管理思想与对于人的关注的伦理精神关联起来。德鲁克注意到了泰勒管理思想背后的价值分析和价值判断，但从另外一个侧面，也发现了科学管理存在的不足。这启发了德鲁克对于科学管理的伦理思考，对德鲁克管理伦理思想的形成产生了积极的影响。

德鲁克对传统重商主义社会和工业社会由于生产关系方式不同而带来的"失范"进行了分析。在工业社会前的社会中的生产关系，工作环境与社会环境相一致，因此较少产生矛盾。进入工业社会后由于劳动分工不断细化，劳动关系变为非亲缘关系，出现遵循严格规则程序的生产方式。在这种环境下，个体与社会的同一性关系被逐步削弱，个体对于整个社会的功能性同样被逐步削弱。那些只有通过社会活动才能获得的集体认同感、自我实现和社会满意度，被扼杀在过度的、机械的工具理性中。只有对人的本质进行深入了解，避免过分强调技术和效率逻辑，通过重新建立人们在工作中良好的合作意愿和环境，促进管理中人性的复归，在工具的机械逻辑和人的情感非逻辑之间把握前行的方向，才能找到组织、社会、员工需求之间的最佳平衡点，最终实现三方共同利益的满足。德鲁克将人视为一种核心资源，并且在人性假设上反对简单的机械论的假设；同时，反对那些认为人只出于利益动机而对货币刺激自动作出反应的观念。德鲁克还反对人际关系学说中夸大了的生产力与工人心情的正相关性。德鲁克认为离开实际的经营成果，人际关系学说所提倡的人性下的管理，将在实践中沦为一场文化运动。

德鲁克的管理思想辩证地吸收了科学性与人性，并作用于管理实践。那种单纯地将管理去人化，以及过分强调程序概念工具化的所谓管理的科学性，是对管理学以及管理实践的扭曲和误导。管理的科学性只是管理的一个维度,体现了管理的方式和手段,并不是德鲁克管理伦理下管理的全部内涵。德鲁克认为,人才是管理的核心以及真正的决定性要素;人也是管理的最终目的,决定了管理的最终价值。在德鲁克的管理伦理的融合下,管理突破了工业化文明的强制和禁锢,重新被赋予人类文明的伦理意义。

（二）在科学中彰显人性

在德鲁克的管理伦理思想中,管理的本质是人的本质在改造世界中的对象化。德鲁克认为,在追求管理科学性的最终价值和成果实现的过程中,人得以不断地自我完善和自我实现。管理的主体和客体都是人。德鲁克管理伦理的终极目标是建立自由的功能社会,归根结底也是服务于人。

德鲁克始终认为人性应该在管理的效率和绩效中得以彰显。人是管理的终极关怀和价值目标所在,管理的人本属性是其根本属性和逻辑起点。管理的效率体现在如何能够通过经济目标的实现来扩展人的自由上。尽管管理将在某种程度上对人的自由进行限制,管理效率似乎来自如何有效地限制工作时间内的自由来实现工作时间之外的自由,而这一过程中的平衡是绩效得以实现的关键。这就要求管理的效率观不能凌驾于管理的人本属性之上,而应该将管理效率作为人们追求自由和自我实现的内在衡量标准,将绩效提升的过程视为人类不断追求卓越、赋予生命更高意义的发展过程。

德鲁克视域下的效率观,是涵盖了社会、组织和个人的效率观,是三位一体、贯通合一的效率观。通过社会、组织、个人三者效率的融通,实现社会福利的最大化的愿景,也是德鲁克对于理想社会的终极追求:"的确,自从柏拉图以来,'美好社会'的定义就是能让整体大于部分的总和。"[1]这种理想社会的实现，意味着人类自由的边际的无限扩展。人的社会本质、在组织中的地位和功能得以彰显。德鲁克视域的组织是社会的功能器官，而个人则是社会和组织最基本的构成。社会是由组织和个人构成的，一般组织和社会的存在根本目的是人，由此形成了人、组织、社会的相互关系和伦理层面的"活序"。因此，德鲁克的社会管理伦理中的效率观，是社会效率、组织绩效以及个人效能的集中体现，效率成为联结社会、组织和个人的管理纽带。"组织不是为自己而存在的。它们只是手段：每个组织都是执行一种社会任务的社会器官……组织的目标在于对个人和社会做出特殊的贡献。"[2]组织存在于一定的社会环境，社会系统以及自然环境提供组织得以生存和发展的必要条件和物质基础。组织效率的高低取决于来自组织外部的社会和来自组织内部的个人的有机互动、效能转换。如果将社会、组织和个人视作一个相互关联的效率宏观系统，人作为系统中的核心价值关切和终极守望所在，推动组织从社会中吸收精神文化、物质能量，形成组织内部相应的效率机制。组织以这样相应的效率机制为个人提供合适的绩效环境，进而激发个人创造更多的效能，使个人效能形成乘数效应，转化为组织绩效，社会上的各种组织通过各自的组织绩效，促使组织与组织之间的绩效的相互影响、相互叠加，最终使社会效率得以提升，从而形成自由的功能社会。

德鲁克视域下的效率观，总体上批判性地采用了功利主义的

---

[1] [美]彼得·德鲁克：《管理的实践》，齐若兰译，机械工业出版社2018年版，第12页。

[2] [美]彼得·德鲁克：《社会的管理》，徐大建译，上海财经大学出版社2006年版，第54页。

伦理思想架构，同时吸收了罗尔斯的公平正义伦理思想，并最终实现了人性的复归。德鲁克认为，社会总福利增长的基础与社会物质财富增长是息息相关的，同时认为企业存在的最重要的价值就是创造经济绩效，而个人对财富和个人效能的追求也是合理、正当的。尽管德鲁克对于利润动机的观点曾经进行批判，但从未否定过企业追求合理利润的必要性，同时对那些故意忽视合理利润的空谈和谬论进行了无情的反驳和批判。这种功利主义的伦理框架，也被德鲁克用在建立社会财富再分配的衡量标准上，这不仅存在于社会管理的层面，同时存在于组织管理和个人管理。德鲁克还提出，建立自由的功能社会是将人的本质重新建构在新的社会与经济秩序中，并彰显出人在社会中的地位和功能；相对应地只有在功能社会中，才能提出对人类本质的合理解释，以及对人类存在理由的说明，只有在追寻这一理想社会的过程中，人类才可能摆脱那种局限于经济平等和社会平等的不平等，实现完全的、真正的平等。

德鲁克的管理伦理思想是科学性和人性的辩证统一，在这种管理伦理的引导下，管理成为西方传统意义上的博雅技艺。"管理因而成为传统上所说的'博雅技艺'（liberal art）——是'博雅'（liberal），因为它关切的是知识的根本、自我认知、智慧和领导力，也是'技艺'（art），因为管理就是实行和应用。"[1]

三、理论和实践互动开创管理伦理发展新范式

德鲁克管理伦理思想改写了旧的范式，构建了管理伦理发展

---

[1]［美］彼得·德鲁克：《管理新现实》，吴振阳等译，机械工业出版社2019年版，第214页。

的新范式。在新的范式中，管理伦理规范下的管理思想不仅在逻辑上是自洽的，而且得到了管理实践结果的验证。德鲁克的管理伦理不同于以往的学者主要立足于概念之间的推导演绎和自圆其说，而是将其管理思想根植于管理实践，在现实的管理实践中吐故纳新，不断完善，用真实的管理成果验证其理论的正确性，积极开创管理伦理新范式。实践性和理论性的合一成为德鲁克管理思想的重要标志，也使德鲁克成为为数不多的在企业界和学界均得到普遍认可的管理学家。考虑到良好的欧洲家学渊源和正统的教育，深厚的法学、政治学、哲学功底和国际视野，德鲁克并没有成为传统建制派的主流学者让人颇感意外。而相较于那些自认为主流的管理学家，德鲁克那种厚重的历史责任感以及人文精神，使他将"如何促进他人生活的改善"视为管理的终极价值。

（一）管理伦理思想脱胎于实践

在相当长的一段时间内，所谓的主流学术界将德鲁克排除在外。而德鲁克面对冷落和排挤，以那种自信和批判性的姿态，卓立于学界和管理世界面前，并最终获得了学界、企业界、社会的高度认同。这不仅体现了德鲁克求真务实的知识分子气节，更是得益于其管理伦理思想的崇高价值目标。德鲁克始终将"建立自由的功能社会"作为其管理伦理的宗旨，这种终极守望使德鲁克的管理思想具有"管理济世"的意蕴和精神，使德鲁克的管理伦理思想立足于现实的大地之上，汲取实践的养分。德鲁克把他的管理伦理思想建立在管理实践的基础之上，而不是通过先验的理论从纯粹概念入手进行推导，也不是对所发生的历史事件的简单机械的叙述。德鲁克的管理思想不仅浸润了管理伦理思想，同时是管理实践客观性的升华。管理就是实践，管理就是实践行动。

这是德鲁克管理思想的核心，德鲁克的管理思想也是对管理实践活动进行研究的成果，因此他将自己的管理思想称作"行动启动器"（Action starter）。管理并不是纯粹的哲学或枯燥的理论，管理就是鲜活的、具体的行动。

现实中的部分管理学家，其管理理论只是一种存在于思想世界的纯粹概念和精致的论述游戏。管理学的概念来源于生活、来源于真实世界、来源于现实的管理实践，文字、语言只是用来表达思想的符号，当然不能完全将符号营造的概念世界等同于现实的世界。如果两者之间存在着难以逾越的鸿沟和断层，那么这种为了精致的表演而设计的符号世界，在面对现实的管理世界时则仅仅是一种隐喻或某种象征。

德鲁克的管理伦理思想来自大量的管理实践。1942年，德鲁克作为政治学和哲学教授受到商用汽车总裁小阿尔弗雷德·斯隆的邀请，进入当时全球最大的企业——通用汽车进行调研和提供顾问服务。通过为期近两年的实践，德鲁克将其成果在《公司的概念》一书进行了集中的呈现，系统地表达了他对于管理的真知灼见。其中深刻体现了德鲁克的社会管理伦理思想以及组织管理伦理思想之间的关联和相互作用。至此，德鲁克通过其管理伦理思想，将管理理论和管理实践相结合，不断拓展管理理论的疆域。德鲁克详细地剖析大型组织的运作机理以及管理的基本原则和范畴，介绍如何应对挑战以及解决实际问题，并将组织、社会、管理三者有机结合而形成的社会前进动力展现于世人面前。"分权化"作为德鲁克管理学研究最重要的成果之一，正是来自大量的访谈和实践后创造性的总结。德鲁克通过对通用汽车、西尔斯公司、通用电器、国际商用机械公司等大型组织的深入实践和研究，编写了重要著作《管理的实践》，从而使管理学成为现代意义上独立存在的学科。该书还创造性地展现了德鲁克最重要的管理思想之一：目标管理和自我控制。德鲁克经过大量的管理实践和研究，不但验证和丰富了其组织管理理论，更创造性地提出了各种管理的新概念，探索了新的管理领域。这些概念和基本的管理原则，至今看来仍然具有鲜活的生命力和对实践的指导意义。德鲁克的管理伦理思想是建立在实践基础上的真知灼见。

尽管所谓的主流管理学家对德鲁克的管理学理论及其研究范式并未给予合理的重视，因为前者更痴迷于管理学说的建构过程和逻辑论证等学术问题。而德鲁克则指出，管理学作为一门应用学科和实践学科，应关注实现场景、实际绩效和在现实的管理实践中所起的作用。对于管理学概念的推导和论证，德鲁克并不否认和排斥，但德鲁克将其视为日常管理的某种基本常识、一种"前见"，德鲁克更关注如何将管理理论与这些常识性的"前见"进行实践和研究并发现其内在联系，由此建立起更高效的管理原则和更具有实践意义的管理理论。

（二）管理伦理思想复归于实践

德鲁克的管理伦理思想脱胎于实践，最终复归于实践。德鲁克认为管理伦理思想要能够指导管理理论应用在纷繁复杂、瞬息万变的真实世界中。同时，管理伦理思想指导下的管理理论与现实实践是一种递归的关系，也是一种自反的关系。管理伦理思想指导下的管理理论应该能够用以改进人们的实践，并取得应有的成果。德鲁克强调，管理的价值和终极的善在于能够改变人们的生活，他也因此始终重视管理实践。来自实践性的管理思想又强化和验证了其管理伦理思想，这也是德鲁克的管理思想区别于其他纯粹理论和教条，得到众多企业家的实践验证和认同的根本原因。

德鲁克早年的生活经历对他的一生产生了重要的影响，也坚定了他追求管理价值目标的信念。诺贝尔经济学奖获得者熊·彼得作为德鲁克家族的好友，在去世前5天对德鲁克的父亲阿道夫所说的一席话，改变了德鲁克的一生："你知道，阿道夫，到我现在这个年纪，已经明白光是被人记得写过几本书，提出过一些理论，还远远不够，除非他给别人的生活带去了不同，要不然，这个人的生活也没有什么特别之处。"[1]德鲁克在倾听了父亲与熊·彼特的谈话后，领悟到了三件对其人生意义重大的事情："首先，人必须自问，最希望被人记住的是什么。其次，人应当随着年纪增长有所改变，不光是变得更成熟，也要随着世界的改变而改变。最后，为别人的生活带去不同，是一件值得被铭记的事情。"[2]德鲁克在当时的主流学院派管理学家建立的学术氛围中显得格格不入。那些专注于概念和理论的理论家善于将管理理论建立于思维中，并假设管理运行在普遍且稳定的抽象的管理时空，所有的管理要素和管理情境都按照理想化的程序和规则运作。德鲁克注重管理理论和管理实践的实际效果，而非纯粹的理论空想，避免淹没在理论概念的泛滥中，以摆脱纯粹理性和抽象概念的束缚。哈罗德·孔茨将德鲁克视为新经验主义管理流派的创立者和主要代言人。德鲁克管理学思想体系的重要成就更多的是反映在管理实践上。正如他一直所坚持的"管理不是哲学或理论，管理是行动"。正如马克思所说："哲学家们只是用不

---

[1] [美]彼得·德鲁克、[日]中内功：《德鲁克看中国和日本》，闫佳译，机械工业出版社2019年版，第117页。

[2] [美]彼得·德鲁克、[日]中内功：《德鲁克看中国和日本》，闫佳译，机械工业出版社2019年版，第118页。

同的方式解释世界，而问题在于改变世界。"[1]

作为主流管理学家眼中的"异类"和"非主流学者"，德鲁克对他们忽视在管理中缺乏伦理精神和价值守望的现实表示失望，同时对他们缺乏管理实践的亲身经历表示同情。本应在完整的、系统的、多维度的管理学理论丛林中汲取精华，所谓主流的管理学家却只片面地抓取一个视角建构管理学理论。在德鲁克的视域，只有经过管理实践打磨、充实和检验的管理理论才是真正科学的、严谨的、可复制的。

德鲁克的管理伦理思想的实践之路，也就是其理论发展和研究之路。在他关于社会过渡时期的早期研究中，德鲁克已经将管理的宗旨聚焦于"建立自由的功能社会"，彰显了追求自由、平等、效率的核心伦理思想，将组织和社会在这个伦理框架中紧密联结起来，视组织为未来社会中承担社会功能的最重要的器官，并将组织视为未来工业社会最为普遍和重要的构成部分。为了使组织能更好地服务于建立自由的功能社会，德鲁克积极将自身的管理伦理思想进行实践，用于充实和验证他的理论。德鲁克通过大量的管理实践对当时所谓的主流范式的管理学家给予了有力回击和无情批驳。德鲁克长期担任多家大型组织的顾问，包括但不限于通用汽车、西尔斯公司、通用电器、国际商用机械公司等知名企业，并为大量的非营利性组织以及社会机构提供咨询服务。仅在通用公司，德鲁克便协助其完成了重要变革，在通用电器第四任董事长推行分权变革期间，德鲁克担任导师，在贯彻多角化运营和简政放权的过程中，起到了关键的推动作用。

德鲁克的管理伦理思想的实践还包括大胆尝试独创的经验

---

[1]《马克思恩格斯选集》第1卷，人民出版社1972年版，第19页。

主义方法，创造了与主流实验主义范式"假设""求证"不同的新范式。传统的经验研究通过实地观察调研来收集经验资料，在此基础上进行深入分析和研究，其所展示的经验研究仅限于观察和社会实验。而经验主义范式则倡导大胆走入管理实践的最前沿，通过直接在大型组织或企业中收集组织成败的案例，以经验和方法作为重要依据，并通过这些案例归纳出管理原则。尽管这种方法也得到了质疑。德鲁克认为管理学的理论研究不能回避那些真实的、自然的结构和事件，这些管理事件的背后就潜藏着管理的真谛。德鲁克认为真实的管理实践和管理案例，并非管理中的偶然性事件，而是证明了其在管理实践中的原则存在的无限可能和必然性，通过对实践的总结便可以归纳出更为直观的原则。不同于主流范式通过反复验证其确定性后，进行归纳总结提出更为一般性的结论，作为对假设的验证和理论依据，这种基于现实的真实管理场景和复杂的事件进行的关联性、系统性研究，是更为实证的，也更具有说服力。相对于其他的理论工具在实践后进行结构描述的方法，这种研究方法可以使研究者从第一视角来解释管理未知世界背后的理论，在复杂的真实动态环境中快速形成"视域融合"，发现新的可能。而管理作为一门实践性学科，其理论及原则始终在动态中自我发展、自我完善，用传统的单一固定理论进行描述和预测，显然存在极大的局限性。德鲁克的经验方法近乎完美地将管理实践中的特殊性和普遍性相结合，展现了管理中人存在的意义，并探索了新的可能性。

　　尽管德鲁克对于管理实践的强调从另外一个侧面反映了管理理论和管理实践之间存在的不可弥合的鸿沟，他的大声疾呼似乎引起了更多学者和企业家的认同，但在现实的管理领域，那些备受瞩目的管理者似乎并不关注管理理论及其成果，这与其他领域展现的理论和实践之间的联系存在着巨大的差别。尽管原因是纷繁复杂的，但德鲁克却归因于管理理论和管理知识，以及这种知识的来源。"15世纪出现印刷书籍时，如同知识传播的方式一样，知识的概念也立即发生了巨大的变化。现在我们也许处于类似的转折点。就像印刷书籍出现时的学者那样，我们已经经过了200年时间，在此期间，专业化是获取和传播新知识的捷径……学术界把知识定义为印刷品，当然这肯定不是知识，而是原始数据。知识是改变人或物的信息，是行动的基础或使个人或组织能够采取与众不同和更有效的行动的信息。然而，几乎没有什么新'知识'能做到这一点……我们不再接受古训：知识分子有责任让大众理解他们的思想。如果知识分子不能做到这一点，就不能产生新的知识……重要的是，学术专家学习的知识性正在迅速消失，他们的学习说得好听一点是博学，说得难听一点只是获取数据而已。"[1]

德鲁克引用的瑞士小说家赫尔曼·黑塞的最后一部小说《玻璃球游戏》中的故事，给了管理者很好的启发。在故事中，"他构思了一个知识分子的世外桃源，在那里，知识分子演奏中国音乐，琢磨诸如题目为玻璃珠子之类的晦涩谜底，避免和庸俗的外部世界接触。黑塞构思的是，在纳粹统治时期，德国思想家和作家退缩到自我封闭的内心世界，追求洁身自好、自我完善的境界。但黑塞小说中的男主角最后还是拒绝了知识分子思想的自我封闭和自我放逐的游戏"。[2]德鲁克

---

[1] [美]彼得·德鲁克：《管理新现实》，吴振阳等译，机械工业出版社2019年版，第232—234页。

[2] [美]彼得·德鲁克：《管理新现实》，吴振阳等译，机械工业出版社2019年版，第234页。

用这种隐喻批判了那些已经无需面对战争时代的动乱和政治恐怖压力，但仍然选择龟缩在象牙塔中，沉迷于那些精致的文字和逻辑游戏的知识分子。美国管理学家丹尼尔·布雷对德鲁克的管理实践给予高度评价："正如扎赫拉（Zahra）所指出的，德鲁克的工作是'以管理实践为根基，他不但能够与学者们，而且能够和高层管理者们沟通和交流他们的观点'。也许德鲁克的工作有助于我们摆脱学术界的僵化，使之与管理的联系更为密切；否则，知识将只能是数据，而理论与实践的差距犹存。"[1]

第二节　德鲁克管理伦理思想的不足

再完备的理论也会存在某种局限和不足，德鲁克的管理伦理思想也不例外。这体现为缺乏经合理论证的人性假设基础，由于处于资本主义社会而无法超越所处社会的历史局限性，以及经验主义研究范式造成的理论体系的松散。

一、缺乏经合理论证的人性假设基础

德鲁克提出人性假设却没有给出合理的论证。德鲁克管理伦理中的"责任"建立在这样的人性假设之上：每个人都是成熟有理性、追求完美并有责任心的。"所以，每位管理者必须自行发展和设定单位的目标……这是他的首要责任，而这也意味着每位

---

[1]［美］丹尼尔·雷恩、［美］阿瑟·贝德安：《管理思想史》，孙建敏等译，中国人民大学出版社2014年版，第487—488页。

管理者应该负责任地参与，协助发展出更高层级的目标。单单'让他有参与感'（套用大家最爱用的'人际关系'术语）还不够，管理者必须负起真正的责任。"[1]"而每位管理者都应该为绩效成果承担百分之百的责任。"[2]基于这种过于理性化的人性假设所建立的管理伦理思想，存在天然的局限性和不足。不难发现德鲁克的人性假设，更多的是出于对知识管理者的道德期望。这就意味着德鲁克的管理伦理包含着"差等"，其适用的范围限定于那些拥有管理权力的管理者，或者是拥有知识作为生产资料、在生产过程中可以进行自我决策的知识管理者。德鲁克将劳动者限制在知识劳动者的范围内。这种人性假设是未经验证的，而这种假设及其隐含的心理命题，显然与管理实践中的真实个体之间存在着巨大的差异。马斯洛曾经就此直接批评道，德鲁克的结论表明了他对心理学一无所知。

尽管德鲁克认为人性并不是静态的，它存在于实际的管理实践中，人性并不是固态的存在物，事实上劳动者的人性是受制于管理场景和工作结构的。在公开的著作中，德鲁克认为人性是一个相对的概念。即人性的对立面是人性的缺失。管理的内部结构中的各个要素之间存在着某种必然的联系，这种联系不同于二元对立下的非此即彼的抉择，也不同于纯粹的逻辑演绎下的因果必然，而是一种客观实在的相关性。关键在于如何发现这些相关性的运作机制，以及如何妥善解决在这些相关性中产生的矛盾。非人性不是作为一个独立的命题而单独存在的。德鲁克认为其

---

［1］［美］彼得·德鲁克：《管理的实践》，齐若兰译，机械工业出版社2019年版，第130页。

［2］［美］彼得·德鲁克：《管理的实践》，齐若兰译，机械工业出版社2019年版，第134页。

所描述的有责任心的管理者在马斯洛的理论中是以超越性动机的状态存在的。马斯洛认为超越性动机是自我实现者的首要动机，典型的行为是追寻存在的意义和价值，以及对真理正义的追求。人进行自我约束和承担更多的责任，是一种自我超越的需要，是一种追求完善和圆满的需要。

德鲁克的辩解在管理现实中略显苍白。在现实的管理实践中，不可否认的是劳动者的个体差异是巨大的。劳动者包括绝大部分管理者在现实的工作环境中，其工作动机和工作意愿往往受到多种因素的影响，阳奉阴违以及搭便车的现象普遍存在，甚至在具有高度理性和掌握更大话语权的知识管理者那里，责任从来也不是天经地义的。在现实的管理压力下人性的扭曲和压抑成了常态，理性反而变成"常态下的非理性"。不经验证地认为劳动者普遍具有较高的理性和责任心是不切实际的假设，而这种假设基础上建立起的关于人的责任心的期望，则注定是一种完美的理想。尽管德鲁克的目标管理充分体现出了人本主义管理的魅力，但也可能因过分完美而在部分管理实践中具有浪漫主义色彩。德鲁克强调的负责任的管理者或者目标管理的愿景，只能在他所甄选的具有高度的理性和自我控制能力、追求自我完善和实现的知识精英中才能得以实现。而对普罗大众，在现实的管理环境下，使用工具理性加上行为激励，或许更加行之有效。

德鲁克的责任伦理忽视了人性中恶的一面。人的内在道德标准以及道德行为，都是亦善亦恶的。人的自由意志是"善"与"恶"的共同"源泉"。有善、恶的对比，道德才能体现出自由意志的任意性和选择性。因此，脱离人性恶的一面而设定的这种纯善的人性假设，无法在现实的管理实践中全面进行应用。在管理中既要有激励"人性善"的手段和措施，也要有防止"人性恶"的制度和约束。这种善与恶的评判标准，以及由此建立起的管理制度，并不能以片面的人性假设为基础。在现实的生活环境中，没有绝对的善，也不存在绝对的恶，两者的关系是相对的。

二、无法超越资本主义历史局限性

德鲁克管理伦理思想无法摆脱资本主义的历史局限性，无法洞察资本主义制度和资本主义社会的"原罪"，因此具有不可避免的局限性。

通过对德鲁克的研究，不难发现在他的管理思想的论述中历史分析是重要的方法之一。譬如，从历史的维度梳理人性假设，从历史的维度阐述自由观的发展和演进，从历史的维度解读消费者需求与价值主张。德鲁克引以为傲的社会历史观点跨越了地理、社会和意识形态的区隔，具有全球视野。与其他的管理学家相比，他更注重在历史语境下对管理进行分析，这种方式可以使管理理论的历史和空间等先决条件得到呈现。德鲁克的历史观确实构成其理论的特色，然而德鲁克本人却又掉入了时间叙事的历史陷阱之中，这也使其管理伦理思想具有无法摆脱的局限性。

德鲁克的历史观是感性直观的时间维度的叙事，因此，德鲁克缺乏对管理的历史现实环境更为深刻的理解和分析，无法观察到这种管理的历史演进的本质是人和自然的物质关系、人和人的社会关系、人和人的生产关系的不断演进，而只在一些生产活动的现实层面进行分析，直接导致德鲁克的管理伦理建立在传统的资本主义伦理观基础之上。德鲁克管理伦理着重考察的是管理人员，尽管在后期能够自主负责的知识人员也被称为自我管理者，但总体而言缺乏对不同阶层的个人，特别是底层劳动者的考察，这使其管理伦理思想具有不可避免的片面性。

德鲁克管理伦理思想萌芽于其对社会管理伦理的思考，由于历史观的局限，德鲁克的伦理目标的提出缺乏对所处资本主义历史阶段的考察。德鲁克将目光聚焦在资本主义社会引发的人的不自由和缺乏功能和地位上，归因于社会转型期带来的阵痛，但缺乏对根本原因的洞察。或者说，德鲁克只注意到了人性中的不足，而忽视了资本主义社会和资本主义制度本身的"原罪"。资本主义社会的原始积累具有非道德性。这种原始积累是资本主义的物质基础和劳动力基础，但这种积累实现的手段并非公平的竞争，也并非仅仅依靠新教伦理精神下的禁欲和节俭，而主要是来自对农民土地的剥夺和殖民掠夺，这使资本迅速累积并集中到少数人的手中。在这一过程中失去土地的劳动者或者来自殖民地的移民形成了新的劳动力。而正是这些一无所有的劳动者提供的劳动力，在前工业革命时期和工业革命时期，一定程度上促成了资本的形成和财富的汇聚，最终形成了资本基础上的资本主义。这种基础上建立起的劳动关系下的管理伦理，天然默认了某种非人性和不道德的"原罪"。

在社会历史观上始终无法认识到资本主义只是在特定历史时间存在的一种制度形式，资本主义社会是历史的产物，而将所有的管理伦理思想都建立在这种唯心主义的历史观上，就注定了德鲁克将资本主义的价值观无限放大。用资本主义知识分子的视角去看待人性以及存在于社会和组织内部的管理矛盾，并将这种矛盾的根本原因转移到纯粹的管理领域，美化资本主义取得的管理成果，而忽视资本主义利用对于发展中国家的环境、劳工权益的侵害而实施的所谓"人民资本主义"实质上是一种新型的霸权主义。由于处于资本主义社会，德鲁克高度关注知识工作者，而对于那些现实存在的数量巨大而相对缺乏专业知识的一般劳动者的管理和个人发展却关注不多。其人本主义特色的管理在适用范围上不包括一般劳动者，潜在地造成知识工作者与非知识工作者的对立，这种二元对立的劳动关系和社会矛盾，正是由于德鲁克意识不到资本主义的核心矛盾必然会在管理领域得到体现。因为成长环境及资本主义意识形态的影响，德鲁克不能深切理解一般劳动者的需要和管理境遇。因此，作为德鲁克管理人性假设和管理伦理的逻辑必然，德鲁克语境中的管理对象显然不是那些缺乏专业知识的一般劳动者。尽管德鲁克在实践的观点上与马克思有着惊人的共识，然而德鲁克无法用历史唯物主义和实践唯物主义解读社会历史前进的必然性，而只追求和创建自由的功能社会，无法突破由意识形态和阶级立场带来的障碍。

德鲁克具有历史主义的视野，却无法跳脱资本主义历史的束缚。德鲁克的历史观忽视管理中伦理问题的根源，是因为受到资本主义制度本身的禁锢，因而其管理伦理就可能被那些伪善的资本家和利益集团利用，沦为转移根本矛盾和从贫穷国家掠夺财富的工具。

三、经验主义方法论造成体系松散

德鲁克作为经验主义学派的重要代表人物，其管理伦理的形成和发展都受到以结果为导向的经验主义方法论的影响，不可避免地造成其管理伦理理论体系的松散。

德鲁克的管理研究方法之所以被认为属于经验学派，主要原因如下：首先，其理论研究的依据是可以操作和验证的实际经验，并且建立理论用的是可以被实际应用和观察、描述的管理事实或者管理案例。其次，区别了一般理论研究的概念推导和演绎，强调经理人的成功经验和成功企业的最佳实践，重视对实际管理成果的直接研究，包括直接调查、访谈、现场调研等一手资料的收集和分析。第三，强调在以上基础上形成的理论，以一线和实际管理者或管理工作的直接参与者为主要对象，进行传播和验证，注重理论的实践性和操作性。这为其管理理论的形成奠定了坚实厚重的实践基础，避免了纯粹学术研究远离现实世界的弊端。

综上所述，归根结底德鲁克的管理研究范式强调"从经验起步，回归到经验"，而非传统"从概念出发，回归到概念"。其主要研究来源于管理中的个别场景，或者一定数量管理人员的案例，强调管理的错综复杂和动态性，避免从静态和概念、原则出发。这使得德鲁克的研究范式打破了原有的那些原则。但经验来自特定的环境和背景，有其偶然性和特殊性，因此经验的构成必然是分散和不规则的，在此基础上建立的理论由于其依据的有限性，使用的更多的是比较分析法，因而只能在有限的范围内得出一般性的结论。这种比较和经验提炼存在着一定的局限，例如比较的适用范围和可比性的确认，经验提炼的普适性，经验与结果的因果关系是否可验证等。这种研究范式因为关注的焦点并不在于强化理论的自证和理论体系的自洽，因而不可避免地具有相应缺陷即理论体系上的松散。

通过对德鲁克管理伦理思想的研究，学者发现德鲁克的管理伦理思想，松散地渗透到社会管理、组织管理及个人管理的各个层面，具有清晰主旨内容，但由于经验主义的方法，其并没有形成一个十分严密的整体。因此，他的管理伦理体系处于相对松散的状态。经验主义研究方法的产生及其在管理实践中取得的成果，可以视为对理性主义滥用的一种纠正和平衡。从这个意义上讲，经验主义研究方法与传统理性建构主义对抗而形成的理论之间的"张力"，也是管理伦理理论前进的"动力"。

第三节　德鲁克管理伦理思想的启示

德鲁克管理伦理思想对于中国管理伦理的构建以及未来全球管理伦理思想的研究具有启发意义。通过对德鲁克管理伦理思想的研究，剖析其管理伦理形成机制和具体内涵，吸收其精华，将对中国管理伦理的发展起到积极的作用。这有助于在中国管理伦理的建构过程中，传承中国传统文化中的优秀内涵并借鉴和吸收其他先进理念，最终在中国和世界，全面开展基于人类命运共同体的管理伦理实践。

一、多元平衡重塑管理价值体系

德鲁克建构的管理价值体系兼顾各种价值主张的多元平衡，为伦理体系建构提供了新的范例和启示。

管理思想的多元化趋势日益明显，管理的应用场景也多元化，这背后反映出的价值路径和价值关怀也趋向于多元共存。管理伦理思想本身的发展，也展现了管理的主体"人"的理性不断延伸、发展的过程，随着人的智慧沉淀、认知提升、思辨深刻，其外化形式和内化的意蕴也产生了嬗变。这种多元也体现了人类伦理精神的包容和人类向往自由的价值追求。管理伦理建构的平衡是对各种价值主张的逻辑、人性假设等要素的综合：首先，是对不同价值内涵的平衡；其次，是对价值主张的范围和空间的平衡；最后，是对内容和范围的综合平衡，只有通过这种平衡才能真正保障多元性。因此，构建管理伦理体系就是打破人的价值枷锁的过程，需要把握人类社会多元共存的发展趋势，突破狭隘偏执的传统观念束缚。

德鲁克的管理伦理思想为其管理思想提供了价值内核，并为管理学的发展注入了新的内容和活力，使其管理理论在一定程度上独立于时代、超越文化、跨越时空。德鲁克的管理伦理思想不仅使德鲁克成为一代管理宗师，更重要的是助推其管理思想成为企业家指导管理实践的真知灼见。德鲁克的管理伦理思想渗透在其管理思想的各个角落，其特有的多元性极大地丰富了管理价值的目标和内涵，其始终具有的平衡性维系了保守和变革之间的张力，使其核心管理内涵能够助推社会转型。德鲁克管理伦理思想是兼具科学理性和价值理性的系统思想，使管理真正成为一门"博雅技艺"。德鲁克的管理伦理思想是以实践为鲜明特征的管理伦理新范式，使其管理理论成为指导现实实践的思想武器和重要工具。

（一）内涵多元挖掘管理价值深度

构建管理伦理体系要借助内涵的多元性，挖掘管理伦理思想的价值深度。

德鲁克的多元伦理思想遏制工具理性的肆虐，促使管理回归人性。德鲁克清晰地认识到，人类改变自然、改变世界的能力与日俱增，随之而来的是人类的傲慢，并以此为基础忽略了人类能力的有限性。工具理性在缺失价值目标的引导下，横冲直撞，在人与自然之间造成冲突，在人与人、组织与组织、社会与社会之间造成竞争。随着外部的冲突愈演愈烈，对内的意识操控使管理的价值目标再无立足之地。由此，造成内外矛盾不断加剧，这反而激发工具理性强化对内外的控制。而管理也容易成为利益集团谋取特权和对人们实行统治的工具。当人们将管理世界中的成功范例作为一种可持续的复制模式，加以无差别地克隆时，通过工业化思维和技术手段改造自然和控制制度只是一种掩盖其真正目的的障眼法，其真正的核心目的不是控制自然，而是控制人。在这种境遇下，表面上看是人控制了工具，人控制了自然，而过度依赖工具理性和工具的滥用使人丧失了应有的生存机能、理性智能，甚至道德判断和价值理性，最终，人成了机器的仆人，成了工具的奴隶。人对工具理性的滥用，最终否定了自身存在的意义，否定了人的价值，这势必会导致难以想象的灾难。

德鲁克的多元伦理思想，使人性得以复归，还管理以本来面目。德鲁克组织管理思想的核心是人。以人为本，不仅蕴含了管理的意义和价值，同时也指引和规制了管理世界的趋势和边界。德鲁克的组织管理伦理的人本维度，正是基于建立自由的功能社会，对管理世界中的人性予以安顿，试图用人类理性灯塔指引管理的航向。德鲁克的管理伦理思想是基于人性认知，在一般管理哲学上进行的抽象和归纳，是将人的生命意义和生存作为整个管理世界终极意义的主张。德鲁克的管理伦理下的管理具有普适性。将管理伦理建立在人性不完美以及追求自我完善的假设之上，以及超越实体人性观的实践人性观，使德鲁克的管理思想在社会、组织及个人维度都存在较强的适用性。德鲁克主张以人为中心的价值目标，用其管理伦理思想彰显管理中人的自由和尊严。德鲁克的管理伦理思想反映了其管理理论的价值原则、认知范式、伦理语境、道德诉求，认为应当通过人的自由和对效率的追求体现出人类理性的光辉和生命的张力。在这种管理伦理的指引下，管理一定程度上能够激励人们跨越灾难、克服困苦、重构未来。德鲁克的管理理论和管理实践突破了传统管理学家的片面狭隘的视野以及工具理性的束缚。

德鲁克的多元伦理思想，将效率寓于人性之中，凸显管理的真实价值。德鲁克社会管理伦理思想中的效率吸收了自由、平等、正义、权利等其他价值内涵。正如德鲁克所说，"如果像今天许许多多的效率谋划者那样，认为发挥功能是社会生活中的唯一重要的事情，这完全是对纯粹效率的局限性和重要性的一种误解，如果我们不能搞清楚效率是为了何种目的，效率的达成又要付出何种代价，那么功能的效率本身就毫无意义"。[1]德鲁克效率伦理思想的提出，具有鲜明的人文主义内涵和哲学意蕴。他批判地吸收了功利主义中的核心思想，扬弃了功利主义最大化的观点，融合了罗尔斯正义论中的价值内涵，使其社会管理伦理中的效率成为目的善和手段善的统一，兼顾了效率和公平，追求社会效率与个人效率的一致。德鲁克认为，管理的根本宗旨就是用效率造福人类，社会总福利增长的基础与社会物质财富增长是息息相关的，同时认为企业存在的最重要的价值就是创造经济绩效，而个人对财富和个人效能的追求也是合理正当的。尽管德鲁克对利润动机的观点进行了批判，但他从未否定企业追求合理利润的必要性，同时对那些故意忽视合理利润的空谈和谬论进行了无情的反驳和批判。

（二）层次多元拓宽管理价值广度

构建管理伦理体系要借助伦理层次的丰富性，拓宽其管理价值的广度。

德鲁克在研究管理伊始就确立了管理的价值目标和价值意义，并将这种价值目标落实在管理的社会、组织和个人层面，极大地拓宽了管理伦理的广度，实现了对一般管理伦理的超越。

"建立自由的功能社会"是德鲁克最早的社会管理伦理宗旨，并贯穿其管理研究的始终，也标志着德鲁克研究管理的逻辑起

---

[1]［美］彼得·德鲁克:《工业人的未来》,余向华等译,机械工业出版社2019年版,第27页。

点。德鲁克指出在二战期间的社会结构中，传统的由宗教带来的等级制度已经被抛弃。在那个特殊的时代的西方，恐怖成为经济自由的另一种产物，民主的价值被日益抛弃，自由已经泯灭在专制暴政和无政府主义之中，法西斯主义走上了历史的舞台，新的工业形式已经显现，随着重商主义社会日渐衰退而来的是工业社会的崛起。新的社会形态需要有新的社会功能目标和愿景，为了在传统和创新之间保持平衡，德鲁克提出了建立自由的功能社会。"建立自由的功能社会"成为德鲁克将管理作为一个独立的学科进行研究的初心。

而德鲁克的组织管理伦理，建立在"组织是社会的功能器官，必须履行社会所赋予其特定的职能"这一价值判断之上，将组织管理置于整个社会管理的系统之中。因此在这种视域下，管理学和管理本身就具有社会意义。传统社会已经转变为组织社会，组织正成为社会最重要的功能器官。要实现"自由的功能社会"，必须将目光聚焦到构成社会的基本经济和政治单位"组织"上来。组织作为最富有活力的单位，在社会中以拟人的形式存在，拥有着社会赋予的合法权利和自由。

德鲁克的个人管理伦理思想是其社会管理伦理与组织管理伦理思想的延续和升华。德鲁克认为管理是以人为中心，以人为目的，同时又是实现人的自我完善的重要手段。正是通过管理，人的理性走出人自身而与世界发生碰撞和感性活动，在客体上创造人类的文明。

（三）结构平衡丰富管理价值维度

构建管理伦理体系最后要借助伦理结构的平衡性，丰富其管理价值的维度。

管理伦理内涵之间的平衡，使部分之和大于整体。德鲁克管理伦理不同内容之间的平衡,是其管理伦理思想的重要特点,通过各种管理内涵的相互交融、补充,其管理伦理思想体系内涵产生乘数效应,放大了其管理价值。例如,德鲁克的公平伦理观念综合了契约论以及自然状态理论和罗尔斯的公平正义理论,并在某种程度上实现了超越。德鲁克在社会进步上强调以机会均等为基础的公平竞争,而在结果公平上则主张对于弱势群体进行公平的利益分配。至于公平和效率之间的内在联系,德鲁克不仅强调了公平兼顾效率,同时也强调了不能为了效率而牺牲公平,最终要达成公平和效率的平衡。又如,德鲁克认为自由和平等这两者应该相互平衡,缺一不可。"根据基督教的传统,个人如果得不到平等合理的机会,也就不可能享有社会地位和行为权利,个人如果没有自尊也就无法得到平等的机会。"[1]这里描述的自由竞争所带来的尊严和机会均等两者"如同南极和北极的关系:既不能相互替代,同时又缺一不可"。[2]德鲁克的伦理思想强调保守与自由统一,主张在传统和变革之间取得平衡,反对绝对主义和绝对理性,强调多元主义下的相对理性,摒弃利己主义的放任自流,提倡以责任为前提的自由。再如,德鲁克管理伦理中的效率观,是贯通了社会、组织和个人效率观,是三位一体的效率观。

管理伦理层次之间的平衡,使其成为有机整体。德鲁克的管理伦理理论和实践跨越了社会、组织、个人三个层次。从社会层面延展到构成社会的各种组织,包括企业、社会团体、非营利性组织,进而又将管理伦理从组织延展到个人的自我管理,包括知

---

[1][2] [美]彼得·德鲁克:《公司的概念》,慕凤丽译,机械工业出版社2019年版,第103页。

识工作者的自我管理和管理者的自我管理。

理论和实践的平衡，使思想更具有普适性。德鲁克的管理伦理思想在现实的管理实践中吐故纳新，不断完善最终复归于实践，用真实的管理成果验证其理论的正确性，积极开创管理伦理新范式，并通过其管理伦理思想指导具体的管理理论从而确立了管理的普适性。实践性和理论性的平衡成为德鲁克管理思想的重要标志。德鲁克在实践中不断完善其人性假设和管理伦理应用场景，因此，基于德鲁克管理伦理思想建立起的管理伦理具有更强的普适性，也使德鲁克成为为数不多的在企业界和学界均得到认可的管理学家。

二、有机"活序"推动管理伦理发展

德鲁克在有机视角下，用"活序发展观"建构管理伦理体系和指导管理伦理实践。德鲁克用基于有机视角的新世界观，回答了建构管理伦理的核心问题：管理伦理如何生成？其机制是什么？需要什么样的条件和环境？管理伦理的发展是可持续的吗？管理伦理理论为什么也会发生退化？管理伦理未来发展的样式是什么？

首先，是"活序"对现有的世界观提出了挑战："现代西方的世界观可以称之为笛卡尔的世界观……笛卡尔给现代人的启示要甚于伽利略、加尔文、霍布斯、洛克和卢梭，更远远甚于牛顿给现代人的启示……笛卡尔向现代世界提出了有关宇宙的性质和它的秩序的基本公理……把科学定义为'通过了解事物的原因而获得的确定和明显的知识'……这个定义是，'整体是部分的结果'……笛卡尔提出了可以使他的公理有效地运用到组织知识和探求知识上的方法……建立了一个概念之间关系的普遍的、量化逻辑。"[1]德鲁克认为笛卡尔的理论已经不合时宜："我们今天的每一门学科、科学和艺术所基于的理念都和笛卡尔的公理相矛盾，和现代西方发达世界起源的世界观也是相冲突的。"[2]德鲁克强调了这种有机视角下的世界观与整体目的性的一致性，正像一个有机生命一样，生命本身就是目的。德鲁克引用埃德蒙·西诺特《生物学的精神》："生命是强加在物质上的有机体。"德鲁克由此阐释了对于秩序的理解，"当我们谈到'秩序'，我们今天的意思是指考虑到整体目的的安排"。[3]德鲁克提出这种有机的世界观将打破原有的秩序公理，并将这种公理运用到知识探求的方法上。"这些新概念中没有哪个符合整体是部分的结果这条公理，相反，它们全都和一个崭新的，还没有成为公理的观点一致，就是部分因为整体而存在。"[4]

而德鲁克所提出新的世界观，或许源于亚里士多德的整体大于部分之和的命题，这是古希腊朴素的整体观，而这个命题也成为一般系统论和协同学的起点。由此出发的"自组织理论要从无生命世界、有生命世界乃至社会的许多全然不同的系统中，找到从无序到有序和有序相互过渡所共同遵循的规律……"[5]这使得我们可以从中进一步发掘德鲁克有机视角下蕴含的自组织理论中的耗散结构和系统自组织演化等内涵，用"活序发展观"构建管理伦理体系和指导管理伦理实践。

---

[1][2]［美］彼得·德鲁克:《功能社会》,曾琳译,机械工业出版社2012年版,第118—119页。

[3]　［美］彼得·德鲁克:《功能社会》,曾琳译,机械工业出版社2012年版,第122页。

[4]　［美］彼得·德鲁克:《功能社会》,曾琳译,机械工业出版社2012年版,第121页。

[5]　张彦:《活序:本真的世界观》,上海人民出版社2019年版,第170页。

（一）有机系统观助力构建管理伦理

德鲁克的有机系统观在体系建构和内涵生成过程中提供了新的启示和范例。

有机系统观助力创建社会管理伦理体系。德鲁克将社会视作有机生命体，其管理伦理思想的目标正是赋予社会这个有机体以"生命"而保证其"健康"的发展。"而要定义何为社会，就恰如定义何为生命一般是不可能的……我们知道，只要心脏还在跳动或还有一口气，就还有生命活体存在；而停止了心跳，丧失了呼吸，剩下的就只不过是一具尸体。类似地，难以给社会寻求一个确切的定义这一点，并不能成为阻止我们从其功能方面去理解社会的理由。"[1]而作为社会成员的公民则是构成社会有机体的最小单位。"只有当社会能够给予其个体成员以社会身份和社会功能，并且社会的决定性权力具有合法性时，社会才能够成为社会。"[2]正常功能是社会"有机体"的生命之源。德鲁克认为："正如人类的生物性存在决定了人类片刻也离不开空气一样，人类的社会性和政治性存在要求有一个功能性社会辅助其间。"[3]在正确的价值引导下，才能实现这种"功能"，这样的社会才能被赋予"生命"。个人的身份和社会功能在有机视角下，不再仅仅是整个社会运转过程中的人际关系的函数变量。以往的那种符号化的表达，不能体现社会中人与人如何相互影响，以及社会运转方程式中各种变量之间的有机互动关系。德鲁克正是在这个基础上，破除了前工业社会简单的对个人与社会进行的通约。

---

[1][2] ［美］彼得·德鲁克：《工业人的未来》，余向华等译，机械工业出版社2019年版，第17—18页。

[3] ［美］彼得·德鲁克：《工业人的未来》，余向华等译，机械工业出版社2019年版，第15页。

有机系统观助力创建组织管理伦理体系。德鲁克的组织管理伦理是建立在"组织是社会器官"的基本观点之上的。"组织不是为自己而存在的。它们只是手段：每个组织都是执行一种社会任务的社会器官……组织的目标在于对个人和社会做出特殊的贡献。"[1]组织存在于一定的社会环境，社会系统以及自然环境提供组织得以生存和发展的必要条件和物质基础。组织管理伦理的根本目的就是保证组织这一器官能够正常高效地运作，这是组织最为重要的存在价值。德鲁克在这个基础上构建了组织伦理的效率观，认为效率的高低取决于来自组织外部的社会和来自组织内部的个人的有机互动和效能转换。如果将社会、组织和个人视作一个相互关联的有机系统，组织则是这个系统中一个非常重要的中间环节。组织从社会中吸收精神文化、物质能量，形成组织内部相应的效率机制，组织以这样的效率机制为个人提供合适的环境，进而激发创造更多的个人效能，从而使个人效能形成乘数效应，转化为组织绩效。众多组织通过各自的绩效，促使组织与组织之间的绩效相互影响、相互叠加，最终使有机系统的"能量"和"健康水平"得以提升。组织"器官"的健康也取决于内外部传导机制的完善和提升，在这一过程中通过达成某种状态的有机平衡，最终促使整个效率体系能够以自组织的形式螺旋演进发展。

有机系统观助力形成管理伦理内涵。德鲁克的管理伦理中的"自由"建立在保守和自由之间的张力上。德鲁克用复杂的生物体的眼光代替简单机械的无机体视角，提倡整个社会采取渐进式的改良代替暴力的革命性手段。保守主义者相对于自由主义

---

[1]　［美］彼得·德鲁克：《社会的管理》，徐大建译，上海财经大学出版社2006年版，第54页。

者，更加支持这种逐步改良的有机发展的机制。这种保守主义也支持多元化的文化样态，对人类行为的多样性有更大的包容性。它超越了机械论的自由主义，对共同体这样的有机团体的社会作用给予了高度的认可。德鲁克的自由伦理观受到斐迪南·滕尼斯的影响。滕尼斯对共同体的普遍性进行了如下的阐释："从根本上说，一切有机生命之间都能结成共同体，人类的理性共同体就存在于人们中间。"[1]德鲁克创造性地将滕尼斯关于共同体和社会的有机思想融合到自己的管理思想中。同时因受到埃德蒙·伯克的保守主义思想的熏陶，德鲁克始终寻找着自由主义和保守主义之间的平衡。有时，他将自己称为自由的保守主义者或保守的自由主义者。

（二）"活序"发展观推动管理伦理实践

在德鲁克的系统观中，"活序"发展观是其核心，推动着管理伦理实践。

如何面对从简单到复杂，从单一到多元，从平衡到失稳，从线性到非线性，从清晰到模糊的管理环境，我们可以在德鲁克的有机视角下发现新的答案。德鲁克有机系统观渗透其管理伦理实践的各个部分。这是在管理伦理实践中对有机系统思想的深化，不仅为管理伦理体系赋予"生命"，而且使管理伦理实践外显出生命的样式。

德鲁克管理伦理建立在有机系统思想的基础上。进一步研究德鲁克管理伦理实践，发现其有机思想在管理伦理实践中蕴含着开放的系统发展观。德鲁克称："我这50年来的论述，无不强

---

[1] ［德］斐迪南·滕尼斯，《共同体与社会》，张巍卓译，商务印书馆2019年版，第105页。

调'有机体''离心化'以及'多元化'。"[1]

德鲁克进一步说明了什么是"多元化"观点。"多年前,我曾经教过宗教学这门课,觉得其乐无穷,但对所谓的'神学',却缺乏兴趣。有人告诉我,苍蝇共有3.5万种;依照神学家的说法,则只有一种,亦即所谓'真正的苍蝇'。"[2]"但我写的每一本书,每一篇文章,不管是触及政治、哲学还是历史,有关社会秩序或社会组织,论述管理、科技或经济等层面,都以多元化、多样化为宗旨。"[3]

德鲁克就"离心化"进行了如下阐述:"在西方的我们,正迅速地'离心化',或是'非中心化':第二次世界大战后的一代相信,疾病在医学中心才能得到有效的治疗,而且这个医学中心越大越好;现在我们却尽量把病人送到外围的医疗机构。过去20年中,美国大企业的规模持续缩小。在这段太平盛世,无论在何地,惊人的就业成长都集中在现在的中小企业……且这许许多多的组织将各有不同的面貌。离开中心,走向外围,而且形式迥异。"

这些正是开放的系统的典型特征。德鲁克提出的正好对应了耗散结构的基本条件:"按照耗散结构理论,一个宏观有序状态的自发产生和维持,至少需要三个基本条件:(1)系统开放……(2)系统必须远离平衡的条件之下……(3)非线性相互作用。"[4]这种开放的结构使德鲁克的管理伦理系统展现出多元、

---

[1] [美]彼得·德鲁克:《旁观者》,廖月娟译,机械工业出版社2019年版,序言第23页。

[2] [美]彼得·德鲁克:《旁观者》,廖月娟译,机械工业出版社2019年版,序言第21页。

[3] [美]彼得·德鲁克:《旁观者》,廖月娟译,机械工业出版社2019年版,序言第22页。

[4] 张彦著:《活序:本真的世界观》,上海人民出版社2019年版,第69—70页。

离心和有机的特征，也使德鲁克的管理伦理实践体现出这种生命体的特征：吐故纳新，即"熵产生"和"负熵流"达到辩证统一。

用开放的系统发展观指导管理伦理实践，应该体现以下几个特征：（1）以有机联系建构系统并发展；（2）系统对外开放；（3）远离平衡或者动态平衡；（4）非线性发展——创新。在德鲁克的管理伦理系统建构和管理实践中，可以看到以下范例。

首先，有机联系建构系统并发展。德鲁克在其管理实践中充分体现了这一特征。无论是管理的结构还是管理的运作，例如"第二个问题是大企业和超大型企业的经营团队总是喜欢'近亲繁殖'，因此很容易变得自命不凡，流于自满。根据生物学定律，有机体长得越大，质量与表面积之比就越大，内部细胞与外界接触的机会也就越小。因此随着生物逐渐成长，生物必须发展出特殊器官，来进行呼吸、排汗和排泄等职能。这个定律为生物的成长设下限制，因此树木才不会长到深入云际，而企业也和其他有机体一样，遵循着相同的定律"。[1]德鲁克对组织的规模和运作都以生态有机思维进行反思和规制。

其次，建立开发包容的系统。这种开放的系统首先要具有全球视野和历史维度，不局限在狭隘的空间和时间内。同时，需要进行有甄别的扬弃，并合理吸纳先进文化和伦理精神。德鲁克认为各个时期管理伦理的研究模型和思路充满了诸多可能，代表了不同的精神财富，各不相同的管理伦理的精神形式有不同的演变途径。融合各异的管理伦理思想，才能达成道德理性上的突破，促成相互激荡、不断反思，提升管理伦理思想内涵的进步性与系

---

[1]〔美〕彼得·德鲁克：《管理的实践》，齐若兰译，机械工业出版社2018年版，第244页。

统性。

再次，远离平衡或动态平衡。德鲁克认为在构建管理伦理体系中要勇于打破现有平衡，才能实现新的平衡，管理伦理理论的发展和实践的展开，都必须在这种打破旧平衡和建立新平衡之间往复向上。1969 年普里戈金提出耗散结构理论，它清楚地解释了振荡体系反应发生的原因：当体系远离平衡态时，即在非平衡非线性区，无序的均匀态并不总是稳定的。[1]这也指明了耗散结构存在的必要条件和自组织的基本特征。在远离平衡的失稳状态和系统自动趋稳的张力间，"生命"才成为可能。德鲁克称其研究工作的动力部分出于保守与变革之间的张力。这再次验证了德鲁克所有研究的起点和逻辑正是出于对社会两极之间张力的关注，其试图从打破平衡中建立起新的动态平衡。

最后，作为"非线性跃迁"的创新。创新的根本目的是使管理伦理思想能够在变化中，更为清晰有效地表达其价值主张，为管理实践提供更好的锚定性、统筹性和指引性。管理伦理体系的创新在于其基本价值主张，而管理实践的创新在于管理伦理的内涵。德鲁克将伦理体系创新建构在其建立自由的功能社会这一价值目标的基础之上，因此德鲁克视域下的创新蕴含了这样的价值目标，即创新应该改变人们生活方式，使人们享有更大的自由。"创新是经济与社会活动双重作用的结果。一般而言，它是普通人（顾客、老师、农民或眼科医生等）行为的一种改变；或是一种程序的改变，即人们工作或生产方式的改变。"[2]在德鲁克

---

[1]　张彦:《活序：本真的世界观》,上海人民出版社 2019 年版,第 75 页。

[2]　[美]彼得·德鲁克:《创新与企业家精神》,蔡文燕译,机械工业出版社 2019 年版,第 167 页。

的视域，创新不仅是一种技术上的突破，而且包括各种有形和无形的社会变革和组织变革，甚至管理也是一种创新的结果。"管理（即一种'有用的知识'）首次使得拥有不同技艺和知识的人能够在一个'组织'里一起工作，这是 20 世纪的创新，它将现代社会转变为一个既没有政治理论也没有社会理论可加以诠释的崭新体系：'一个组织的社会'。"[1]

德鲁克管理伦理思想之所以能萌芽、发展、逐步走向成熟，最终指引其管理理论和管理实践，离不开其与众不同的社会生态视角下的伦理观。尽管外界对德鲁克推崇备至而称其为"现代管理学之父""大师中的大师"等，但德鲁克却始终将自己视为一名"社会生态学家"，并引以为荣。"我把自己视为一名'社会生态学家'，就像自然生态学家研究生物环境一样，我研究社会人文环境。"[2]对于德鲁克而言，社会生态学就是所谓的主流管理学界淡忘的伦理学。管理的基本使命和价值坚守正是德鲁克希望以自身的大声疾呼来拯救的"道德科学"。"最后，社会生态学并不奉行'价值中立'。如果非要说社会生态学是一种科学，那么它就是'道德科学'——这是一个古老的词汇，已经有两百多年不再流行了。自然生态学家相信，且必须相信自然造物的神圣性。社会生态学家则相信，且必须相信人类精神造物的神圣。"[3]德鲁克的管理伦理是建立在社会生态视角下的管理价值守望。德

---

[1]［美］彼得·德鲁克：《创新与企业家精神》，蔡文燕译，机械工业出版社 2019年版，第 38 页。

[2]［美］彼得·德鲁克：《生态愿景》，慈玉鹏、赵众一译，机械工业出版社 2020年版，第 423 页。

[3]［美］彼得·德鲁克：《生态愿景》，慈玉鹏、赵众 译，机械工业出版社 2020年版，第 440 页。

鲁克将自己比作歌德《浮士德》中的守塔人林叩斯，始终秉持"为关照而产生，为守望而受命"的理念，并以此作为自己的使命和座右铭。

三、中西互补完善人类管理价值

经济全球化的历史大潮不可逆转，人类命运共同体下的全球管理格局初步形成成为不争事实。面对百年未有之大变局，我们必须携手追寻人类共同管理价值和终极守望。在这个历史时期，人类社会正经历工业时代向信息时代的过渡，而数字革命又史无前例地加快了这一进程。在世界上的绝大部分地区，经济全球化席卷了人类社会的各个领域。管理伦理的图景也发生了颠覆性的改变，原有的民族性和区域性的管理伦理必将被人类共享的伦理精神所取代。

随着经济水平快速提高，中国的综合管理能力显著提升，一大批世界级企业引领时代，中国的管理伦理精神也得到世界的普遍关注。这就要求我们对全球化下的管理假设予以重新审视，立足于全球化的视野，基于人类命运共同体的愿景，传承中国传统管理伦理的精华，辩证分析西方管理伦理思想，坚决摒弃其局限性和不足，吸收借鉴其中的先进理念和优秀内涵，传承创新、中西互补，共同探寻人类管理伦理的发展新路径，完善人类管理伦理的价值图景。

（一）传承中国传统管理伦理精华

中国传统的管理伦理的内核是对中华民族在历史长河中形成的世界观、人生观和社会道德体系的确证，反映了中华民族对人性的理解，也是中华优秀传统文化的一种升华。中国传统的管理伦理思想滥觞于上古时代，经春秋战国的百家争鸣，儒家、道家、法家、兵家、墨家、阴阳家等诸家竞起，自秦汉到隋唐，跨宋元过明清，经过长期交汇、融通、激荡，形成一套严谨多元的体系，其中沉淀了中国传统道德智慧和价值守望。

中国传统管理伦理思想不同于西方管理伦理思想中的纯粹概念体系以及所限定的教条，而是呈现出整体观下的和谐交融。管理伦理思想的和合性内核，以及变化中相生相克互为转化的思想，使中国管理伦理具有不可比拟的灵活性、思辨性和完整性。这种思想强调与自然和谐共生来实现人的终极使命，却弱化了理论建构和发展。

首先，强调和合的整体伦理观。和，谐也。其中既包含对不同内容、概念、实体进行的有机整合，又包含这种整合的分寸、尺度与进退取舍而形成的最佳平衡。中国的管理伦理强调"和谐圆满"的管理伦理诉求，将管理的本体和客体视为一个互为因果的整体，因而使中国传统的管理伦理思想具有内在转化的灵动性、相辅相成的严密性、互为因果的辩证性。在这个整体中，外部世界的样式与人的管理精神构成一幅合一的图景。这种管理伦理追求的不仅是外部自然与人类的和谐共生，同时还包括管理世界中人与人的和睦相处，从自然和人、人和人、人和自身三个维度的和谐共处，使管理的价值取向和人的主体存在相互交融、互为动静，这是对西方管理伦理的概念限定以及主客二分的超越。

其次，"重义轻利"的管理价值判断。在中国的管理伦理思想中最具争议性的当数"义利之辨"。其中作为基本的道德和伦理精神的"义"，以及作为各种利益和需求代表的"利"，孰重孰轻，成为中国管理伦理判断的重要标准。儒家提倡重"义"轻"利"，法家则持相反意见，道家两者都摒弃，墨家主张"义""利"

并举。在道德和利益不相容时，普遍的共识是将伦理道德之"义"置于"利"之上。这凸显了中国管理伦理最基本的价值判断，尽管这种标准也存在争议，甚至被认为是"虚伪的空谈"和"乌托邦式的理想"。

再次，"以人为本"为伦理内核的管理目的。孟子曰："民为贵、社稷次之、君为轻。"他将人特别是民众作为管理核心。荀子也提出："君者，舟也，庶人者，水也。水则载舟，水则覆舟。"尽管这种仁政思想的实际效用被封建执政者集权统治所弱化，但由此建立起的让管理核心围绕人、服务人、敬畏人的管理伦理理念，成为中国传统管理伦理的重要组成部分。同时"仁者爱人"以及"己所不欲，勿施于人"的管理伦理思想，也在中国传统管理中广为流传并被付诸实践。尽管这建立在中国传统"性善论"的基础之上，但是其伦理价值远远超越同时代的伦理思想，特别是"推己及人"的观念，以及在此观念下的"己所不欲、勿施于人"至今仍可作为管理中的一般道德律令。"以人为本"也充分体现了中国管理伦理对人本身的尊重，以及对人本价值的守望。

第四，以"德治"为伦理判断的管理手段。中国的管理伦理强调对伦理标准和道德行为的肯定，用"德"的标准和具体"德"行来进行管理，并且在实践中进一步验证和反思，两者相互补充，相互滋养。孔子提倡，道之以德，齐之以礼，有耻且格，即通过向全体民众传递伦理观念，提升其伦理价值判断能力，促使民众能够通过自律和自觉接受良好的社会规制，来实现管理上的长治久安，同时提升全体国民素养。相较于"道之以政，齐之以刑，民免而无耻"的强制手段，这则显示出中国的管理智慧。

（二）吸收借鉴多元管理伦理思想

任何宣称"唯我独尊"的管理伦理，无不反映了狭隘的排他性和先入为主的傲慢。不同地域、种族、国家的管理伦理思想，都是人类管理伦理体系的有机组成部分。就像管理行为并无伦理价值意义上的高低贵贱一样，不同的管理伦理思想虽有各自的特征、内涵，但各种管理伦理相互平等，相互之间并不存在完全的可替代性。因此，推动管理伦理的发展，就必须吸收借鉴多元管理伦理思想，包括西方管理伦理中的先进理念。

回顾近代乃至现代的管理理论和管理实践可知，西方开启的工业革命使西方率先进入工业社会，综合管理能力和经济实力得到快速发展，具有较为明显的先发优势，其中积累了较多有益的管理实践，而其伦理思想也较早与管理理论和实践形成互动，并脱离纯粹学理层面的研究，紧密围绕着管理实际活动不断发展并渗透到各个领域。其中一大批管理学家提出了具有较高学术价值和实用意义的管理伦理原则和观念，并在其后的管理实践中得到验证，为人类创造了物质和精神财富，值得予以批判性地借鉴和吸收。

西方的管理伦理思想从古希腊时期出现萌芽，苏格拉底提出"知识即美德"，强调知识是美德的必要充分条件，尽管夸大了知识对于道德的约束作用，但对于人们关注道德问题以及提示道德的指引作用奠定了基础，也引发了人们对于"善"的思考。亚里士多德通过对"理智德性"和"道德德性"的不同解读，将知识、理性、愿望、意志对于道德评判和道德行为的作用进行阐释，发掘、呈现了"责任与自由"在道德行为中的积极意义。基督教伦理的"仁爱"，通过"禁欲"即自我约束个人行为而实现其道德性，尽管最后沦为统治者的某种维持秩序和强权的工具，但其中"爱人如爱己"的思想与中国"己所不欲，勿施于人"的思想具有异曲同工之妙，成为至为朴素的道德律令。文艺复兴之后，进入近现代，随着各种伦理思想的蓬勃发展，边沁和密尔的功利主义伦理思想、康德的道德绝对律令等为此后管理伦理思想的发展注入丰富的养分。随着工业革命，现代意义上的管理伦理与管理理论逐步出现，以泰勒为代表的科学管理伦理强烈地冲击了原有的管理世界，不仅提出了以效率为核心的管理伦理宗旨，还提出了促进共同繁荣的伦理目标。马克斯·韦伯通过解构以宗教伦理为核心的工业社会伦理产生的精神驱动力，解读了新教伦理对资本主义发展起到的作用。以梅奥等学者为代表的人际关系学说则将人的本性、需要和动机等伦理问题作为研究重点。

"效率"本身是"价值无涉"的偏见，以及对效率不具有伦理内涵的误解，在德鲁克的管理伦理研究中得到纠正。德鲁克认为，效率既体现了对资源的合理配置，又体现了这种配置手段的合理性，或者说效率既关乎管理目的，同样关乎管理手段。有限的资源通过管理产生效率，最终实现较高的产出和社会福利，从一般意义上讲，这就是一种管理目的"善"的简单表达。相对而言，无效率和低效率都意味着资源的浪费和错误使用，显然是非善的；如果是人有意识而造成的低效率或无效率，那就是某种程度的"恶"。德鲁克的效率思想，不同于实用主义视角下的片面追求效用的工具理性，而是吸收了功利主义中追求"最大多数人的最大幸福"的效率思想，认同其中的合理利己主义，摒弃其中的极端个人利己主义，实现了对"理性经济人"假设下的工具理性的超越。正如德鲁克在对自由的功能社会的解读中所提及的："我们确实反对那些极端主义者，他们将一切功能和效率问题抛诸一边，除了基本信念和基本观念外，他们也拒绝思考任何事情。"[1]"他们不会明白每一项福利都是从社会的生产中征收而来的，而要提高整个社会的福利，就必须提高生产率及工作效率。"[2]德鲁克社会管理伦理思想中的效率融合了自由、平等、正义、权利等其他价值的因素。正如德鲁克所说："如果像今天许许多多的效率谋划者那样，认为发挥功能是社会生活中唯一重要的事情，这完全是对纯粹效率的局限性和重要性的一种误解。如果我们不能搞清楚效率是为了何种目的，效率的达成又要付出何种代价，那么功能的效率本身就毫无意义。"[3]德鲁克提出的效率伦理思想，具有鲜明的人文主义内涵和哲学意蕴。他辩证地吸收了功利主义的核心思想，扬弃了功利主义最大化的观点，融合了罗尔斯正义论中的价值内涵，使其社会管理伦理中的效率，成为追求目的善和手段善的统一，兼顾了效率和公平的平衡，追求社会效率与个人效率的一致。

"责任"在德鲁克的视域是管理伦理重要的价值内涵。接近90岁高龄的德鲁克在回答"我最重要的贡献是什么"这个问题时，写下了这段话："我围绕着人和权利、价值观、结构和规范来研究管理学，而在所有这些之上，我聚焦于'责任'，那意味着我是把管理学当作一门真正的博雅艺术来看待的。"德鲁克将道德和责任置于人、组织、社会之上的责任伦理，可以从历史上找到其源头。

正如西塞罗所言："虽然哲学提供许多既重要又有用的、经过哲学家们充分而又仔细地讨论过的问题……都不可能没有其

---

[1][3]［美］彼得·德鲁克：《工业人的未来》，余向华等译，机械工业出版社2019年版，第27页。

[2]［美］彼得·德鲁克：《新社会》，石晓军、覃薇等译，机械工业出版社2019年版，第382页。

道德责任；因为生活中一切有德之事均由履行这种责任而出，而一切无行之事皆因忽视这种责任所致。"[1]德鲁克关于人的道德法则和实践理性在管理行为和管理实践中的应用，则蕴含了康德关于责任的相关理念。康德的《道德形而上学原理》明确指出："道德行为不能出于爱好，而只能出于责任。"[2]康德的这种责任观将人们的善良意志作为实践理性的根本，而实践理性对责任的自我觉察使人的行为回归理性，最终彰显人类把理性追求作为其自由意志存在的标志。韦伯基于新教伦理对资本主义的影响，在康德的责任概念和范畴中提炼出与"信念伦理"相对应的"责任伦理"，体现了主体应当对自己的行为所承担的责任，也由此开启了主体的道德实践对于责任伦理的觉知。德鲁克借鉴了韦伯所意指的责任伦理内涵，既包含了善和自由意志的信念价值，又包含了各个维度对可预见的后果进行评价的效果价值。德鲁克的所有价值目标都是围绕着建立"自由的功能社会"而展开的，在他看来自由的基础是责任。承担相应的责任是实现自由的根本路径，权利的根基也在于责任；管理则是功能正常社会的重要职能和重要器官。从这个维度解读，德鲁克的建立"自由的功能社会"实际是以"负责任的管理"基础的。而德鲁克所提出的管理使命也是出于终极价值的守望和生命意义的一种责任意识。

　　"公平"在德鲁克的视域下是管理伦理重要的价值平衡。在德鲁克的管理伦理思想中，公平是贯穿始终的伦理原则，他致力于通过管理实现自由与公平、繁荣与和谐、理想与现实之间的最

---

　　[1]［古罗马］西塞罗：《论老年，论友谊，论责任》，徐奕春译，商务印书馆1998年版，第91页。

　　[2]［德］康德：《道德形而上学原理》，苗力田译，上海人民出版社1986年版，第48页。

佳平衡。这归因于他在奥地利受到的学术熏陶及其家庭环境和宗教背景。在其社会管理伦理思想中，无论是早期对纳粹极权主义的反抗，还是对工业社会的社会管理建构，对未来知识社会的憧憬和期望，他始终将人的价值、人的境遇、人的尊严作为关注的核心，将自己视为传统的人文价值和正义良知的守护者。德鲁克的正义伦理观念综合了契约论以及自然状态理论和罗尔斯的公平正义理论，并在某种程度上实现了超越。德鲁克在社会进步上强调以机会均等为基础的公平竞争，而在结果公平上则主张对于弱势群体进行公平的利益分配。至于公平和效率之间的关系，德鲁克不仅强调公平兼顾效率，同时也强调不能为了效率而牺牲公平，最终达成公平和效率的平衡。

（三）求同存异完善人类管理伦理

随着人类不同文明的互动，管理伦理也步入了一个全球化的求同存异、逐步完善的发展轨道。这种趋势打破了原有的地域性、宗教、民族、文化传统的束缚，走向多元共存、相互交融。

管理伦理的求同趋势有其必然性。首先，人类具有生物的基本特征，作为自然界的一部分，人类具有不同于其他生命体的智慧，即先验的认知系统和遗传信号，这种智能机制、生理特征、思维语言等使人先天具有类的相融性和普遍性。其次，人类的理性思辨能力使人类对于自然、社会、人自身的精神思辨永不停歇，不断反思、不断超越，对于终极意义和价值归宿的探索也永不止步。再次，人类先天存在的价值理性，如对生命的敬畏和尊重、渴望理解和认同、追求快乐和幸福等已经超越一般的价值信仰成为人类伦理思想的基本底色。最后，在科学技术和信息革命的共同推动下，人类相互间的经济、人文、政治交流日益频繁，人类命运休戚与共的事实已经得到普遍认同，合作、共赢的主旋律催生共同的管理价值。

　　管理伦理的多元差异也将长期存在。首先,管理伦理依托着不同的政治体制、宗教信仰、历史文化和管理综合水平而发展,这种多元性将长期存在。其次,管理伦理的发展并非线性演进的过程,甚至在局部和部分阶段出现反动和倒退,这就使管理伦理在发展速度上长期存在不均衡。最后,管理理论和管理技术都对管理伦理有着反向影响作用。随着科技和理论发展的加速和迭代,管理伦理的发展也存在不断的创新和突破。正是在寻求共同价值的基础上,保留多元样式形成的张力中,管理伦理得以不断完善和前进。

图书在版编目(CIP)数据

管理的善 ：德鲁克管理伦理思想研究 ／ 张昊著.
上海 ： 上海人民出版社，2025. -- ISBN 978-7-208
-19315-4

Ⅰ. C93-097.12

中国国家版本馆 CIP 数据核字第 202501CN48 号

责任编辑 刘华鱼
封面设计 一本好书

管理的善:德鲁克管理伦理思想研究
张 昊 著

出　　版　**上海人民出版社**
　　　　　（201101　上海市闵行区号景路 159 弄 C 座）
发　　行　上海人民出版社发行中心
印　　刷　启东市人民印刷有限公司
开　　本　890×1240　1/32
印　　张　12
插　　页　2
字　　数　263,000
版　　次　2025 年 3 月第 1 版
印　　次　2025 年 3 月第 1 次印刷
ISBN 978-7-208-19315-4/F・2906
定　　价　68.00 元